바이오경제시대의 사회적 도전과 과제

유전자변형생물체를 중심으로

성 봉 석

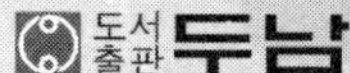

이 저서는 2010년 정부(교육부)의 재원으로 한국연구재단의 지원을 받아 수행된 연구임(NRF-2010-812-H00002)

머리말

2012년 9월 중순 스탠퍼드 대학Department of Genetic & Medicine, Standford University의 석좌교수인 스탠리 코헨Stanley N. Cohen이 한국을 최초로 방문하였습니다. 당시 코헨교수의 한국 방문은 바이오경제bioeconomy or biobased economy의 구현을 위해 노력하고 있는 한국의 정책당국과 생물학계로부터 많은 관심을 불러 일으켰습니다. UC 샌프란시스코 대학University of California San Francisco의 하버트 보이어H. Boyer 교수와 함께 현대 생명공학연구 분야 및 생명과학기반 산업의 핵심이며 유전자변형생물체genetically modified organisms(GMOs)의 제작에 가장 중요한 위치를 점하고 있는 유전자재조합기술rDNA technology의 창시자로 알려져 있기 때문입니다. 아울러 유전자변형생물체GMOs의 지속가능한 이용에 대한 논쟁의 발단이 되기 때문이기도 합니다. 인위적인 맥락에서 세상에 존재하지 않는 무엇인가를 만든다는 의미를 지니고 있는 유전자재조합기술, 즉 GMOs를 제작할 수 있는 기술이 세상에 첫선을 보인지 40여 년, 그리고 GMO가 상업화 된지 거의 20년이 지나가고 있습니다. GMOs 및 유전자재조합기술은 이미 걷잡을 수 없는 우리 인류의 역사의 흐름에 깊숙이 몸을 담아가고 있는 셈입니다.

유전자재조합기술이 세상에 나온 1973년 이후 우리 인류사회는 GMOs의 연구 · 개발, 이용 등과 관련하여 기술적 · 사회적 · 경제적 · 환경적 차원의 다양한 찬반논쟁을 쏟아 내었으며, 그 논쟁은 아직도 평행선을 달리고 있습니다. 즉, 우리 인류사회는 GMOs와 관련하여 다양한 차원에서 제기되고 있는 잠재적 편익과 위험에 대해 컨센서스를 이루지 못하고 있는 것입니다.

이러한 상황에서 우리는 어떻게 하여야 할까요? 우리 사회가 선택할 수 있는 최선의 방법은 GMOs의 연구 · 개발, 이용이 '환경적으로 건전하고 지속가능한 사회environmentally sound and sustainable society'의 실현과 조화되도록 하는 것입니다. 이는 우리 인류전체가 도전받고 있는 중요한 규범적 메시지normative message입니다.

이러한 문제인식 하에서 본서는 GMOs 개발과 이용의 역사, 산업적 이용 및 응용, 그리고 GMOs와 관련된 사회적 · 경제적 논쟁을 정리하고, GMOs의 연구 · 개발, 이용 등과 관련하여 사회체계가 선택하고 있는 정책성향을 조명하고, 지속가능한 사회의 실현을 위한 도전과제를 모색하는 방향으로 집필되었습니다. 본서를 통해 바이오경제 시대를 살아가는 모든 독자 여러분(정책입안자 및 수행자, 연구자, 학생, 일반인 등)들이 GMOs와 연계된 다양한 인문사회 · 경제적, 정책적 의미에 대한 이해의 지평을 넓히는데 조금이나마 도움이 되기를 바랍니다.

끝으로 본서의 집필을 위한 연구에 재정적 도움을 준 한국연구재단에 깊은 감사를 드리며, 아울러 이 책의 출판을 맡아 수고하여 주신 도서출판 두남 전두표 사장님과 이승구 상무님, 그리고 편집을 위해 애써주신 편집부 직원들께도 감사를 드립니다.

2015년 4월 25일

성봉석 드림

목 차

유전자변형생물체에 주목하는 이유는?

생명공학기술biotechnology은 기술진보의 속도와 응용범위의 확장 측면에서 매우 동태적인 성향을 띄고 있다. 1930년대까지만 해도 전통적인 응용단계에 머물러 있었던 생명공학기술은 1960년대까지 과학적·기술적 응용시도의 시대를 거쳐 1973년 이후부터는 현대적 차원의 응용을 구가하고 있다[1-4]. 현대적 의미의 생명공학기술, 즉 현대 생명공학기술modern biotechnology은 산업적으로 유용한 제품을 제조하거나 또는 공정을 개선할 목적으로 생체나 생체유래물질 또는 생물학적 시스템을 활용하는 다양한 학제로부터 파생되었거나 파생될 기술의 집합이다.

1973년 유전자재조합기술recombinant DNA technology(rDNA 기술)[1]의 확립은 생물학에서 현대 생명공학기술이라는 새로운 정상과학의 길을 마련함으로써 과학혁명의 주축으로 작용하고 있다. 현대 생명공학기술은 1983년 항생제에 내성을 가지는 담배와 페튜니아의 개발·성공을 시작으로 농업, 의약, 환경, 에너지 등의 산업에서 원재료로 이용될 수 있는 유전자변형생물체genetically modified organisms(GMOs), 즉 유전자변형 식물, 동물, 어류 및 미생물 등을 포함하는 생명공학제품의 생산에 기여하고 있다. 그중 대두, 옥수수, 면화, 유채를 중심으로 한 유전자변형 작물genetically modified crops(GM

작물)은 이들 4개 작물 세계 총 교역량의 약 80%[5-8]에 이를 정도로 상업화가 많이 진전되었으며, GM 카네이션, GM 형광물고기, GM 염소유래 혈액응고방지제인 안티트롬빈ATryn도 출시되어 세계적으로 교역되고 있다. 섬유, 제지 및 종이, 의약, 전자, 자원·에너지 등 산업의 공정혁신 및 대체와 관련되는 산업생명공학기술industrial biotechnology의 응용을 고려할 경우 생명공학기술의 산업적 응용가능성은 상상을 초월한다. GMOs는 현대 생명공학기술의 핵심으로 농업 및 사료 산업뿐만 아니라 음식료, 의약, 화합물·화학제품, 에너지 등의 산업에 이용되는 다양한 원료, 즉 시럽, 지방산, 단백질, 과당 등의 원천이며, 이외에도 수십 종의 효소가 GMOs로부터 생산될 수 있는 가능성이 있다[4;9].

현대 생명공학기술은 21세기 새로운 기술-경제 패러다임techno-economic paradigm을 형성하고 있다[4;10-14]. 현대 생명공학기술은 고부가가치, 탈공해, 자원 및 에너지 절약, 산업횡단의 공통 기반기술로 21세기 인류가 직면하고 있는 난제를 해결하는데 있어 핵심적인 역할을 할 것이다. 특히, 포드주의Fordism에 기인한 20세기 경제의 부작용인 자원과 에너지의 남용 및 공급제한성, 환경적 지속불가능성, 원료 가격의 불안정성, 효율성 및 생산성 저하, 질병 문제 등을 해결하는데 답을 제공할 것이다. 정보를 포함하여 생물체 및 물질을 조작하는 기술에 있어서의 변화는 미래 산업의 구조에 중요한 영향을 미칠 것임을 보여 주고 있다[12]. 이미 생명공학기술에 있어 혁신군집과 기술진보는 명확한 기술궤적패턴을 보이고 있다[11]. 세계 각국은 생명공학기술을 응용·적용하여 기존 산업의 변화와 발전을 꾀하고 있으며, 새로운 제품 및 서비스도 창출하고 있다. 생명공학기술을 기반으로 하는 산업생산의 규모는 세계 국내총생산액의 1/3 이상이 되는 것으로 추정된다[15].

미국의 경우 생명공학기술은 화학 부문에 4억 달러, 식품 부문에 8억 달러가치에 상당하는 영향을 미치고 있으며, 생명공학소재 부문에는 1조 달러 이상의 영향을 미치고 있다.2) 향후 다양한 요인이 더욱 더 생명공학기술의 활용 및 이용의 확대와 팽창을 촉진시킬 것이다[16]. 인구증가, 에너지 소비 증가와 기후변화, 농산물 및 식품 가격의 등귀, 수자원 부족, 건강비용의 증가, 지원 및 보완기술의 필요성 증대 등은 그 주요 동인이다[17, pp.31-49].

생명공학기술은 첫째, 유전자에 대한 첨단지식과 복잡한 세포 메커니즘을 이용한 새로운 공정 및 제품의 생산, 둘째, 재생 가능한 바이오매스와 효율적인 생물학적 프로세스를 이용한 지속가능한 생산, 셋째, 산업 부문에 생명공학기술관련 지식의 통합과 응용을 통해 경제 전반에 영향을 미칠 것 같다[17, p.7]. 이러한 맥락에서 OECD[18]는 향후 경제를 '바이오경제bioeconomy or biobased economy'로 규정하고 이에 대비한 정책 의제policy agenda를 설정하고 있다. 바이오경제는 협의의 관점에서 지속가능한 제품, 직업 및 소득창출을 위한 목적으로 재생가능한 바이오자원, 효율적인 바이오공정 및 산업클러스터를 이용하는, 즉 생명공학기술의 산업적 응용으로 정의될 수 있다[19, p.4].

그렇지만, 경제활동은 자원 또는 사회적 합법성 등을 변화시키는 사회구성원의 의식적인 노력에 의해 영향을 받음과 동시에 사회구성원의 생활영위를 위한 토대를 제공하고 있다. 그렇기 때문에, 경제는 항상 사회·정치와 불가분의 관계를 형성하고 있다. 게다가 기술은 그 자체로 경제와 사회의 발전을 규정짓는 절대적인 가치를 가지고 있어 사회발전에 대한 포괄적인 틀frame, 즉, '기술개발→특정 활동의 변화→생산과 일상생활에 기술응용→사회변화'의 과정으로 이해될 수 있다[14]. 이러한 맥락에서 바이오경제는 산업적 이용 그 자체보다는 그러한 이용으로부터 혜택을 입는 모든 경제활동과 현대 생명공학기술에 의해 파생되거나 촉진되는 모든 사회적 활동을 포괄하는 더 넓은 개념으로 이해되어야 한다. 이는 현대 생명공학기술에 의해 파생된 산업 측면의 파급효과를 기반으로 한 경제 및 사회·정치 측면에서의 파급영향이 필히 뒤따를 수 있음을 시사하고 있다.

바이오경제의 중심에는 GMOs가 있다. GMOs는 현대 생명공학기술의 핵심으로 모든 산업생산을 위한 원료를 제공할 것이다. GMOs를 만드는 근간인 유전자재조합기술rDNA 기술은 1973년 이전 시대에는 상상도 하지 못했던 이종 간 교잡, 유전자 구조 및 염기서열 등의 인위적 조합 및 변형까지 가능케 한다. rDNA 기술은 유전자 구조와 염기서열, 조절자 등을 인위적으로 변형·조합하여 새로운 형태의 유전자를 만드는 것으로 자연적 상태의 생리적 증식이나 재조합의 장벽과 분류학에 의한 과의 범위를 넘어선다. 그렇기 때문에, 특정 생물체에서 유용한 형질을 지닌 유전자를 발견하고, 그 유전자 특성을 지닌 새로운 유전물질을 만들어 낼 수 있다. 예를 들어, 단백질을 발현(생산)시키는 유전자를 박테리아나 대장균과 같이 자기 복제능력이 뛰어난 생물체의 유전자에 삽입시킴으로써 인류가 원하는 특정 단백질을 대량으로 생산할 수 있다. 이는 전통적 방법에서 나타나는 시간 및 비용 측면의 비효율을 제거함으로써 환경, 자원 및 에너지, 농·축·수산, 화학, 의약, 식품 등 다양한 산업에서 효율성을 제고시키는데 중요한 역할을 한다[20;21]. 이처럼 GMOs와 rDNA 기술은 경제적, 산업적, 기술적 측면에서 많은 잠재적 이익을 제공할 것으로 기대된다. 그렇지만, GMOs의 산업적 이용은 사회·경제, 환경, 인체건강, 소비자 선택 등에서 그 이익 및 위해성에 대한 사회적 논쟁을 끊임없이 불러일으키고 있다. GMOs가 법, 교육 및 규제뿐만 아니라 경영자 및 노동자 태도 및 행위의 변화 등과 관련이 있는 사회·정치적 수용을 획득하기까지는 꽤 오랜 기간이 걸릴 것이다. 기술·경제적 차원의 변화 속도를 사회·정치적 차원의 체제가 즉시적으로 따라가지 못하는 지체현상은 기본적 속성이기 때문이다. 게다가 현대 생명공학기술, 특히 rDNA 기술의 진보에 따른 사회·정치적 수용이 어떻게 이루어져야 하는가에 대해서는 다양한 견해가 존재한다.

사회체제 내에서 GMOs의 잠재적 유용성 및 위해성에 대한 비용-편익분석을 통한 결론의 도출은 장기적인 시간을 필요로 한다. 이에 대한 가장 큰 이유는 GMOs의 잠재적 유용성 및 위해성에 대한 견해와 입장이 사회구성원 즉, 생산자, 과학자, 정부, 시민단체 등의 개별 이해관계자간에도 상이할뿐만 아니라 이해관계자집단 내에서도 상이하다는데 있다. 그리고 GMOs가 인체 및 환경에 위험한지 아닌지, 사회·경제적으로 어떠한 영향을 미칠 것인지에 대해 아무런 결론도 나지 않았기 때문이다.[3] 즉, 사회체제 내에서 위해성에 대한 과학적 합의와 사회·경제적 측면에서의 영향에 관한 사회적 합의가 이루어지지 않고 있는 상태이다. 국제공법인 '바이오안전성에 관한 카르타헤나의정서cartagena protocol on biosafety to the convention on biological diversity(CPB)'[4]가 사전예방원칙precautionary principle[5]에 입각하여 사회·경제적 요인, 인체 및 환경적 요인 등을 고려하여 안전성을 확보하기 위한 무역규제조치를 허용하고 있는 이유도 여기에 있다. 사전예방원칙에 대해 환경론자는 단기간에 환경영향에 대한 절대적이고 확실한 과학적 증거의 확보가 어렵기 때문에, 과학적 증거의 제시 후 환경 및 인체안전성 확보를 위한 대책의 강구는 환경파괴를 방관하는 것이라고 말한다. 따라서 과학적 증거가 제시될 때까지 기다리지 말고 사전예방적인 차원에서 환경 및 인체에 미칠 수 있는 부정적인 잠재적 영향에 대한 대응조치를 취하는 것이 가장 바람직한 방법이라고 주장한다. 반면, 진보주의자는 사전예방원칙은 생명공학기술 및 제품의 연구·개발, 상업화 등과 같은 경제 및 사회 활동을 지체시키거나 금지하는 결과를 가져와 생명공학기술의 적용이 지체되는 만큼 세계가 희생의 대가를 치르게 될 것이라고 한다. 즉, 사전예방원칙을 위험한 신중성이라 표현하고 있다.

이러한 사회적 논쟁은 사회시스템 특유의 내생적 정치·경제맥락에서 경제·사회정치적 압력을 형성하고 있다[22]. 즉, GMOs의 연구·개발, 생산 및 이용은 GMOs에 대한 인체 및 환경 안전성과 혁신기술의 사용에 관한 도덕적, 윤리적, 종교적 문제에 관한 사회구성원의 요구, 기대 및 가치를 포함하는 강제 및 규범 압력coercive and normative pressures을 유발시킨다. 이는 곧 GMOs의 출현에 사회가 어떠한 방향으로 대응하여야 하는가에 결정적인 영향을 미친다. 따라서 사회시스템 내에서 표출되는 압력들은 GMOs의 출현에 대응하여 사회 전체가 풀어야 하는 다양한 도전 과제를 던져주고 있다. Porter[23], Suchman[24], Spriggs and Isaac[25], Cocklin, Dibden and Gibbs[26]에 비추어 볼 때, GMOs와 관련하여 사회는 '과학적 합리성scientific rationality'과 '사회적 합리성social rationality'에 기초하여 GMOs에 대해 균형이 있는 사회·경제적 고려를 하도록 요구받는다. 따라서 사회는 GMOs의 지속가능한 이용을 위해 부단한 노력을 경주해야 할 것이다.

현대 생명공학기술이 지니고 있는 커다란 인문사회·경제적 의미에도 불구하고 그러한 기술에 대한 사회과학자들의 이해는 극히 미약하다[27]. 1995년 상업화된 이후부터 GMOs의 산업적 이용이 지속적으로 증대되고 있지만, 사회에 대한 GMOs의 의미를 찾아내기 위한 연구는 상대적으로 미흡하다. GMOs의 연구·개발, 생산, 이용은 사회·정치·경제적, 문화적, 윤리적 측면에 있어 균형을 이루는 정책적 고려가 있어야 한다. 이러한 정책적 고려는 GMOs와 관련된 인문사회학적 연구에 기반을 두는 경향이 있다. 물론, 일부 국가를 중심으로 한 GMOs에 대한 정책적 관점의 차이를 부분적으로 언급하고 있는 연구[26;28-31]는 있다. 그리고 단편적으로 GMOs와 사회문제를 언급한 연구도 일부 있다. 그렇지만, 이들 연구는 GMOs와 관련하여 '환경적으로 건전하고 지속가능한 사회environmentally sound and sustainable society'의 실현방안을 종합적으로 모색하고 있지는 않다. 따라서 GMOs의 연구·개발, 생산 및 이용으로부터 파생되는 사회적 논쟁 이슈를 사회·경제, 환경, 건강, 소비자 선택 등의 측면에서 파악하고, GMOs에 대한 공공정책 이슈를 과학적 합리성scientific rationality과 사회적 합리성social rationality의 관점에서 정리할 필요성이 있다.

이러한 문제의식에 기초하여 본서는 「바이오경제시대의 사회적 도전과 과제: 유전자변형생물체를 중심으로」라는 제목 아래서 GMOs에 대한 사회의 시각을 과학적 합리성과 사회적 합리성의 맥락에서 조명하고, 향후 지속가능한 사회의 실현을 위한 과제를 모색하려 한다. 이를 위해 GMOs의 연구·개발, 생산 및 이용 상에서 파생되는 사회적 논쟁 이슈를 사회·경제, 환경, 건강, 소비자 선택 등의 측면에서 파악하고, GMOs에 대한 사회적 차원의 공공정책을 과학적 합리성과 사회적 합리성의 관점에서 정리하고, 지속가능한 사회의 실현을 위한 방안을 모색할 것이다. 본 연구를 통해 분석된 내용은 인문사회과학적 후속연구의 촉진은 물론이고, 바이오경제 시대에 있어 정부가 GMOs에 대한 경제·산업과 환경, 보건 등의 전략 및 정책을 입안하고 실행하여, 우리 사회가 '환경적으로 건전하고 지속가능한 개발environmentally sound and sustainable development(ESSD)'을 실현하는데 상당한 정책 철학적 의미를 제공할 것으로 기대된다. 본서의 구성은 다음과 같다.

제1부(GMOs 혁명과 사회적 논쟁)에서는 전통적인 생명공학기술에서 GMOs를 제작하는 핵심기술이며 '유전자혁명genetic revolution'의 시작점인 현대 생명공학기술, 특히 rDNA 기술의 출현과 이를 이용한 GMOs 상업화, GMOs의 산업적 응용과 경제적 영향을 고찰하고, GMOs가 '바이오경제'시대에 있어 기술혁신 패러다임의 핵심이 될 수 있는가를 분석하고, GMOs의 연구·개발, 생산 및 이용과 관련하여 파생되는 사회적 맥락의 논쟁을 기술한다. 제2부(사회·경제 요인과 GMOs 정책성향)에서는 GMOs와 관련된 주요 사회적 논쟁이 초기의 협소한 기술적 차원의 문제에서 더 넓은 사회경제적 차원 또는 개별 국가의 차원에서 국제적 쟁점으로 발전한 역사적 배경과 경로, 그러한 논쟁결과에 기인하여 특정 사회체제에 체화된 GMOs 관련 내생적 사회·정치-경제 요인과 이에 의해 파생된 GMOs 정책 패러다임과 그 특성을 기술하고, 정책 패러다임이 충돌하는 사례를 살펴본다. 제3부(지속가능한 사회실현을 위한 과제)에서는 GMOs가 우리 사회에 던져 주는 기회와 도전, 그리고 공존을 위한 조건을 고찰하고, 공존을 위한 정책의제와 과제를 모색하였다.

제1부

GMOs 혁명과 사회적 논쟁

제1장

생물학에서 유전자혁명까지

GMOs는 한 생물체의 유전체에 새로운 유전물질을 삽입함으로써 만들어진다. 여기서 삽입을 통한 제작은 처음에 생성되었을 때 존재하지 않는 것으로 알려진 새롭게 조합된 유전물질novel combination of genetic material의 투입에 의존하는 것으로 지극히 인위적인artificial 의미를 함축하고 있으며, 이는 '현대 생명공학기술'을 통해 가능해진다. 현대 생명공학기술을 이용하여 만들어진 새롭게 조합된 유전물질을 포함하고 있는 모든 생물체를 GMOs로 간주하는 국제공법[1]의 정의는 그러한 인위적 삽입과 맥을 같이 한다.

GMOs 제작의 중심에 있는 현대 생명공학기술은 전통적인 기술이 아니며 자연적인 생리적 증식이나 재조합의 장벽을 넘어서는 기술을 말한다.[2] 이는 현대 생명공학기술이 전통적 육종이나 선발에서 사용된 기술[3]이 아니어야 한다는 제한요건을 부과[33, p.14]하는 것이다. 즉, 자연적인 생리적 증식, 복제, 재조합이 가능하지 않은 장벽을 넘어서야 한다는 것으로 GMOs가 자연적으로 생성되는 것이 아니라 인위적으로 만들어진 것임을 강조하고 있다. 생물체의 이러한 인위적 제작은 유전자실험을 가능하게 한 Cohen, Chang, Boyer and Helling[34][4]의 rDNA 기술로부터 기원한다. GMOs의 역사적 출발점인 rDNA 기술의 개발은 '유전자혁명genetic revolution'의 시작점이다.5) 그러나 rDNA 기술의 실제적인 영향은 대학 및 기업 간 협력을 통해 지식네트워크가 강하게 형성되었던 1970년대 후반부터 수반되었다. 그러한 지식네트워크의 형성은 대기업으로 하여금 GMOs 연구·개발을 위한 막대한 자본투자를 유도함으로써 1980년대 초 '바이오테크 또는 생명공학기술 혁명biotech revolution'의 산업화에 핵심적인 동력을 제공하였다[11, p.980].

1. 생명공학기술의 진보와 유전자변형 기술의 출현

rDNA 기술의 개발로 시작된 '유전자혁명genetic revolution(또는 바이오테크 혁명)'은 생명공학기술진보의 소산이다. 일반적으로 생명공학기술은 넓은 의미에서 '생물의 기능을 이용하는 기술'로 정의된다. 이러한 정의는 간명하고 포괄적이긴 하지만, 기술의 역동성이 고려되지 않아 생명공학기술을 이해하는데 충분하지 않다[20, p.8].

생명공학기술이란 용어는 1960년대 말에서 1970년대 초부터 쓰이기 시작했다. 처음에는 인간 유전자 세트를 이해하고 유전자 지도를 그리는 일에 관련된 기술과 회사에서 주로 사용했다. 그 당시 생명공학 분야에 종사했던 과학자, 정책담당자 및 기업경영자들의 태도와 생각에 비추어 볼 때, 그 목적은 다양했던 것 같다. 그렇지만, 표면적인 주된 이유는 유전자의 기능을 이해함으로써 건강한 신체를 만들 수 있도록 조작해 인류의 복지를 증진시킨다는 것이었다. 오늘날 생명공학은 식물, 동물 및 인간의 세포를 포함한 일단의 유기 세포 기능을 이해, 변경, 조작하려는 목적을 가지고 있는 기술 및 산업을 포괄한다[42, p.16]. 이는 생명공학기술을 지식, 재화 및 서비스 생산을 목적으로 생물체 및 무생물을 변형시키기 위해 생물체뿐만 아니라 그 일부, 산물 또는 모델에 적용하는 과학과 기술로 파악하고 있는 OECD[43]의 단일정의에 가깝다. 사전적 정의의 측면에서 생명공학기술biotechnology은 생물(지구상의 모든 생명체)학적 프로세스의 이용을 의미하는 'bio'와 문제의 해결 또는 유용한 제품의 생산을 위한 도구를 의미하는 'technology'라는 두 단어의 합성어이다[44, p.1]. 이러한 맥락에서 생명공학기술은 일반적으로 '인류에 있어 유용한 것을 생산하기 위해 기술적·산업적 프로세스에 생물학적인 도구를 이용 또는 응용하는 것' 또는 '지구상의 생물체를 산업적으로 유용하게 활용하는 것'이라 할 수 있다.

생물학적 프로세스biological process를 사용 또는 응용하는 것은 그리 주목할 만한 것은 아니다. 전통적인 의미의 생명공학기술은 기원전 1750년 경 수메르인의 양조발효 기술로까지 거슬러 올라간다. 인류는 식량 및 의복을 안정적으로 공급하기 위해 이미 1만 년 전부터 작물을 재배하고 동물을 사육하기 시작했다.[6] 또한 인류는 6천 년간 미생물을 이용하여 빵과 치즈 등의 유용한 식품을 생산하고 유제품을 보존해 왔다.[7] 이러한 맥락에서 생명공학을 곡물, 가축, 빵, 치즈, 와인 및 요구르트 등의 식량생산을 위해 여러 세기동안 이용했던 '전통과학time-honored science'이라 칭한다. 즉, 미생물, 동·식물의 유용한 기능을 경험적인 방법으로 활용하는 기술로써 식품발효, 가축 및 작물의 육종 등이 해당된다. 이렇게 볼 때, 1940년~1950년에 페니실린과 효소의 대량생산을 가능하게 했던 바이오공정 산업의 과학적 발전과 개선은 그러한 전통적 방법(또는 이용)으로부터 자연적으로 유래된 것이었으며, 새로운 육종기법 역시 점진적인 발전으로 간주된다.

그렇지만, 생명공학기술을 발전적 과정으로 간주하는 견해는 그 역사를 특징 지웠던 획기적인 약진을 파악할 수 없다[45, p.71]. 즉, 광범한 분야에서 새로운 생물학의 구축능력을 간과하고 있다. 그렇기 때문에, 생명공학은 '진화적 과정'으로써 보다는 오히려 '단계 또는 세대별 발전'으로 간주되어야만 된다[46, pp.14-17]. Van der Walt[2], Kitch, Koch and Niang[3], Massey[44], Georgescu and Vollborn[47]에 비추어 볼 때, 생명공학기술은 전통적 응용단계, 근대적 응용단계, 현대적 응용단계로 구분된다.

제1단계 및 제2단계기원전부터 1960년대까지는 전통적인 생물학에서 과학적 응용단계로의 기술진보가 이루어졌던 시기였다. 1986년 멘델의 유전법칙 발표로 유전학이라는 새로운 과학의 열쇠를 찾았으나,[8] 어쨌든 1930년대까지는 발효에 의한 식품의 제조, 고전적인 형태의 작물 육종 등으로 대표되는 전통적인 응용단계였다. 그렇지만, 근대적 응용단계1940년대부터 1960년까지는 전통적인 개념의 생명공학기술이 발전하고 개선되었으며, 생명공학기술을 과학적 관점에서 체계적으로 응용하려 했던 인류의 노력이 그 발전과 개선에 촉진제 역할을 했던 시기였다. 특히 이 시기에는 X선 결정학X-ray crystallography[9]의 토대위에서 Watson and Crick[48]에 의해 DNA구조가 발견되고 DNA의 서열을 판독할 수 있는 자동분석기가 완성되었으며, DNA를 붙이는 풀과 같은 역할을 하는 DNA 연결효소와 가위역할을 하는 DNA 제한효소[10]가 발견됨에 따라 생물체의 인위적 변형을 가능케 하는 기술적 토대가 형성되었다.

마지막으로 제3단계1970년대 이후는 유전자변형과 생물학적 공정기술이 가능해진 시기이다. 1970년대 생물학에 대한 인류의 이해

수준은 전체 생물체의 최소단위(그 세포와 생물학적 분자단위)를 활용할 수 있는 단계까지 이르렀다. 이러한 새로운 생명공학기술 new biotechnology은 당면 문제를 해결하고 유용한 제품을 생산해내기 위한 세포의 처리절차로 정의되며, 이를 현대 생명공학기술이라 칭한다. 현대 생명공학기술과 대비되는 전통적인 의미의 생명공학기술은 미생물, 동물 및 식물의 유용한 기능을 경험적인 방법으로 활용하는 기술 집단으로 식품발효, 가축 및 작물의 육종 등을 응용하여 만든 주류, 발효유제품, 발효조미료, 생물학적 제제 등이 전통생물공학제품의 부류에 포함된다. 반면, 현대적 의미의 생명공학기술은 Cohen et. al.[34]에 의한 rDNA의 삽입을 계기로 새롭게 대두된 기술로 rDNA 기술, 유전공학genetic engineering, 생명공학기술로 개념적 확대가 일어난 것이다. 예를 들어, GMOs를 포함한 간염백신, 인체성장호르몬, 무공해 생물농약 등은 현대 생명공학기술의 응용에 기초하고 있다. 유전공학 또는 유전자변형으로 알려진 rDNA 기술은 형질이 전환된 유전자transgenesis를 이용함으로써 생물체의 유전형질을 변형 즉, 생물체에 주어진 유전자의 본체인 핵산DNA을 특별한 효소 등으로 자르거나 연결해서 제작한 rDNA를 세포에 도입해 유전자를 발현하는 등 인위적으로 유전자를 재조합(또는 변이, 변환, 조작 등)하는 기술을 말한다. 유전자 구조와 염기서열, 조절자 등을 인위적으로 변형 또는 조합하여 새로운 형질의 유전자를 만드는 기술을 칭하는 것으로 GMOs를 만드는 핵심기술이다.[11)]

2. 유전자변형 기술의 발전과 GMOs의 상업화

"생명공학기술 혁명"은 1970년대 몇 가지 결정적인 성과로 도

약기를 맞은 후 1990년대 첫 번째 전성기를 맞았다. 1950년대 DNA 구조의 발견과 유전암호의 해독으로 생명공학기술은 최고점에 달했다. 그렇지만, 유전자변형을 가능하게 하는 두 가지 중요한 문제를 해결하는데 20년이란 세월을 보내야 했다. 하나는 'DNA 염기서열분석sequencing'을 통해 DNA의 이중나선구조에서 유전요소의 정확한 염기배열을 알아내는 것이고, 다른 하나는 '유전자 접합gene-splicing'으로 미생물에서 추출한 특수한 효소를 이용해 DNA를 잘라내고 결합시키는 기술이다[54]. 이들 기술적 기반위에 Cohen et al.[34]은 박테리아와 양서류의 DNA를 결합함으로써 유전자변형에 성공했으며,12) 1년 뒤 Jaenisch and Mintz[55]는 초기 단계의 쥐의 배아에 외래 DNA를 삽입함으로서 최초의 유전자변형 동물genetical modified animal(GM 동물)을 만들었지만, 유전자변형 기술의 실제적인 영향은 그러한 과학적 지식이 학계에서 생명공학기술 산업으로 이전되었던 1970년대 후반이었다. 유전자변형의 가능성이 현실화되는 단계에 들어서자 GM 기술의 이용으로 인한 장기적인 사회적 문제 등에 대해 우려했던 과학계는 1974년 유전자변형 실험을 당분간 중단하고 관련 실험기준을 마련할 것을 제안하였으며, 1975년 '실험실 밖에서는 생존할 수 없는 생명체에 대해서만 실험을 한다.' '인간에게 들어와 활동할 가능성이 있는 유전자는 실험하지 않는다.'는 등의 내용이 담긴 선언문을 채택'아실로마(Asilomar) 합의'하였다.

미국은 '아실로마 합의'에 근거하여 유전자변형 실험에 관한 가이드라인을 마련하였다.13) 아실로마 합의는 과학자에게는 관련 분야의 공공연구에 대한 규제를 부과하는 역할을 하였으며, 이는 곧 유전자변형에 대한 규제를 회피하여 자유롭게 연구 활동을 수행하고자 했던 연구자들로 하여금 정부의 규제에서 다소 자유로운 민간 자본에 관심을 가지게 함으로써 현대 생명공학기술이 민간 자본과 결합하는 계기를 만들었다.

1975년과 1976년 현대 생명공학기술의 상업적 응용을 위한 신생기업들이 생겨나기 시작했으며, 이와 동시에 1970년대 이루어진 연구 대학과 생명공학 기업 간 강한 지적 네트워크의 형성은 현대 생명공학기술에 있어 유전자 혁명을 가능케 한 토대를 이루었다[41, p.432]. 1976년 허버트 보이어H. Boyer는 투자자인 로버트 스완슨R. Swanson과 함께 샌프란시스코에 rDNA 기술을 응용하여 암, 성장저해, 심근경색 치료제를 개발하기 위해 제네텍Genetech사를 세웠다. 이를 계기로 여러 기업이 특히 미국 서부와 동부 해안에 집중적으로 설립되었다.14) 지금도 샌프란시스코와 보스턴 주변은 생명공학의 엘도라도로 통한다[1]. 1977년에는 제네텍Geneticn사가 GM 기술을 이용하여 유전자변형 대장균에서 당뇨병 등의 치료제로 주목을 받고 있는 인간 호르몬 소마토스타틴human hormone somatostatin15)을 만드는데 성공했으며, Sanger et al.[58], Maxam and Gilbert[59]는 'DNA 염기서열분석기법'을 개발하였다. 1977년 제네텍Genetech사는 인류 역사상 최초의 인체용 유전자변형 의약품genetically modified drug(GM 약품), 즉 인간의 인슐린 유전자가 삽입된 유전자변형 대장균genetically modified E. coli에서 인슐린을 제조하는데 성공했다[60].

이러한 연구개발 단계에서 혁신적 활동에 대한 rDNA 기술의 영향은 이미 1970년대 말에 가시화되었다. 그럼에도 불구하고, 1970년대까지 GM 기술을 이용한 상업화는 현실화되지 못했다[61, p.106]. 즉, '바이오테크혁명'에 힘을 보태지는 못했다. '바이오테크혁명'은 대기업들이 혁신과 기술개발을 위한 강력한 지식기반의 역할을 수행함으로써 GM 작물에 막대한 연구개발 자본을 투자하기 시작한 1980년대 초부터 추진력을 얻게 되었다. 이는 곧 막대한 민간 자본의 유입과 함께 산업과 대학 간 전례 없는 기술 이전계약 또는 협약을 유도했다[11, p.980]. 1980년 제네텍Genetech 사의 주식시장 상장은 생명공학기술에 대한 투자를 유행시켜 관련 산업을 급속하게 성장시키는 촉매제 역할을 했다. 미국의 경우 1980년에는 수십여 개에 지나지 않던 생명공학기술기업의 수가 1988년에 거의 300여 개에 이를 정도까지 성장했다[62, p.45].

1980년대 현대 생명공학기술의 발전은 가속도가 붙은 염기서열분석기법의 진보에 기인하여 더 큰 고등동물의 유전체분석을 가능하게 하였으며, 게다가 식물, 동물에 외래 유전자를 도입하는 기법이 개발됨으로서 GMOs 연구·개발은 추진력을 얻기 시작했다. 1981년에는 성장촉진 유전자가 도입된 GM 동물인 거대 생쥐가 생산되면서 유전자로 형질을 극적으로 변형시킬 수 있다는 가능성을 보여주었으며, 1982년에는 미국 식품의약품안전청US Food and Drug Administration(US FDA)이 GM 인슐린 생산을 승인[63]함으로써 GMOs 연구에 몰입하고 있었던 의약 기업에게 중요한 의미를 부여하게 되었다. 1986년 카이론Chiron사는 유전자변형 간염 백신을 개발하여 US FDA로부터 판매허가를 받았을 뿐 아니라 GM 담배에서 인간성장호르몬을 생산하였으며, 1989년에는 항체를 생산하였다. 1990년에는 Mullis[64][16]가 유전자 분석을 위해서 미약하게 감지된 유전자 정보를 보다 선명하게 만들 수 있는 기술, 즉 유전자증폭기술polymerase chain reaction technique(PCR 기법)을 개발함으로써 생물체를 대상으로 한 유전자정보의 해석에 상당한 탄력을 붙였다.

GMOs 제작을 위한 완전한 기술은 아그로박테리움Agrobacterium에 의해 유전자변형 페튜니아 및 담배가 개발된 1983년에야 비로

소 형성되었다.[17] 그렇지만, GMOs가 상품화되어 출시된 것은 그로부터 11년만의 일이었다. 특히, 1980년 미국 대법원이 살아있는 유기체와 관련된 특허권을 최초로 아난다 채크라바티A. Chakrabarty에 부여한 것[18]은 민간 부문에게 GM 작물 등을 포함한 생명공학 기술 관련 연구로의 진입을 위한 유인을 제공하였다. 미국과 기타 산업 국가가 재조합유전자와 유전자변형 식물genetically modified plants(GM 식물)에 대해 특허를 허용함으로써 민간 부문의 GM 작물 연구를 더욱 촉진 및 증대시켰으며, 이러한 국가 차원의 보호는 WTO 무역관련 지적재산권협정Agreement on Trade Related Aspects of Intellectual Property Rights(TRIPs 협정)[19]에 의해 강화되었다. 통상적으로 공공 부문의 주도로 수행된 많은 기초과학연구는 배타적 특허를 통해 민간 기업이 이용해 왔다. 이와는 달리 초기 GM 작물의 개발은 공공 부문보다는 규모가 큰 다국적 농화학기업들에 의해 이루어졌는데, 이의 주요 원인 중 하나는 농약시장규모의 감소이다[67].

1988년 미국 칼젠Calgene사는 특정 유전자의 발현을 선별적으로 억제시키는 앤티센스anti-sense 기술을 응용하여 무르지 않는 GM 토마토, 즉 플레이버 세이버Flavr Savr를 개발하였는데, 이는 종래의 토마토에 비해 성숙 후에도 장기간 물러지지 않고 싱싱한 상태를 유지하는 동시에 향기 역시 오래가는 것이 특징이었다. 일반적으로 토마토는 수확하면 폴리갈락추로나제polygalacturonase (PG)라고 하는 효소가 내부에서 생성되어 다당류인 펙틴pectin이라는 토마토 세포 구성성분을 분해해버리고 마는데, 이 PG라는 효소를 만드는 유전자의 발현을 억제한다면 토마토는 견고함을 계속 유지할 수 있다. 산지에서 수확한 후에 시장으로 운송할 경우 토마토의 노화가 진행되어 뭉그러지기 때문에 이를 극복하기 위한 전통적인 방법으로 과육이 단단한 녹색의 토마토를 수확하고 시장으로 운송한 후에 과일의 노화를 촉진하는 식물호르몬인 에틸렌을 처리하는 등의 방법을 써 보았다. 그렇지만, 맛과 질이 월등하게 저하되는 단점이 불거졌는데 칼젠Calgene사는 이를 극복하였던 것이다. 앤티센스anti-sense 기술은 캘리포니아 대학교 데이비스 캠퍼스Universtiy of California at Davis 한 구석의 연구실에서 출발한 칼젠Calgene사를 생명공학 연구개발과 농업비즈니스 양면에서 중요한 위치에 올려 놓게 되었다. 앤티센스 기술을 이용하여 만들어진 GM 토마토를 '프레이버 세이버Flavr Savr'라고 명명한 장본인인 그 당시 칼젠Calgene사의 최고경영자 로저 샐퀴스트R. Salquist는 그 당시 미국 내 최대 토마토 가공업체인 캠벨수프Campbell Soup Co.로부터 자금지원을 받는데 성공하였다. 로저 샐퀴스트R. Salquist는 칼젠 프레쉬Calgene Fresh사라는 독립 부설회사를 설립하여 플레이버 세이버Flavr Savr의 시장화를 위한 프로젝트를 수행하여[68, pp.288-289] 1994년 5월 21일 시장에 출시하였다.[20] 당시 플레이버 세이버Flavr Savr는 높은 생산비, 높은 유통비, 승인을 위해 지출한 경비 등으로 인해 일반 토마토에 비해 2배 이상의 비용이 소요되어 시장가격이 높았으며, 게다가 그러한 높은 가격을 상쇄할 수 있는 맛과 품질을 갖추고 있는 것도 아니었다. 이러한 이유로 인해 플레이버 세이버Flavr Savr는 소비자로부터 큰 호응을 얻지는 못하였으며, 결국 시장에 첫 선을 보인지 1년도 채 되지 않아 자취를 감춰버렸고 칼젠Calgene사가 소유하고 있던 관련 기술은 몬산토Monsanto사에 의해 인수되었다.

플레이버 세이버Flavr Savr가 시장출시를 준비하고 있는 와중에도 1991년부터 다양한 형태의 GM 작물에 대한 포장시험재배field test가 미국, 중국 등에서 이루어지고 있었으며, 칼젠Calgene사가

GM 토마토를 시장에 출시한 1년 후인 1995년 세계 곡물메이저인 미국의 몬산토Monsanto사는 제초제에 저항성[21)]을 지닌 콩'Round-up Ready Soybean'을 개발하였으며, 스위스의 노바티스Norvartis사도 병충해에 저항성[22)]을 지닌 옥수수'Bt Maize'를 개발하였으며 같은 해 미국GM 옥수수, 캐나다GM 콩에서 재배허가를 받았다. 그 이듬해인 1996년 역사상 최초로 GM 콩과 GM 옥수수가 미국, 아르헨티나, 캐나다를 중심으로 경작지에서 재배되었으며, 1997년에는 시장에 출시되어 GM 작물의 상업화 원년으로 기록되었다. 1990년대에는 생명공학기술과 정보기술이 결합되어 다양한 생물체를 대상으로 한 유전자 해석이 가능해졌으며, 이를 기반으로 한 다양한 형태의 GMOs 제작기술[23)]이 개발되었을 뿐만 아니라 GMOs 연구개발 또는 상업화 노력이 촉진되었다.

2000년대 들어와 인간게놈[24)]프로젝트와 연계된 신약개발, 줄기세포 등에 대한 연구가 가속화되었으며, 생물정보학, 유전체학, 단백질체학, 대사체학 등을 포함하는 생명공학기술의 진보덕택에 황금쌀golden rice, 파란장미 등의 GMOs가 개발되었으며, 동물, 식물, 미생물 등을 이용한 안티트롬빈ATryn[25)]과 같은 유전자변형 약품의 연구개발도 가속화되었다. 더 최근에는 GM 작물의 경우 건강기능을 강화하거나 영양성분을 강화시키기 위한 오메가3 함유 작물, 전이지방이 없는 콩, 바이오에너지 생산을 극대화할 수 있는 방향으로 GMOs의 연구가 진행되고 있으며, 그중 일부는 상업화를 준비하고 있다.[26)]

제2장

21세기 기술 - 경제 패러다임의 핵심, GMOs

정보기술 및 나노기술을 포함한 다양한 기술과 산업 부문이 현대 생명공학기술로 빠르게 수렴하고 있다[18;45, pp.67-69;77, pp.112-113]. 즉, 현대 생명공학기술은 물질 또는 제품이 고안, 제조, 이용되는 근본적인 방법을 변환시킬 것이다. 이의 맥락에서 OECD[18][1]는 향후 경제를 '바이오경제'로 규정하고 있다. 이미 생명공학기술을 이용한 광범한 연구·개발 활동이 상당한 속도로 많은 결실을 맺고 있다. 유전학genetics,[2] 유전체학genomics,[3] 프로테오믹스proteomics[4] 기반의 의료·보건 기술 개선, 더 지속가능하고 높은 부가가치를 창출하는 식품 및 섬유의 생산 시스템, 더 청정하고 생태효율적인 바이오 연료, 에너지 및 용수 소비와 폐기물 발생을 절감할 수 있는 제조 공정, 내구성이 강한 바이오-나노 물질 등은 그 대표적인 예이다. 현대 생명공학기술의 개발과 응용은 의약 또는 제약 부문에서 가장 활발하며, 점차 농업을 거쳐 산업의 제조·생산 과정으로 확장되고 있는 추세이다. 현대 생명공학기술은 이전의 기술궤적과는 전적으로 상이하고 더 높은 기술적 활용기회를 창출함으로써 다양한 잠재적 응용 범위 및 그 횟수를 확장시켜 왔다. 이러한 의미에서 유전공학 기술은 새로운 기술혁신 패러다임technological innovation paradigm으로 고려될 수 있다[61,

p.39]. 특히, 현대 생명공학기술은 전통적인 생명공학기술을 투입 요소로 하여 인위적으로 새로운 동물, 종자, 약품, 단백질, 백신, 효소, 농약 등을 창출하는 역할을 한다[78]. 이는 GMOs가 '바이오 경제'시대에 있어 기술혁신 패러다임의 핵심이 되고 있음을 의미한다. 실제, 1990년대 중반 이후 GMOs는 보건 및 의료 산업의 발달, 농·축·수산물의 생산량 증대 및 생산물의 질적 향상 등에 폭넓게 응용되어 왔으며,5) 향후 더 다양한 산업적 응용[9]으로 경제 성장의 핵심 동력이 될 것으로 전망되고 있다. 이러한 맥락에서 Dewick, Green and Miozzo[12], Miozzo, Dewick and Green[13]은 향후 산업구조가 정보기술을 포함하여 물질을 조작하는 활동에 의해 변화될 것이라고 언급하고 있으며, Parail[11, p.972]은 현대 생명공학기술에 있어 혁신군집과 기술발전의 역학은 명확한 기술궤적을 보인다고 언급함으로써 이를 뒷받침하고 있다.

1. 기술 - 경제 패러다임의 개념적 프레임워크

새로운 핵심기술은 단일 부문 또는 단일 응용 분야를 포괄하는 총체적 기술로 간주된다[45, p.64]. 기술변화는 산업동학industrial dynamics에 영향을 미치며, 산업동학은 기술의 변화방향과 변화율에 영향을 미친다. 이러한 상호적인 영향은 경제구조에 강한 영향을 미친다[80]. 기술은 오랜 기간에 걸쳐 누적되어 급진적으로 변화를 창출시킨다[81;82]. 이러한 기술변화의 동태성은 그 규모에 관계없이 기존의 기술체계를 파괴함으로써 새로운 기술균형(또는 기술궤적)을 지속적으로 만들어 낸다[83].6) 새로운 기술균형으로의 이동은 기술혁신 패러다임을 형성하며[84;85], 이는 곧 기술 응용의 불확실성 감소를 통한 기술의 응용 또는 활용을 위한 기회를 증가시킴으로써 시장 및 경제 전반에서 해당 기술의 타당성 확보와 기술에 대한 사회적 수용 및 이용을 촉진시키고[83] 이는 곧 창조적 파괴를 유발하여 경제 전반에 파급되어 상당한 영향을 미친다[86].

오늘날 현대 생명공학기술은 전통적인 의미의 생명공학기술과 상호보완적 관계를 가지면서 전자·정보기술, 나노기술, 환경기술 등과 융합하여 산업적 유용성을 촉진시키는데 있어 중추적인 역할을 하고 있으며, 이는 곧 바이오의약품, 바이오식품, 바이오에너지, 바이오소재 등의 다양한 제품군을 형성함으로써 기존 산업을 대체하거나 또는 새로운 산업을 창출하고 있다. 특히, 대부분 산업이 공정혁신 및 대체와 관련되는 산업생명공학기술industrial biotechnology[7)]의 응용을 고려할 경우 그 가능성은 상상을 초월한다. 어떤 의미에서 보면, 현대 생명공하기술은 전통적인 생명공학기술이 진보하는 궤적의 연속선상이 있지 않다. 우선, 현대 생명공학기술 분야에서 기술혁신의 기초를 이루는 지식기반은 다양하고 광범한 과학적 원리와 기술적 노우-하우know-how를 산출하고 있다. 예를 들어, 바이오화학, 미생물학, 세포배양 등에 추가하여 현재 분자생물학과 유전학, 면역학, 바이러스학, 세포생물학 및 조직배양 모두가 생명공학기술의 기초적인 요소를 구성하고 있다. 게다가 현대 생명공학기술은 자연적인 차원에서의 변이 등에 의존하기 보다는 사전적인 차원에서 식물, 동물 및 인간의 세포를 포함한 일단의 유기 세포 기능을 이해하여 인위적인 차원에서 변경, 조작하는 것과 관련되어 있다. 이러한 활동의 중심에 GMOs가 있다.

바이오경제는 협의의 관점에서 지속가능한 제품, 직업 및 소득의 창출을 위한 목적으로 재생 가능한 바이오자원, 효율적인 바이오공정 및 산업클러스터를 이용하는, 즉 생명공학기술의 산업적 응용으로 정의된다[19]. 그렇지만, 경제활동은 자원 또는 사회적 합법성 등을 변화시키는 사회구성원의 의식적인 노력에 의해 영향을 받음과 동시에 사회구성원의 생활영위를 위한 토대를 제공하고 있다. 그렇기 때문에, 경제는 항상 사회·정치와 불가분의 관계를 형성하고 있다. 게다가 기술은 그 자체로 경제와 사회발전을 규정짓는 절대적인 가치를 가지고 있어 사회발전에 대한 포괄적인 틀frame, 즉, '기술개발→특정 활동의 변화→생산과 일상생활에 기술응용→사회변화'의 과정으로 이해될 수 있다[14]. 즉, 기술 등의 혁신과 침투에 기인하여 사회는 광범한 변화요구에 직면한다. 이러한 맥락에서 바이오경제는 산업적 이용 그 자체보다는 그러한 이용으로부터 혜택을 입는 모든 경제활동과 현대 생명공학기술에 의해 파생되거나 촉진되는 모든 사회적 활동을 포괄하는 더 넓은 개념으로 이해되어야 한다. 이는 현대 생명공학기술에 의해 파생된 산업 측면의 파급효과를 기반으로 한 경제 및 사회·정치 측면에서의 파급영향이 필히 뒤따를 수 있음을 시사하고 있다.

이러한 맥락에서 볼 때, 기술혁신 패러다임의 주요 변화를 성취하기 위해서는 5가지 조건, 즉 새로운 시장을 창출하는 기술적으로 개선된 새로운 제품 및 공정의 광범한 출현, 기존 공정 등에서의 비용절감, 사회적·정치적 수용성, 환경적 수용성, 경제체제 전반으로의 파급이라는 것이 충족되어야 한다[10, pp.15-16;87]. 새로운 형태의 기술혁신이 사회체제에 정치·경제 압력을 부여하고, 그러한 압력이 사회체제 내에 수용되는 경우 새로운 기술변화에 의해 기술혁신 패러다임technological innovation paradigm이 형성되기 때문에 이는 곧 기술-경제 패러다임techno-economic paradigm으로 간주될 수 있다. 이러한 맥락에서 GMOs가 기술－경제 패러다임의 핵심으로 간주되기 위해서는 시장 및 산업 맥락에서 기술·경제적 수용을 포괄하는 경제적 적법성economic legitimacy과 정치적 맥락에서 사회적 수용을 포괄하는 사회적 적법성social legitimacy의 확보를 필요로 한다.[8]

2. 패러다임 변화유도 요건 1: 경제적 적법성

Freeman[10], OECD[87]의 맥락에서 GMOs가 기술혁신 패러다임technological innovation paradigm의 주요 변화를 성취하기 위한 요건 중 새로운 시장을 창출하는 기술적으로 개선된 새로운 제품 및 공정의 광범한 출현, 기존 공정 등에서의 비용절감과 경제전반으로의 파급은 좁게는 시장 및 산업 맥락에서 넓게는 사회적 맥락에서 기술적·경제적 수용을 포괄하는 경제적 적법성economic legitimacy의 확보와 관련되어 있다.

통상적으로 기술궤적은 특정한 기술적 문제에 대한 해법으로써 특수한 선택환경으로부터 출현하는 기술혁신 패러다임technological innovation paradigm에 의해 정의된다[84]. 그렇기 때문에, GMOs가 기술－경제 패러다임techno-economic paradigm의 핵심 요소로 고려되기 위해서는 무엇보다도 먼저 공정혁신과 제품혁신을 통해 기존 제품 및 공정의 문제점과 취약점을 해결함으로써 다양한 산업에서 생산성 및 수익성 향상 등의 형태로 경제적 이익을 제공하여야 한다. 무엇보다도 일반적으로 사회구성원에게 실제적인 편익을 제공하여야만 한다[89, p.290]는 의미이다. 실제, 기존 제품 및 공정의 문제점은 포드주의Fordism에 기인한 것으로 자원 및 에너지 남용 및 공급제한성, 환경적 지속불가능성, 원료 가격의 불안정성, 효율성 및 생산성 저하, 위해 작업환경으로부터 질병의 유발을 들 수 있다. 따라서 GMOs가 경제적 적법성economic legitimacy을 확보하는데 있어 핵심적인 역할을 수행하기 위해서는 공정혁신과 제품혁신 측면에서 포드주의Fordism에 기인한 문제점에 대한 해법을 제공할 수 있다는 것을 보여야 한다.

1) 공정혁신 측면

GM 기술 또는 rDNA 기술은 전통적인 교배 및 선발에서 사용되는 기술이 아니며 자연적인 생리적 증식이나 재조합의 장벽을 넘어서는 지극히 인위적인 의미를 함축하고 있다. 이는 rDNA 기술이 전통적인 생명공학기술의 진보궤적의 연속선상이 있지 않다는 것을 단적으로 시사한다. rDNA 기술은 전통적인 교배 및 선발에서는 상상도 하지 못했던 방식으로 차원을 달리하여 분류학과의 범위에 관계없이 인간이 원하는 형질을 찾아내어 이를 이용해 상대적으로 신속히 새로운 생물체 등을 의도한 데로 제작하거나 대량으로 생산하는 것을 가능케 한다. 예를 들어, 단백질을 발현(생산)시키는 유전자를 박테리아나 대장균과 같이 자기 복제능력이 뛰어난 생물체의 유전자에 삽입시킴으로써 인류가 원하는 특정 단백질을 대량으로 생산할 수 있게 한다. 이는 GMOs가 그 자체로 특정 물질을 생산하는 과정, 예를 들어 기존의 "투입input → 공정throughput → 산출output" 과정에서 발생하는 시간 또는 비용 측면의 비효율을 상당히 제거함으로써 기존 산업 공정의 생산성을 혁신적으로 변화시키는 역할을 수행할 수 있다는 의미를 충분히 내포하고 있다.

게다가 GMOs는 공정의 비용-효과성과 비용-효율성을 제고하는데 있어 중추적인 지원적 기능을 담당할 가능성도 매우 크다. 예를 들어, 포드주의Fordism 경제 체제와 산업 공정(그중 특히 화학공정)은 대부분 화석 연료에 기반을 두고 있는데, 기존 화학 공정의 원활한 운용을 위해서는 높은 온도와 높은 압력이 요구되기 때문에 많은 에너지를 필요로 하며 이를 위해서는 많은 자원이 투입되어야 한다. 즉, 공정의 낮은 효율로 인해 경제적이지 못한 측면이 상존했다. 실제, 자원 및 에너지는 화학공정을 통한 생산비용의 거의 대부분을 치지하고 있다[45, p.75]. 그렇지만, 유전자변형 기술을 이용하여 rDNA 효소를 만들어 상대적으로 더 온화한 조건, 즉 높은 온도와 높은 압력을 요구하지 않는 생물공정bioprocessing을 구현할 수 있다[90]. GM 효소를 이용한 공정의 혁신 외에도 유전자변형 기술은 에탄올, 디젤 등과 같은 다양한 바이오매스 에너지와 소재의 원료물질인 GMOs를 생산하여 공정에 투입하거나 바이오 칩 및 센서, DNA 컴퓨터 등과 같은 바이오공정기기의 활용을 통해 생산 공정에서 시간, 자원 및 에너지 투입을 감소시키는데 기여할 수 있다. 즉, 이는 GMOs가 환경적 지속불가능성과 자원문제의 해결에 있어 지원적 기능을 충분히 담당할 수 있음을 의미한다.

2) 제품혁신 측면

무엇보다도 우선 제품혁신의 측면에서 GM 기술 또는 rDNA 기술을 포함하는 유전공학 기술은 생명체 그 자체를 변환함으로서 새로운 제품과 서비스를 창출할 수 있는 혁명적인 기술revolutionary technology로 정보통신혁명에 대등한 사회적 영향을 가지는 것으로 분류되어 왔다[91, p.2]. 실제, 유전공학 기술은 농업기술, 의약 및 제약연구와 제조분야에서 두드러진 역할을 하고 있으며[27, p.242] 그 결과물들은 다양한 제품과 서비스로 창출되고 있다. 더 나아가 유전공학 기술을 포함하는 현대 생명공학기술은 가시적인 경제성장을 견인하기 위한 미래의 핵심 전략요인으로 작용할 수 있다[92]. GMOs, 특히 그중 GM 작물은 이미 우리 생활 깊숙이 침투해 있다. 대두, 옥수수, 면화, 유채는 이들 작물의 세계 총교역량의 대부분을 GMOs가 차지[5;6]할 정도로 상업화가 많이 진전되었으며, 다른 산업에서 GMOs의 산업적 이용도 가속화되고 있다. 게다가 황금쌀, 파란장미 등의 GMOs가 개발되었으며, GM 동식물 또는 미생물을 이용한 안티트롬빈ATryn과 같은 혈액응고방지제 등도 상업화되어 시판되고 있다. 더 최근에는 농업 분야에서는 건강기능을 강화하거나 영양성분을 강화시키기 위한 오메가3omega 3가 함유된 작물, 전이지방trans fats이 없는 콩, 바이오에너지 생산을 극대화할 수 있는 방향으로 GMOs의 연구가 진행되고 있으며, 섬유 등의 물질 생산을 위한 GMOs 연구, 유용한 생리활성 물질의 개발을 위한 GMOs 연구, 환경오염의 모니터링 및 방지를 위한 GMOs 연구 등도 지속적으로 진행되고 있어 그 동안 화석 연료 기반 또는 자연 생물체 등에서 추출된 원료물질을 이용했던 기존의 제품기반을 획기적으로 변화시킬 것으로 전망된다.[9] 이 역시 GMOs가 자원 및 에너지의 공급제한성, 환경적 지속불가능성, 질병 문제 등을 해결함으로써 지속가능한 경제체제의 형성을 촉진할 수 있다는 의미가 내포되어 있다.

3. 패러다임 변화유도 요건 2: 사회적 적법성

GMOs가 21세기 기술-경제 패러다임techno-eonomic paradigm의 핵심으로 자리매김 하기 위해서는 경제적 적법성economic legitimacy뿐만 아니라 사회·정치 프레임워크 내의 규범과 가치에도 조화되어야 한다. 즉 사회적 수용social acceptance 또는 사회적 적법성 social legitimacy의 확보가 전제되어야 한다. 새로운 기술 및 지식에 대해 높은 가치를 부여하고 기술혁신을 통해 새로운 제품이나 서비스를 생산하더라도 이를 주어진 사회가 적절하게 수용할 수 없다면 해당 분야에 대한 노력의 강도는 반비례하게 되어 기술혁신의 연속성에 문제가 발생하기 때문이다[93, p.42].

이는 Freeman[10], OECD[87]의 맥락에서 GMOs가 기술혁신 패러다임의 주요 변화를 성취하기 위한 요건 중 사회적·정치적 수용성과 환경적 수용성을 일컫는 것으로 넓은 의미에서 GMOs의 개발, 생산 및 이용을 전체 사회구성원이 바라는 기대, 즉 사회적 기대를 충족시키는 것을 말한다. 여기서 사회적 기대social expectancy란 사회적으로 구조화된 체제 내에서 적절하거나 바람직한 것으로 간주되는 규범norm, 가치value, 신념belief과 정의righteousness를 의미한다[24, p.574]. 이처럼 사회체제 특유의 내생적 맥락에서 형성되어 있는 사회구성원의 규범, 가치, 신념, 요구와 정의는 유전자변형의 기술적 프로세스 또는 GMOs가 인체 및 환경에 위험한가, 안전한가, 사회적 통념과 조화 되는가 등에 대한 사회구성원의 인식에 기초한다. 역사적으로 혁신기술이 사회체제 내로 도입, 즉 개발, 상업화 및 이용되는 경우 사회구성원들의 주관적인 인식에 따라 그러한 기술의 사회적 수용에 대한 유용성과 위험성과 관련하여 사회구성원 간의 논쟁은 항상 일어났다. GMOs 역시 그 유용성과 위험성에 대한 사회구성원 간 찬반양론이 무성하다.

다른 혁신기술의 사회적 수용 사례를 볼 때, GMOs가 사회체제 내에서 구성원에 의해 완전히 수용되기 까지는 아마도 꽤 오랜 기간이 걸릴 것이다. 아니면 반대로 영원히 사회적 합법성을 확보하지 못할 수도 있다. GMOs 자체가 지니는 유용성과 위험성,

그러한 양면성에 대한 사회구성원의 인식과 이에 기초한 합의 방향에 대한 불확실성 등으로 인해 현재 상황에서 GMOs가 사회적 적법성social legitimacy을 확보할 수 있는가 또는 없는가의 여부를 단언하기는 쉽지 않다. 특정 사회체제 내에서 GMOs에 대한 구성원들의 반응은 상이하며 불확실하기 때문이다.

그렇지만, GMOs의 개발, 상업화 및 이용과 관련하여 찬반양론이 벌어지고 있는 상황에서도 GMOs가 사회체제 내에서 합법성을 확보할 가능성을 엿보이는 움직임이 있다. 그중 유전자 사회학과 진화에 관한 새로운 우주론의 발생은 GMOs의 사회적 합법성 확보 가능성에 대한 핵심적인 이론적 정당성을 제공하고 있다. Rifkin[94]에 의하면, 상대적으로 더 우월한 유전자의 선별과 재조합을 가능하게 하는 유전공학 기술의 진보에 따라 우생사회학eugenic sociology[10)]이 발전하고 있으며, 이는 현대 생명공학기술이 사회체제 내에서 광범위한 수용, 즉 사회적 합법성을 확보하게 하는데 있어 문화적 환경을 제공하고 있다. 게다가 새로운 우주론은 기술혁신에 의한 경제·사회의 변화를 자연의 기본적 원리의 연장선으로 간주함으로써 현대 생명공학기술 기반의 사회체제를 합리화하는 틀을 제공하고 있다.

다음으로 의약부문 및 산업부문(플라스틱, 에너지 등의 생산)에 rDNA 기술이 응용되는 것에 대해서는 광범한 사회적 지지를 얻는 경향이 있다[96, pp.50-52;97, p.460]. 의약 부문에서 rDNA 기술이 통상적으로 이용되고 있지만, 유전자변형 약품genetically modified medicine(GM 약품)은 non-GM 약품과 구분segregated없이 유통 또는 교역되고 있으며, GMOs에 대한 반감이 매우 높은 유럽에서 조차 일반 대중의 지지를 얻고 있다[98]. GMOs에 대한 소비자의 태도가 기술로서의 유전자변형 그 자체보다는 오히려 제품 기능이나 품질의 향상을 위한 기술의 적용에 대한 소비자 자신의 지각된 이익에 의해 결정되기[99, p.98;100, p.18;101, p.20;102, pp.42-43] 때문이다. 이는 GM 기술이 건강이익, 맛의 향상, 기능 향상과 동시에 특정 요소의 바람직하지 않은 효과를 감소시키는 등의 부가적 기능을 제공하는 방향으로 응용되기를 바라는 사회적 기대가 농축되어 있다는 것을 시사한다. GM 기술이 그러한 특성을 가미시킬 수 있는 충분한 기술적 역량을 지니고 있는 상황에서 대부분의 기업들이 그러한 사회적 기대를 충족시키는 방향으로 제품을 출시하는 경우 GMOs 및 GM 제품에 대한 사회적 적법성social legitimacy의 확보는 그리 어렵지 않을 것 같다.

GM 농산물의 이용은 밀밀히 증가되어 이미 우리 생활 깊숙이 침투해 있다. 의약 부문과는 달리 농업 부문에 있어서의 현대 생명공학기술의 응용에 대해서는 자동적인 사회적 수용은 더 이상 전제될 수 없는 것[89, pp.279-280]으로 언급되어 왔다. 그럼에도 불구하고, 1996년 상업화된 이후 GM 농산물의 생산, 교역 및 이용량은 지속적으로 증가되어 왔으며, 그 결과 대두, 옥수수, 면화, 유채는 GM 농산물이 대부분을 차지하고 있다. 물론, 이러한 GM 농산물의 증가는 미국, 캐나다, 아르헨티나 등과 같은 농산물 대국[11]에 의한 일방적 생산과 방출의 결과일 수도 있다. 그렇지만, 세계 대부분의 국가는 '바이오안전성에 관한 카르타헤나의정서CPB'에 따라 사회·경제적 요인, 특히 안전성을 고려하여 GM 농산물을 수입·이용하고 있으며, 연구·개발 역시 증가하고 있다. 이는 이들 국가 내 이해관계자 집단 간 제도적 맥락에서 안전성 확보를 전제로 하여 GMOs를 이용하는데 사회구성원 간 합의된, 즉 제한된 사회적 수용을 표출하고 있는 것이다. 따라서 농산물 대국에서의 생산 및 방출의 증가가 지속되고, 그리고 지구적 차원에서 국제공법에 따라 제한된 사회적 수용이 제도적으로 고착되어 있는 상황에서는 시간이 지남에 따라 GMOs의 이용은 증가할 것이며 이는 곧 마치 사회체제 내에서 자동적으로 완벽한 사회적 합법성social legitimacy을 확보한 상태와 거의 유사한 상황이 될 수도 있다.12)

게다가 이제까지 GMOs의 이용을 가장 엄격히 제한해 왔던 사회에서 조차 그로 인한 기회손실에 대한 우려가 증가하고 있다. EU는 GMOs의 이용을 제도적으로 엄격히 규제13)하고 있다. 이로 인해 농산물 수급의 불안정과 연계산업의 손실이 증폭되고 있으며, 향후 GMOs의 산업적 응용이 다양화되는 경우 그로 인한 기회손실은 도미노 현상domino effect처럼 발생하게 될 수 있으며, 시간의 경과에 따른 GMOs 연구·개발기반의 상실은 그러한 기회손실을 만회할 수 있는 가능성을 더욱 희박하게 만들고 있다는 것이다[88, pp.104-108]. 이러한 우려 하에서 EU 내에서 GMOs의 연구·개발 및 시장개발을 촉진하여야 한다는 주장이 제기되었으며[109], 이는 GMOs의 이용을 촉진하고자 하는 사회 전체 차원의 정책적 의지[110]를 촉발시켰다.

제3장

GMOs의 산업적 응용과 경제적 영향

역사를 움직이는 중요한 힘 중 하나는 과학과 기술의 진보다. 이것이 생산의 지평을 열고 새로운 사회구조를 만들어 낸다[95, p.36]. 현대 생명공학기술, 특히 rDNA 기술과 이를 이용하여 만들어진 GMOs 역시 예외는 아니다. GMOs와 '유전자혁명'은 Cohen et al.[34]의 rDNA 기술개발에서 시작되었다. 그렇지만, 산업적 응용의 시발점은 그 rDNA 기술이 특허1)로 등록된 1980년 12월 2일이다. 실제, 1975년과 1976년에 현대 생명공학기술을 상업적으로 응용하기 위한 신생기업들이 생겨나 이들 대부분 기업이 점진적으로 연구·개발 활동을 시작하였으며, 1970년대 말에는 연구·개발 단계에서 혁신적 활동에 대한 rDNA 기술의 영향이 가시화되었다[61, p.106]. 1980년 rDNA 기술, 즉 GM 기술의 특허등록은 인간에 유용한 단백질의 대량 생산 등을 가능케 하는 기술 산업화에 획기적인 전기를 마련하였다. 이는 이전에는 300만 명의 당뇨병환자에게 1회 투여에 필요한 치료약(인슐린) 4.5kg을 얻으려면 돼지 약 25만 마리의 췌장이 필요했는데 rDNA 기술을 통해 약 300㎥의 재조합 유전자를 함유한 세균 배양액으로부터 생산이 가능해졌다는 의미이다[111, p.16]. 그렇지만, 1980년대까지도 GM 기술은 실제적인 산업적 응용을 이루지는 못하였다. 그럼에도 불구하고, 많은 대기업들은 혁신과 기술개발을 위한 강력한 지식기반의 역할을 수행함으로써 자본을 투자하였으며, 이러한 노력은 1990년대 초가 되어서야 상업화라는 결실로 이어졌다.

이후 GM 기술은 해충 또는 바이러스를 방어할 수 있는 옥수수, 화학제초제에 저항성을 갖도록 만든 콩 등 종자기업 및 농부, 즉 생산자의 생산성 향상 또는 경제적 지대economic rent를 발생시키는 1세대[112, pp.81-82;79, p.33] GMOs의 개발을 촉진하였다. 뿐만 아니라 GM 기술은 GMOs의 질적 특성을 제고시키는 비타민 A를 강화한 쌀, 단백질 성분이 강화된 콩 등과 같은 제2세대 GMOs, 식용 백신, 의약 및 공업 등의 분야에서 유용한 물질 또는 기능성 물질을 생산하기 위한 제3세대 GMOs와 자원 및 연료의 생산을 위한 제4세대 GMOs 개발이 촉진되면서 생물체를 이용하는 거의 모든 산업 부문에 파급효과를 가져왔으며, 향후 바이오경제의 핵심동력이 될 것으로 전망되고 있다.[2)] rDNA 기술 등을 포함하는 현대 생명공학기술의 산업적 이용은 세 가지 큰 물결, 즉 제1의 물결인 의약 부문red biotechnology,[3)] 제2의 물결인 농업 부문green biotechnology[4)]와 제3의 물결인 화학 등의 산업 부문white biotechnology[5)]로 구분한다.

1. 바이오 제1의 물결과 GMOs: 의약 · 보건 산업

보건과 의약, 즉 의약바이오는 생명공학기술의 응용에 있어 상당한 진보를 이룩한 부문이다. 바이오의약품으로 알려져 있는 의약바이오는 사용 목적과 구성 성분에 따라 백신, 혈액제제, 유전자재조합 의약품, 세포배양 의약품, 유전자 치료제, 세포치료제, DNA 백신, 바이오 칩 등으로 구분될 수 있다. 이 중에서 GMOs로

의약품을 생산하는 경우는 단백질을 대량으로 배양·생산하여 추출한 유전자재조합의약품과 세포배양의약품 및 혈액제제가 있고 GMOs 자체를 의약품으로 사용하는 유전자 치료제와 재조합 생바이러스 백신 등이 있다[113, p.373]. 1982년 일라이 릴리Eli lilly사와 제네텍Genetech사가 당뇨병 치료제인 인체용 유전자 재조합 인슐린insulin[6]을 시판하기 시작한 후 다양한 GMOs 유래 의약품medecines derived from GMOs이 시판되고 있다. 전체적으로 미생물 또는 동물 세포를 이용한 유전자재조합 의약품(상용화 성장기)과 바이오 칩(상용화 초기)을 제외하고는 대부분(유전자치료제, DNA 백신, 재조합 HBV) 기초 또는 응용단계에 있다. 유전자재조합의약품은 호르몬(성장호르몬, 인슐린, 난포자극호르몬, 칼시토닌 등), 사이토카인(인터페론, 콜로니자극인자, 상피세포성장인자, 섬유아세포성장인자, 향신경성인자 등), 혈액응고인자(제8혈액응고인자, 제9혈액응고인자 등), 단일클론항체(아달리무맙, 세툭시맙, 인플릭시맙 등)가 있는데, 이중 대부분이 미생물 또는 동물 세포를 이용한 것이다. 2014년 현재 GM 동물을 이용하여 생산한 의약품은 혈액응고제인 인티트롬빈ATryn이 유일하다.[7] 안티트롬빈ATryn은 최초의 유전자변형 항응고제로 EU에서는 이미 2006년에 승인을 받았으며, 미국에서는 2009년 2월 6일 식품의약품안전U. S. Food and Drug Administration(US FDA)에 의해 판매를 위한 승인을 획득하여 현재 시중에 판매되고 있다[74-76]. 이미 인류는 의약품 대부분을 미생물에서 얻고 있을 정도로 미생물은 의약품의 보물창고이다. 최초의 GM 의약품인 인체용 인슐린 역시 유전자변형 대장균에서 유래하였다. 그 후 GM 기술을 이용하여 생산된 미생물은 생산하고자 하는 다양한 의약품을 대량으로 만들어 내는 미생물의약품공장microorganism bioreactor system으로서의 역할을 수행하고 있다. GM 동물 역시 인체에 유용한 생리활성물질의 생산에 이용할 수 있다. 현재 혈액응고제인 인티트롬빈ATryn이 유일한 GM 염소 유래 의약품이지만, GM 동물을 의약품공장animal bioreactor system,[8] 즉 GM 동물의 유즙생산체계를 기반으로 한 고가의 유용한 생리활성물질을 생산하려는 노력이 가속화되고 있으며, 일부 몇몇은 상용화 바로 전 단계에 와 있다. GM 식물 역시 바이오의약품을 생산하는 식물의약품공장plant bioreactor system의 역할을 수행할 수 있다. 목적으로 하는 rDNA를 식물유전자에 삽입·발현 시켜 유용한 단백질 등을 생산할 수 있다. 단백질의 발현률이 낮고 의약품으로 정제하는데 있어 어려움이 따르지만, 생산비용이 저렴하고 대량화가 용이하여 GM 식물 유래 의약품 생산을 위한 연구가 활발히 진행 중에 있다. 현재까지 시험연구 중이나 상용화 가능성이 가장 높은 것은 경구용 백신, 즉 먹는 백신edible vaccine을 들 수 있다. 이는 제3세대 GM 작물인 "약품으로써의 식품(또는 식물) 그리고 식품(또는 식물)으로써의 약품 food or plant as medicine and medicine as food or plant"의 개념으로 감자 유래 인간혈청 알부민(의약품 원료)과 B형 간염 백신 등, 토마토 및 담배 유래 말라리아, 간염 등의 백신, 옥수수, 콩 유래 단세포군 항체 등이 대표적이다. 이들 GM 식물이 함유하고 있는 다양한 의약용 단백질을 고도로 분리·정제하여 주사제로 활용할 수 있으며 또한 식물체를 직접섭취 하거나 1차 가공을 통해 제품화 하여 백신효과를 유도할 수 있다.

2. 바이오 제2의 물결과 GMOs: 농업 · 축산업 · 수산업

농업바이오는 현대 생명공학기술을 응용하여 농업, 축산업 및 수산업 부문에서 기후학적 요인의 극복, 해충 또는 병해에 대한 저항능력 향상 등을 통한 생산성 제고, 영양 성분의 강화 및 품질 개선을 통한 기능성 향상과 다양한 유용물질의 생산을 가능케 하는 것을 말한다. 이러한 맥락에서 농업바이오는 농작물, 임산물, 축산물 및 수산물의 생산 또는 가공 과정에서 이용되는 유전적 특성을 분석하고 유용한 특성을 함유한 농·축·수산물을 생산, 즉 품종을 개량하는데 초점을 두고 있다. 그중 작물은 현대 생명공학기술의 응용과 이를 통한 상업화가 가장 많이 진척된 부문이다. GM 작물은 이미 우리 생활 깊숙이 침투해 있다. 대두, 옥수수, 면화, 유채는 이들 작물의 세계 총교역량의 대부분을 GMOs가 차지[5;6]하고 있다. 이외에도 GM 감자, GM 멜론, GM 사탕무, GM 밀, GM 벼, GM 사탕무, GM 토마토, GM 파파야 등이 상업적 승인을 받았다. 칼젠Calgene사가 잘 무르지 않은 GM 토마토 플레이버 세이버Flavr Savr를 개발한 1994년 이후 상업화된 대부분의 GM 작물은 제초제저항성, 바이러스저항성 또는 해충저항성, 숙기조절, 웅성불임 등의 형질을 지니게 함으로써 생산자의 생산성 향상에 초점을 둔 1세대 작물이다[112, pp.81-82;79, p.34]. 향후 GM 작물은 소비자 이익을 증진시키는, 즉 영양 성분 및 질적 특성을 강화시키거나 유용한 생리활성물질을 함유하는 더 나아가 경제-환경의 지속가능성장에 기여하는 자원 및 에너지의 생산을 위한 방향으로 상업화가 촉진될 전망이다.[9] 화훼 부문에서도 GM 기술이 적용되고 있다. 다양한 용도의 GM 화훼식물이 연구·개발되고 있으며, 현재 상업화된 GM 화훼식물은 카네이션과 장미이다. 플로리진Florigne사가 상업화한 GM 카네이션은 파란색-진보라색 사이의 다양한 색상을 지니고 있으며 플로리진 시리즈Florigne series[10]로 판매되고 있다. 색상을 변형시킨 GM 파란장미는 rDNA 기술의 진수를 보여준 예라고 볼 수 있다. 장미는 파란색을 내는 색소 '델피니딘Delphinidin'을 전혀 함유하고 하고 있지 않아 반복 교배를 통한 파란색 색소의 합성이 불가능하다. 더 정확히 말하면 장미는 파란 색소를 이루는 효소('플라보노이드 3Flavonoids 3'과 '히드록시라아제5Hydroxylase 5')가 없다. 게다가 델피니딘Delphinidin이 산도pH 6-7의 '액포'속에서 생성되는데, 장미의 액포 속 산도는 4.5~5.5 정도밖에 되지 않은데도 큰 원인이 있었다. 그러나 rDNA 기술은 제비꽃과의 팬지에서 파란색 색소를 만드는 유전자 '블루진blue gene'을 추출해 장미에 이식함으로써 파란 장미의 생산에 성공했다[114]. 이외에도 사과, 바나나, 상추, 감자, 고추, 딸기 등과 같은 GM 과일 및 GM 채소도 상업화를 목표로 연구·개발 중에 있다. 아직까지 상업화 단계까지는 진척되지 않았지만, 임산 부문에서도 다양한 용도의 GM 임산물을 생산하기 위한 연구·개발이 수행되고 있다. 나무를 이용하여 펄프를 제조하는 경우 가장 까다로운 공정인 리그닌lignin(목질소) 제거와 이를 위한 화학처리에 기인한 수질오염을 방지하기 위해 리그닌의 함량을 감소, 그리고(또는) 경제적으로 중요한 물질(예를 들어, 종이이나 섬유)을 만드는데 중요한 셀룰로오스cellulose(섬유소)의 함량을 증가시킨 GM 나무, 건조, 추위, 병충해 등에 저항성을 지닌 GM 나무, 온실가스 흡수량을 증가시킨 GM 나무가 연구·개발되고 있다. 게다가 납, 수은, 니켈, 우라늄 등의 중금속과 유해화학물질로 인한 수질 및 토양 오염을 정화시키는 능력을 지닌 GM 나무(예를 들어, 포플러, 애기장대Arabidopsis thalian 등)도 연구·개발되고 있다.[11] 글로 피시GloFish®는 역사상 최초로 상업화된 GM 애완동물이다. 원래 글로 피시GloFish®는 환경오염 감시에 이용할 목적으로 싱가포르대학교 과학자들이 만든 GM 동물이다. 과학자들은 관상용 열대어인 제브라 피시zebra fish의 수정란에 산호에서 추출한 형광물질 유전자를 넣어 만들었다. 제브라 피시zebra fish는 얼룩말 무늬가 있는 길이 4cm 안팎의 작은 열대어로 검은 몸통에 은빛 줄무늬가 있는데 여기에 형광성이 더해진 글로 피시는 백생광(자연광, 형광등, 할로겐 등)에서는 아름다운 분홍빛을 띠고 빛이 없는 곳에서 자외선을 쬐면 푸르스름한 형광색으로 빛난다. 형광색으로 변하는 성질로 인해 글로 피시는 원래의 개발 의도와는 전혀 다른 용도로 이용되었다. 요구타운테크놀러지스Yorktown Technologies사가 특허권을 사들여 2004년부터 상업적으로 판매하기 시작했다[116, p.655;117, p.1209].12) 이외에도 토끼, 염소, 소, 양 등과 같은 GM 동물 역시 생산성 향상(육질 개선 등), 인체 의약품(질환모델 및 장기, 동물의약품공장) 생산, 동물 의약품 생산, 애완동물 및 멸종동물 생산을 목적으로 연구·개발되고 있다[117].

3. 바이오 제3의 물결과 GMOs: 화학, 환경, 자원 및 에너지 산업

산업바이오는 현대 생명공학기술의 산업적 응용 범위가 가장 넓은 분야이다. 요즘 주목 받고 있는 태양광 등의 신재생에너지는 에너지라는 단일 산업 부문에 걸쳐 응용되고 있지만, 산업바이오는 에너지뿐만 아니라 다양한 산업의 공정 효율성 제고를 위해 투입되는 원료 물질 및 소재까지 생산을 가능케 한다.13) 이러한 맥락에서 "새로운 환경에 대한 부정적인 영향을 감소시키는 새로운 공정을 개발하고, 산업 효율성 제고를 위해 현대 생명공학기술을 이용하는 기술"[119]로 정의되며, 산업의 지속가능성industrial sustainability을 촉진시키는 핵심 수단으로 고려되고 있다[120-123]. 산업의 지속가능성은 공해의 수준을 낮추고 자원의 소비를 감축하기 위한 지속적 혁신 및 개선과 청정기술의 이용을 의미한다[4, p.63]. 특히, 산업바이오는 성장 위주의 경제활동을 통해 나타난 바람직하지 않은 부산물인 환경오염문제, 자원 문제와 같은 지속불가능성 해결이라는 규범적 메시지인 '환경적으로 건전하고 지속가능한 개발environmentally sound and sustainable development (ESSD)'의 달성을 위한 도구 및 기법을 제공한다. 현재 산업바이오의 응용은 화학, 펄프 및 종이, 섬유, 플라스틱, 식품, 축산, 에너지, 금속 및 광물 산업에서 공해 감축과 함께 에너지 효율을 제고시키는 청정 공정의 촉진을 유도하고 하고 있다. 생물촉매biocatalysts를 이용한 새로운 물질의 생산, 공정 폐기물의 감소 및 화합물 정제는 산업바이오가 화합물 산업에 응용되는 가장 대표적인 예이다. 이외 바이오매스(나무, 콩, 옥수수 등) 기반 바이오플라스틱 생산, 종이 산업에서 효소를 이용한 독성 폐기 부산물의 감소, 바이오에너지 생산 등 또한 산업바이오의 범주에 속한다. 바이오매스 기반 에너지, 소재 및 물질의 생산은 주로 바이오정유소bio-refinery를 통해 이루어지며, 이를 통해 기존의 화석 연료 기반의 산업을 지속성장이 가능한 바이오 기반의 산업으로 변모시킨다.14) 1980년 아난다 채크라바티A. Chakrabarty가 독점적 사용권을 획득한 기름 분해 미생물oil-eating microorganism은 최초의 산업바이오특허이며, 이 미생물은 1986년 바다에 유출된 기업의 정화를 위해 처음으로 이용되었다[4, p.10].

산업바이오 부문, 즉 다양한 원료물질, 연료, 폴리머polymer 등의 생산에서 GMOs가 이용되고 있으며, 산업의 공정 이용 효율성을 제고하는 방법으로 GMOs의 이용이 고려되고 있기도 하다[4, pp.63-72;125;126, pp.22-27;127]. 원료물질, 예를 들어 바이오정유소 bio-refinery를 통해 생산이 가능한 원료물질은 바이오매스가 기반이다. 바이오정유소는 원료물질의 기반에 따라 당류 플랫폼과 유지류 플랫폼으로 구분되며, 그 생산성은 원료물질인 바이오매스가 함유한 당 또는 유지의 함량과 공정에 이용되는 효소의 효율에 의존한다. 그 핵심 원료물질과 효소를 GMOs를 이용하여 생산하고자 하는 시도가 이루어지고 있다. 기존 발효, 화학합성공정 또는 식물에서 생산하였던 화학원료 물질, 라이신lysine, 프롤린proline, 알지닌arginine, 이소말툴로즈isomaltulose, 살리실레이트salicylate, 프룩탄fructan(인슐린) 등을 GM 식물에서 발현 시킬 수 있다[121;127]. 바이오폴리머 생산 또한 대부분 GMOs(주로 미생물 또는 식물)를 이용하고 있다. 실제, 가장 먼저 상업화된 천연 전분 폴리머의 원료물질인 옥수수, 밀 등은 전분을 많이 함유하고 있는 GM 작물로 대체될 가능성이 크다. 두 번째 상업화된 폴리락틱산polylactic acid도 GM 미생물을 이용하여 생산하였다. 듀퐁Dupon사가 개발한 상용 바이오폴리머인 소로나Sorona® 역시 GM 미생물을 이용하였다[126, p.23;128]. 바이오 연료[15]의 경우 원료물질의 개발과 연료의 효율성 제고를 위한 발효균주 생산 역시 GMOs에 기반하고 있다. 바이오 연료는 에탄올과 바이오디젤을 의미하는 것으로 식물 기반에서 볼 때, 가솔린 대체 연료인 에탄올은 당을 포함하거나(예를 들어, 사탕무, 사탕수수 등) 당으로 전환할 있는 녹말(예를 들어, 옥수수, 밀, 감자, 고구마 등)을 이용한다. 또한 디젤 대체 연료인 바이오디젤은 순수 식물성기름을 이용한다. 따라서 바이오 연료는 지극히 당, 녹말, 기름 성분이 많이 함유된 작물을 필요로 하는데, 그러한 원료 작물의 생산은 rDNA 기술에 의한다. 즉, GMOs[16]가 바이오 연료의 주요 원료물질인 것이다. 아울러 다양한 바이오매스 기반의 바이오 연료 생산의 효율제고를 위한 중심에도 GM 균주가 있다. 이외에도 발효공정 및 화학합성으로

생산되고 있는 소재, 효소 등의 개발에도 GM 균주가 이용되고 있다.[17)]

4. GMOs의 경제적 영향

세계 각국의 정책입안자에게 있어 지식기반 '바이오경제'는 국가의 경제 성장 및 경쟁력 제고를 위한 주요 동인으로 간주된다[128]. 그렇지만, rDNA 기술이 개발된 1973년 이후 약 40여 년 동안 현대 생명공학기술에 대한 막대한 자본과 노력이 투여되었음에도 불구하고 완전한 산업적 응용은 이루어지지 않았다. 즉, 완전한 의미의 '바이오경제'가 형성되지 않았다. 이는 현재로선 그 자체로 현대 생명공학기술이 미치는 경제적 영향에 대한 분석은 지극히 단편적일 수 있다는 의미를 내포하고 있다. 게다가 생명공학기술기반 산업 및 품목 분류, 응용 등에 대한 다양한 지표의 부재 역시 GMOs를 포함한 현대 생명공학기술의 경제적 영향의 파악을 더욱 어렵게 하고 있다.[18)] 통일된 장기 데이터 및 정확한 지표의 부족으로 인해 현대 생명공학기술이 경제 전반에 미치는 영향에 대한 분석은 대부분 전문가 델파이delphi 기법에 기초한 시나리오 분석 수준에 머물고 있다.

그렇지만, 명확한 사실은 향후 GMOs가 기존 공정 및 원료를 대체하는 핵심적인 경제재의 역할을 수행한다는 것이다. 게다가 시장 관점에서 생명공학기술의 응용을 기반으로 한 지속적인 산업 성장의 가능성은 매우 커서[77, p.110;130, p.9] 가시적인 경제성장을 견인하기 위한 미래의 핵심 전략요인으로 작용할 수 있다[92]는 것이다. 물론, 이는 다양한 시나리오 중에서 현대 생명공학기술이 시장 및 사회에서 완벽히 수용성을 획득하는 경우일 것이다. 사회구성원의 저항이 상대적으로 높은 농업 및 식품 부문을 제외한 나머지 산업 부문에서 수용성을 획득하는 경우도 경제적 영향은 역시 상당할 것이다. 기존 문헌에서 언급되고 있는 GMOs에 대한 EU의 시장접근성 제약으로 인한 농산물 수급의 불안정성 심화와 연계산업 손실의 증폭,[19] GMOs 채택으로 인한 세계 각국의 생산성 향상, 경제적 이익 증진 및 국가 후생 증진,[20] 국제분업구조에 대한 생명공학기술의 영향,[21] 생명공학기술의 높은 산업연계가능성,[22] 생명공학기술의 고용창출효과[23] 등은 GMOs를 포함한 현대 생명공학기술의 경제적 영향을 단편적으로 엿볼 수 있는 부분이다.

GMOs로 인한 기존 공정 및 원료의 대체 등과 같은 새로운 혁신이 제품가격의 하락, 제품수요의 증가, 제품생산의 촉진, 제품판매의 증가, 고용증가(기술혁신으로 인해 야기된 초기의 고용손실도 보전함)[149, p.34]로 이어진다는 것은 경제학의 일반적 견해이다. 게다가 생명공학기술은 높은 수요창조성(수요를 대체하는 성향도 포함)과 높은 산업연관성으로 인해 다양한 산업적 응용과 이를 통한 생산유발 가능성이 크며, 이는 경제 전반에 상당한 파급효과를 미칠 수 있다. 이러한 시나리오의 맥락에서 GMOs로 인한 투입대체과정에서 산업 및 경제 부문(이에는 산업 및 경제 행위자가 포함됨)은 성장 또는 소멸 현상을 보일 것이며, 이 과정에서 미시·경제적 측면[24]에서 다양한 변화가 유발될 것이다.

OECD[17]는 생명공학기술이 응용될 수 있는 주요 부문을 농업, 의약과 산업[25]으로 간주하고 2030년까지 생명공학기술이 경제에 미치는 영향을 실현 가능한 시나리오probable bioeconomy와 가상 시나리오fictional senario[17, pp.193-233]를 통해 조명하고 있다. 실현 가능한 바이오경제 시나리오는 기술진보와 기업 정책 환경이 안정적이라는 가정 하에 2030년 바이오경제의 경제적 영향을 추정하고 있으며, 가상 시나리오는 OECD 및 세계 전체 수준에서 상이한 동인(정책, 정치 및 경제 요인 등)에 따라 형성될 바이오경제를 기술하고 있다.

실현 가능한 시나리오[26]에 의하면, 농업 부문에서 식물, 축산, 수산 육종을 위한 유전자표식에 의한 선발marker assisted selection의 광범한 이용, 산업공정 및 생산성 개선을 위한 전분, 기름 및 리그닌 함유 GM 작물 및 GM 나무의 이용, 의약품, 생리활성물질 및 가치 있는 원료 생산을 위한 GM 식물 및 GM 동물의 이용, GM 기술을 이용한 생산성 향상, 병해저항성 및 환경스트레스(염해, 냉해, 가뭄 등) 저항성을 지닌 주요 식품 및 사료 작물의 개발, 가축, 어류 및 조개류의 유전자 특성 및 질병에 대한 진단능력 강화, 고부가가치 동물의 복제, GM 기술을 이용한 기능 및 영양 성분이 강화된 주식 작물의 개발가능성이 매우 높다. 의약 부문에서는 생명공학기술 기반의 새로운 바이오의약품 및 백신의 개발, 임상 및 처방에 있어서의 약물유전phamacogenetics의 이용빈도 증대, 통상적인 질병의 다양한 유전적 위험요인인자에 대한 광범한 검출가능, 나노기술과의 융합으로 인한 약물전달시스템의 개선, GM 기술 등을 이용한 기능식품의 개발 등의 가능성이 있으며, 산업 부문에서는 화학 부문에서의 응용범위의 증대를 위한 효소의 개선, 바이오센서의 개발, 다양한 바이오매스 기반의 효율이 높은 바이오에너지 생산, 바이오소재 시장규모 확대 등의 가능성이 있다. 2030년이 되면 화합물 및 화학제품과 산업 제품 중 35%, 의약품 중 80%, 농업제품 중 50%가 생명공학기술을 이용하여 생산할 것인데, 이는 2030년 OECD 국가 총 GDP의 약 2.7%를 점하는 규모까지 경제적 영향을 미칠 것으로 추정되고 있다.[27] 이를 생명공학기술이 경제에 기여하는 정도로 환산하면 생명공학기술을 이용하여 창출되는 총 부가가치total biotechnology gross value added 중 39%는 산업바이오, 36%는 농업바이오, 25%는 의약바이오가 차지할 것으로 추정된다. OECD 국가와 비교하여 GDP에 있어 1차 및 산업 생산이 차지하는 중요성이 더 큰 비 OECD non-OECD 국가는 생명공학기술이 GDP에 기여하는 바가 더욱 클 것으로 추정된다.

제4장

GMOs와 위험사회에 대한 논쟁

혁신기술의 개발은 인류의 삶을 편리하고 바람직한 방향으로 향상 또는 개선시킬 수 있다는 암묵적 이상을 전제하고 있다. 그렇지만, 역사적으로 혁신기술이 반드시 인류의 삶을 긍정적인 방향으로만 개선시켜 온 것은 아니다. 따라서 혁신기술이 사회체제에 도입되는 경우 항상 사회구성원 간 그러한 기술이 사회에 제공할 잠재적 유용성 및 혜택과 이의 반대급부로 지불해야 하는 잠재적 비용, 즉 위험에 대한 논쟁에 휩싸인다. 과학기술은 비용을 지불하면서 발전하는 성향을 지니고 있기 때문이다.[1)] 이러한 이유에서 새로운 제품 또는 기술이 사회체제에 도입되는 경우 사회구성원들로부터 근심과 염려가 수반되었고 그에 대한 저항이 항상 존재했다. GMOs 역시 예외로 취급되지 않고 있다. 기술의 발전은 우리가 생각하는 것보다 훨씬 덜 강력한 것으로 드러나거나 온건하고 신중하게 이용될 수도 있을 것이다. 그러나 낙관적일 수 없는 이유 중 하나는 현대 생명공학기술이 다른 많은 과학적 진보와는 반대로, 그럴듯한 상자 속에 눈에 잘 띄는 혜택과 눈에 잘 띄지 않는 위험을 섞어 놓고 있다는데 있다[95].

과학기술이 사회적으로 수용되고 전파되는 과정에서 가장 논란이 되는 쟁점은 통상적으로 유용성과 위험성 문제로 압축된다.

사회적 수용은 유용성 및 위험에 관한 지식의 확실성 여부(확실 또는 불확실)와 유용성 및 위험의 감수에 대한 사회적 합의 여부(일치 또는 불일치)에 따라 달라지는데, 현대 생명공학기술 등을 포함하는 21세기의 첨단 과학들은 지식에 대한 확실성이 결여되어 있고 사회적 합의가 이루어지지 않는 성향을 지니고 있어 그러한 첨단 기술의 개발, 상업화와 이용을 중심으로 한 논쟁에서 사회적 갈등이 증폭되는 유형에 속한다. 이러한 상황에서 사회체제 내의 이해관계자집단 간에는 기술만능주의에 근거한 적극적 수용과 사전예방주의에 근거한 통제가 극단적으로 대립하는 경향이 있다[151, p.41]. 사회체제에서 GMOs의 위험성에 대한 찬반 양론이 팽배하게 존재하는 이유는 위험을 과학적이고 객관적인 측면에서 바라보기 보다는 사회적으로 구조화된다는 가정[152, p.136], 즉 주관적인 차원에서 고려하고 평가하기 때문이다.

'분류학과의 범위를 넘어선 변형된 유전자의 인위적 삽입'의 의미를 지니고 있는 GMOs는 유전자변형 기술, 즉 rDNA 기술 자체가 지니는 위험에 대한 논쟁의 소지와 함께 안전성, 즉 인체 및 환경에 대한 위험성 여부에 대한 논쟁을 지속적으로 야기한다. 이러한 맥락에서 기술 자체, 인체 및 환경 측면의 안정성 문제는 GMOs와 관련된 위험사회 논쟁의 중심에 있으며, 이외에 다국적 기업의 종자독점에 수반된 세계무역의 불균형, 지적재산권 분쟁, 소비자 선택, 식량주권 등과 같은 사회·경제적 측면에서도 다양한 논쟁이 일어나고 있다.

1. 유전자변형을 위한 기술적 프로세스의 위험

1980년대 초부터 대기업들의 막대한 자본투자를 통해 추진력을 얻은 GM 작물의 연구는 1990년대를 지나면서도 지속적인 연구·개발이 이루어졌으며, 그 결과 상업화되는 단계에까지 이르렀다.2) 그렇지만, 그 이면에서는 GMOs를 중심으로 한 다양한 난제들이 제기되고 있었다. GMOs는 '분류학과의 범위를 넘어선 변형된 유전자의 인위적 삽입'의 의미를 지니고 있다. 그렇기 때문에, 어떤 종에서든 유전자변형의 성공여부는 첫째, 외래 DNA를 목표 생물체의 세포에 도입하는 방법, 둘째, 유전자변형에 적합한 세포 또는 조직, 셋째, 유전자변형된 세포 또는 개체를 식별하고 선택하는 방법에 따라 유전자변형의 성공 여부가 결정된다. 유전자변형의 최종 목표는 개체가 새로운 특질을 갖게 하는 것이다. 그러나 교배와 선택이라는 전통적인 방법의 가장 큰 한계는 성적으로 교배가 가능한 종의 특질만을 사용할 수 있다는 것이다. 예를 들어, 밭에서 기르는 콩에는 황을 함유한 아미노산이 풍부하지만, 리신이 부족하다. 반면에 논에서 기르는 벼는 원래 리신이 풍부하지만, 황을 함유한 아미노산이 부족하다. 자연적으로는 이들 두 종을 교배시킬 수 없기 때문에, 전통적인 방법을 이용하여 리신을 많이 함유한 콩이나 또는 황을 많이 함유한 아미노산이 풍부한 벼를 만들어 낼 수 없다. 그렇지만, 유전자변형 기술, 즉 rDNA 기술을 이용하면 성적으로 교배할 수 없는 생물체 간에도 유전자를 교환할 수 있어[35, p.30] 인류가 목표로 하는 어떠한 생물체도 인위적으로 제작할 수 있다는 결론에 도달한다.

그런데 GMOs를 제작하는 과정에서 한 생물체의 DNA로부터 유전자를 정확하게 절단할 수 있지만, 목표 생물체로 절단된 유전자의 삽입은 기본적으로 무작위로 수행된다[153, p.25;154, p.174]. 그것도 특별한 유전자 전이 매개체gene transfer vector의 도움을 받는 경우에 한해서만 세포핵 내로 유전자를 삽입시킬 수 있다. 예전에는 외래 유전자를 파괴하거나 무력하게 만드는 방어메커니즘과 종간의 방해 때문에 외래 유전자를 세포에 직접 주입할 수 없었다. 이러한 한계를 극복하기 위해 과학자들은 먼저 외래 유전자를 바이러스 또는 그와 유사한 요소에 접합시켜 주입할 유전자를 전이시키도록 유도했다. 이런 '유전자 전이 매개체gene transfer vector'는 외래 유전자를 선별된 수용세포recipient cell에 은밀히 주입시키는데 사용되었다. 유전자 전이 매개체gene transfer vector는 그에 접합된 유전자와 더불어 수용생물체recipient organisms 세포의 DNA에 들어간다. 이 복잡한 과정에서 모든 단계가 계획된 바대로 진행되면 새로운 유전자가 전이된 유기체가 탄생하지만, 그 과정이 계획대로 진행될 확률은 극히 희박하다. 이러한 이유에서 유전자변형은 무작위적인 유전자 삽입에 의존하는 상당히 소모적인 시행착오를 거칠 수밖에 없다. 성공가능성이 극히 희박하다는 의미이다. 이러한 과학적 방법과 관련하여 유전자변형 그 자체가 기술적으로 위험한지 아닌지의 여부에 대한 논쟁이 제기되고 있다.

유전자변형의 기술적 프로세스가 자체적으로 위험하다고 주장하는 집단에 의하면, GMOs가 미치는 위험성은 유전자 기능에 대한 인류의 빈약한 이해수준에서 기인한다[54, p.259]. 단적인 예로 무작위적 삽입으로 인해 목표 생물체target organisms의 세포가 자신의 DNA에 새로운 유전자를 흡수하느냐 않느냐, 흡수하였더라도 새로운 유전자가 다른 유기체(목표 생물체target organisms) 내 어디에 위치하는지, 또는 새로운 유전자가 목표 생물체 내에서 어떠한 영향을 미치는지에 대해서 아는 바가 극히 없다는 것이다. 실제, 유전자가 관계된 모든 생물학적 과정이 유전자를 가진 세포 네트워크에 의해 조절되고, 유전자와 그 활동패턴은 세포가

처한 환경의 변화에 따라 끊임없이 변한다는 사실은 비교적 최근에야 밝혀졌다. 모든 식물은 복잡한 생태계에 관여한다. 즉, 지상에서나 지하에서나 무기물과 유기물이 끊임없이 순환하는 복잡한 생태계에서의 생태적 순환 및 네트워크에 대해 인류가 알고 있는 지식수준은 극히 미약하다는 것이다. 더군다나 외래 유전자가 도입된 GMOs가 환경에 방출되는 경우 그 GMOs는 전체 생태계의 일부가 되는데, 환경에 방출[3)]된 이후의 생물학적 과정에 대한 영향에 대해 알려진 바가 거의 없다는 것이다. rDNA 기술 등의 현대 생명공학기술은 기존 방식과 비교할 때, 제품의 생산·제조에 대한 응용경험이 적다. 그래서 r-DNA 기술을 잘못 이용했을 경우[4)] 안전성 문제를 야기할 수 있다. 생물체에는 화학구조가 결정되어 있지 않은 화합물이 수없이 많이 내포되어 있어 이러한 미지의 물질들에 대한 완벽한 분석이 불가능하여 안전성을 결정하는 일도 불가능하다는 것이다. 이는 곧 현재의 기술수준에서 과학자들이 유기체에서 일어나는 일을 조절할 수 없다는 의미이며, 이러한 이유에서 GMOs는 현재의 과학수준에서 증명할 수 없는 많은 위험성을 지니고 있다는 것이다. 이처럼 무작위로 이루어지는 유전자 삽입에 기인하는 삽입위치 및 전이유전자의 발현에 대한 통제 부족, 유전자 간 상호작용의 복잡성, 유전자기능의 다양성, 환경과의 상호작용에 대한 지식부족 등은 그 자체로 위험을 야기할 수 있으며[154, p.174], 다른 생물체의 생존에 필수적인 다른 유전자의 기능을 마비시킬 수 있다[153, p.25].[5)]

반면, 유전자변형의 기술적 프로세스가 자체적으로 위험하지 않다고 주장하는 집단은 생물체를 증식하는 전통적인 육종방법과 비교하여 유전자변형의 기술적 프로세스가 전혀 새로운 것이 아니라고 주장한다. 게다가 유전자변형의 기술적 프로세스 역시 전통적인 육종방법의 확립과정과 같이 인류가 획득 가능한 지식과 객관적인 정보에 기초하여 과학적 정당성을 획득한 기술이라고 주장한다. 유전자변형의 기술적 프로세스, 즉 공정 및 생산방식process and production methods(PPMs)은 전통적인 육종재배기술의 확장에 불과하며, GM 기술을 이용해 생산된 GMOs 및 GM 제품 역시 전통적 육종방법에 의해 제작된 해당 종의 생물체(=non-GMO)의 단순한 확장이라는 것이다.[6] 이는 전통적 육종방법을 이용하여 생산한 non-GMOs가 외부효과external effects를 유발하지 않듯이, 유전자변형 역시 최종 제품(예를 들어, GMOs)이 생산·소비되는 과정에서 외부효과(부정적 효과)를 유발하는 방향으로 제품특성(맛, 구조, 성분)을 변화시키지 않는 기술적 프로세스를 지니고 있다는 의미이다.

2. 인체 건강 및 보건 위험

인체 위해성은 non-GMOs와 비교하여 GMOs가 새로운 또는 기대하지 않은 물질을 생산해 내는 경우에 발생할 수 있다. 그러한 새로운 또는 기대하지 않은 물질은 인체 내에서 알레르기 또는 독성을 일으킬 수 있다[155].[7]는 것이다. GMOs와 관련되는 가장 대표적인 인체 위험은 항생제 내성, 알레르기 및 독성이다[154; 156-158].[8]

GMOs를 제작하는 과정에서 이용하는 선발마커 유전자marker gene는 인체 내에서 항생제 내성을 야기하는 주요 원인으로 지목되고 있다. 선발마커 유전자marker gene는 유전자를 변형시키는 경우 연구자가 개발하려는 유용한 유전자목적 유전자(target gene)가 목표 생물체target organisms에 계획한 대로 잘 이식되었는지의 여부를 확인하기 위해 목적 유전자target gene와 함께 도입시키는 유전자이며, 이에는 카나마이신kanamycin, 하이그로마이신hygromycin과 같은 항생제내성 유전자[9]가 주로 사용된다. 예를 들어, 카나마이신내성 유전자를 선발마커 유전자로 사용한 경우, 아그로박테리움법 등의 방법으로 유전자를 도입한 세포를 카나마이신이 들어간 배지에 배양하면 목적 유전자와 함께 카나마이신내성 유전자가 함께 들어간 세포만이 생장할 수 있어 유전자 형질이 전환된 세포를 선발할 수가 있다는 논리이다. 즉, 식물체 배양배지에 항생제를 첨가해서 살아남은 식물체만이 유전자가 제대로 이식된 GM 식물GM plants임을 확인할 수 있다. 선발마커 유전자의 이용에서 기인하는 문제는 인간이 항생제내성 선발마커 유전자가 포함된 GMOs 또는 이를 이용한 식품foods derived from GMOs(GM 식품)을 섭취하는 경우 인체 내에서 항생제에 대한 저항성(내성)을 증진시킬 뿐만 아니라 인체 내 소화기관에 서식하는 미생물로 전이되어[10] 미생물에 항생제저항성을 갖게 하거나 새로운 병원성 바이러스를 다시 활성화시키는 경우 해당 항생제 관련 치료효과를 감소시키거나 병을 유발함으로써 인간(동물포함)의 생명 또는 건강을 위협할 수 있다[159;160].[11] 아울러 GMOs의 소비, 접촉 및 섭취와 관련하여 제기되는 인체 내 알레르기 유발성과 독성 문제 역시 대표적인 인체 위험이다. GMOs는 다른 생물체로부터 새로운 외래 유전자를 도입하여 인위적으로 제작된 생물체이기 때문에 그 위험을 간과될 수 없다는 것이다.

알레르기 유발성과 독성 위험을 주장하는 집단은 그 원인을 GMOs의 신규성novelty에서 찾는다. 이들 집단에 의하면 non-GMOs와 비교하여 GMOs의 신규성은 공정 및 생산방식PPMs의 차이에서 기인한다. PPMs의 차이는 곧 GMOs와 non-GMOs 간 특성, 예를 들어 알레르기 및 독성 유발 수준에 있어 차이를 유도한다는 것이다.[12] 이러한 맥락에서 유전자변형으로 인해 알레르기 유발 및 노출 수준이 증가되었으며, 심지어는 알레르기성을 강화시킬 수 있다[161]. GMOs로 인한 알레르기 위험은 면역질환을 유도할 수 있다. GMOs는 또한 독성이 있어 동물이 섭취하게 되면 소화기관을 상하게 하거나 위장 기능과 면역력 등에 나쁜 영향을 미칠 수 있다. Nordlee, Tayler, Townsend, Thomas and Bush[162]의 알레르기 유발가능성 증명으로 인해 브라질 넛Brazil nut의 2S 알부민 유전자를 도입하여 유전자변형 콩을 개발하려 했던 미국의 파이오니어 하이브리드Pioneer Hi-Bred사가 개발을 중도 포기한 사례와 칼겐Calgene사가 개발한 최초의 GM 토마토인 플레이버 세이버Flavr Savr가 쥐의 종양증식, 간 기능 약화, 뇌 수축 증reversible cerebral vasocontriction syndrom 등 심각한 건강 문제가 연이어 발생[163]함으로 인해 시장에서 사라진 사례, 제왕나비monarch larvae에 대한 해충저항성 옥수수의 영향[164],[13] 쥐에 대한 렉틴유전자함유 GM 감자의 영향[165],[14] 유전자변형 기술에 의해 트립토판Tryptophan을 생산하는 박테리아의 독성[166;167],[15] 쥐에 대한 GM 콩[168;169] 및 옥수수의 영향[170] 등은 GMOs의 알레르기성과 독성 위험을 주장하는 집단에 의해 제기되는 예의 일부이다.[16]

반면, GMOs의 신규성을 인정하지 않는 집단은 GMOs의 공정 및 생산방식은 제작된 최종 생물체의 특성(맛, 구조 및 성분)에 아무런 영향을 미치지 않는다고 주장한다. 즉, 유전자변형이라는 PPMs는 최종 제품의 특성변화와는 전혀 관계가 없다는 것이다. 이에 더하여 이들 집단은 GMOs가 섭취되는 경우 항생제저항성 유전자, 독성, 알레르기로 인해 항생제 내성 증가, 위장기능 장애, 면역체계 변화 등을 초래할 가능성은 매우 희박하다고 주장한다.

특히, 인간이 GMOs에 포함된 외래 유전자를 섭취하더라도 소화기관에서 단일 염기와 아미노산으로 분해되기 때문에 영향성분 이상의 기능을 갖지 못한다고 주장한다. 더군다나 이들은 상업화된 GMOs는 연구·개발단계부터 과학적 원리에 기초한 안전성 평가를 통과한 것, 즉 현재의 과학수준에서 획득가능한 지식과 정보에 기초하여 설정된 가설적 위험hypothetical risk을 중심으로 위해성 평가를 수행하고 상업화되었기 때문에, GMOs가 인체에 위해하다는 추가적인 과학적 증거는 발견하기 어렵다고 주장한다.

3. 환경 파괴 및 생태계 교란 위험

환경 위해성은 GMOs가 생물다양성, 생태계 파괴 등을 포함하는 자연에 미치는 영향에 대한 긍정적 또는 부정적 견해와 직결되어 있으며, 그 대표적인 논쟁 초점은 생물다양성 파괴와 생태계 교란 여부에 대한 것이다.

GMOs를 반대하는 집단에 의하면, GMOs가 생산(재배, 증식 등)되는 과정에서도 자연 환경에 잠재적인 부정적 영향을 미칠 수 있지만, GMOs가 구매·사용·처분되는 소비과정에서도 자연환경에 잠재적인 부정적 영향을 미칠 수 있다[171]. 이들의 주장에 따르면 GMOs는 자연종(동종 또는 이종의 non-GMOs)과 교잡함으로써 형질이 변형된 GMOs의 유전자가 자연종에 전이되어 고유한 유전자원을 오염시킬 뿐만 아니라 진화과정을 파괴하며, 자연종보다 GMOs가 자연서식지에서 더 잘 생육할 수 있는 우월성이 있는 경우 자연종을 밀어내거나 또는 특정 종의 생존에 위험을 가함으로써 기존 생물개체의 유전적 다양성에 영향을 미치는데 심한 경우는 먹이와 번식지를 독차지하여 자연종의 멸종 등을 야기함으로써 생물다양성을 파괴할 수 있다[172-174]. 게다가 GMOs로 인한 자연종, 예를 들어 제왕나비monarch larvae에 대한 해충저항성 옥수수의 영향[164] 등과 같은 동물 또는 식물 개체의 변화(특정 종의 멸종 또는 개체수의 감소 등)는 다른 특정한 비표적 동물 개체의 먹이를 증가 또는 감소시켜 먹이사슬의 균형을 깨뜨려 자연복원력을 손상시킬 수 있으며, GMOs 방출로 인한 토양 동물상 및 미생물상의 변화를 유도할 수 있으며, GMOs로 인해 표적 및 비표적 생물체가 특정 유전자에 저항성을 갖는 신종의 출현(예를 들어, 수퍼 잡초, 수퍼 해충 등) 등을 유도함으로써 생태계를 교란시킬 수 있다[174-179]. 농산물의 경우는 특히, 특허를 획득한 다국적기업의 종자독점과 이를 통한 산업형 농업은 수확을 증진시키기 위한 극히 적은 수의 높은 수확을 올릴 수 있는 품종만의 개발을 더욱 촉진시키고 있으며, 이는 곧 자연스럽게 단종 또는 단일재배를 유도하고 있어 전통적인 혼합재배polyculture의 다양성을 해칠 수 있다는 것이다. 전통적인 혼합재배관행에서는 아주 적은 외부적 투입만으로 생산성을 향상시킬 수도 있었지만, 단일재배는 집약적인 외부투입으로 유지되는 경향이 있기 때문에, 자원이 낭비된다[180, pp.25-29].

그러나 GMOs를 찬성하는 집단은 오히려 GMOs가 요소투입, 예를 들어 화학비료 및 농약(제초제 및 살충제), 원자재 등의 사용을 줄임으로써 환경자원을 남용하지 않을 뿐만 아니라 환경오염을 덜 시킴으로써 환경에 부담을 완화시킨다고 주장한다. GM 작물의 경우 환경에 끼치는 가장 주요한 긍정적 효과는 무경운 농법no-till farming의 도입이다[181]. 제초제내성 GM 작물의 경우 별로 땅을 일구지 않아도 수확량이 보장되어 토양의 질을 보존·개선, 수분함유량 제고, 토양침식 및 제초제 유출 감소 등을 통해 다양한 야생동식물의 서식지확대에 기여하는 효과가 있으며, 게다가 농기구 등의 사용이 감소되어 농기구에서 배출되는 온실가스를 저감하는데도 기여한다고 한다.

4. 사회·경제적 위험

GMOs와 연계될 수 있는 사회·경제적 위험의 종류와 그 정도는 특정 사회체제의 사회·경제 체제에 따라 달라질 수 있다. 그렇지만, 기존 연구에 비추어 볼 때, 사회·경제 체제의 특유성을 고려하지 않고 일반적으로 야기될 수 있고 GMOs를 반대하는 집단이 빈번히 제기하는 대표적인 논쟁의 초점은 생물체 조작에 대한 윤리, 후생을 포함한 경제의 지속가능성, 생명특허이다. 이들은 GMOs가 인간종족중심의 윤리문제를 야기하며, 경제적 지속불가능성 및 생명특허 소유자, 특히 다국적 기업에 대한 인류의 의존 심화를 더욱 촉진시킨다고 주장한다.

인위적 조작의 의미를 지닌 유전자변형 기술은 마음만 먹으면 새로운 생명을 창조시킬 수 있다는 논리(즉, 조물주의 지위까지 넘보는 행위로 간주될 수 있는)로 이해되며, GMOs 역시 그러한 논리의 연장선에 있다고 볼 수 있는데, 이 경우 윤리적 문제를 간과할 수 없다.[17] 특히, rDNA 기술을 이용한 유전자변형 동물GM 동물의 제작, 유전자변형장기의 제작과 이식 후 버려지는 복제생물체의 폐기 등은 상당한 정도의 윤리적·사회적 문제를 야기한다. 예를 들어, 성장성이 좋은 GM 동물 또는 재조합 성장호르몬을 투여하여 기른 동물은 다리가 몸을 지탱할 수 없을 정도까지 기른다. 이러한 식으로 동물을 대하는 관행은 윤리적으로 정당화될 수 없다 [186]. GMOs는 이미 전 세계적 논란과 항의의 대상이 되어 왔는데, 다음 차례는 rDNA 기술을 인간에게 직접적으로 적용인간유전공학(human genetic engineering)하는 단계가 될 것이다. 이러한 인간유전공학의 출현은 직접적으로 새로운 우생학의 등장을 예고한다. 우생학이란 용어는 궁극적으로는 인간의 본성을 변화시키는 능력을 암시하는 것으로 이에는 모든 도덕적 의미가 내포되어 있다고 말할 수 있다[95, pp.120-121].

본래 GMOs는 자연적 교배의 난점을 극복하고 포드주의Fordism 경제의 문제점을 극복하여 생산 및 소비 측면에서 편익을 제공하기 위해 개발되어 상업화되고 있지만, 경제의 지속가능성에서 기여하는 바가 없다는 것이다. 경제의 지속가능성의 달성은 환경자원의 불가역적 파괴를 방지하여 미래 세대에도 그러한 환경 및 자원의 혜택을 받을 수 있도록 함으로서 인류의 복지를 증진하는 경우에 가능하다. 그런데 GMOs와 관련된 다양한 환경 및 인체 위험은 경제의 지속가능성 실현을 저해할 수 있다. GMOs는 유전자 등의 전이를 통해 수십억 년 동안 진화로 검증받은 지속가능한 유기농업을 불가능하게 할 수 있다. 게다가 GMOs의 상업화는 non-GMOs에 대한 가격 프레미엄을 높임으로써 소득수준에 따른 구매계층이 분할되고 이들 계층 간 불평등이 조장되어 사회·경제적 측면에서 지속가능성을 저해할 수 있다. 또한 GMOs가 단기적으로 인류에 편익을 가져다 줄 수 있을지 모르지만, GMOs의 생산, 이용 및 처분 등으로 인해 지구자원, 특히 자연자원이 오염되는 경우 이는 자연자원을 사용할 미래세대의 권리를 착취하는 결과가 될 뿐만 아니라 오염복구비용을 미래 세대에 전가시킴으로써 세대 간 불평등을 야기할 수 있다.

무엇보다 심각한 것은 GMOs와 같은 생물체에 특허소유를 인정함으로써 생명특허 소유자, 특히 다국적 기업에 대한 인류의 의존심화가 더욱 촉진된다는 것이다. 특히, GMOs의 개발, 상업화 및 생산은 대규모의 자본과 고도의 기술이 요구되기 때문에, 자본 및 기술력이 풍부한 다국적기업의 전유물이 되어 관련 산업의 독점화현상은 더욱 가속화될 수 있다. 즉, GMOs에 대한 특허 허용은 유전자원에 대한 다국적 기업의 지배력을 강화시킨다. 예를 들어, 몬산토Monsanto사가 GM 콩인 라운드업 레디Round-up Ready를 개발한 의도는 자사의 제초제에 잘 견디는 종자를 만들어[18] 그 제초제의 판매를 신장시키기 위한 의도였으며, 터미네이터 기술terminator technology은 유전적으로 멸균시킨 씨앗(씨앗의 수명은 1년)[19]의 판매를 통해 추수 후 다음해에 파종할 종자를 저장할 수 있는 농부의 권리를 빼앗으려 했던 계획이었다.[20] 트레이터 기술traitor technology 역시 종자회사의 특허된 제초제나 비료와 같은 외부의 화학적 촉매작용이 있을 경우에만 식물이 그 본래의 중요한 유전적 특징을 발현하도록 함으로써 그 종자회사가 공급하는 화학촉매를 이용하게 농부들을 종속시킬 계획이었다. 이러한 기술은 몬산토 등과 같은 다국적기업에 대한 생산자, 예를 들어 농부들의 의존을 심화시킬 수 있다. 즉, 새로운 생물학적 농노제도Bioserfdom인 것이다. 실제, 주요 곡물메이저인 몬산토사, 듀퐁사 등의 다국적기업들은 미국시장에 출시된 거의 모든 작물종자를 개발함으로써 종자와 관련 기술에 대한 소유권을 독점하고 있으며, 그러한 독점력을 근거로 하여 종자를 필요로 하는 경제주체들에게 그 영향력을 행사하고 있다. 종자를 필요로 하는 재배자, 생산자 또는 연구·개발자에 대한 다국적기업의 통제는 계약을 통해 이루어진다. GMOs 종자를 구매하고자 하는 어떠한 주체이건 소위 '기술 관리 약정서technology stewardship agreement'에 서명하는 경우에 한해서만 종자이용이 가능한데, 이 협정에서 다국적 기업들은 GMOs 종자를 구매한 경우 그러한 종자에 대한 연구·개발, 이듬해 파종을 위해 농부가 종자를 저장할 수 있는 권리종자저장권를 허용하지 않고 있다[188, p.880].

그러나 GMOs의 유용성을 강조하는 집단은 GMOs가 생산성 향상과 식량문제(기아) 해결에 기여하며, 소비자 가격의 하락을 통한 후생의 증대 등에 기여한다고 주장한다. 계속되는 인구증가 및 경지면적의 확대불가 상황에서 GM 기술을 이용해 극한 환경에 내성이 있는 농산물을 단기에 생산하거나 또는 농약 등과 같은 투입 재료 비용을 감소시키고, 농지의 활용 비율을 증대시킴으로써 농산물 및 식품의 생산량을 증대시킬 수 있다는 논리이다. 게다가 GM 기술을 식품 및 농업 분야에서 고단백질, 고비타민, 특정 아미노산의 함유, 영양개선, 저장성 및 가공성 개량 등을 통해 최종재의 기능 및 품질 측면에서 소비자 욕구를 충족시킬 수 있는 가치를 창출시킬 수 있는 잠재력을 가지고 있어[189, pp.71-73] 건강 측면에서 소비자 후생을 증대시킬 수 있으며, 더 나아가 대량생산을 통한 공급량 증대는 소비자의 경제적 부담을 경감시킬 수 있다고 주장한다.

제2부

사회·경제 요인과 GMOs 정책성향

제5장 ▌ GMOs와 사회정치·경제 이슈: 역사적 배경과 경로

제6장 ▌ 사회정치·경제적 압력과 정책 패러다임의 선택

제7장 ▌ 경제적 이해증진지향: 과학적 합리성

제8장 ▌ 사회적 이해증진지향: 사회적 합리성

제9장 ▌ 정책패러다임의 충돌: 조화의 필요성

제5장

GMOs와 사회정치·경제 이슈 : 역사적 배경과 경로

1960년대 말부터 제기되었던 재조합 바이러스인 SV40Simian virus 40 DNA에 대한 안전성 문제는 관련 종양바이러스에 대한 연구를 진행하려 했던 폴 버그P. Berg의 계획을 좌절시킨다. 이는 1973년 미국 캘리포니아주 아실로마Asilomar에서 "생물학 연구에 따른 생물학적 위험"에 관한 논의('제1차 아실로마 회의Asilomar Conference I'라 함)를 유도하였다. 여기서 과학자들은 안전성 확보를 위한 노력이 필요함을 제기하고 그 실행 사안으로 실험실 종사자들을 대상으로 한 교육의 실시, 실험실 연구 활동 및 경험에 대한 기록의 의무화 등을 제시하였다.

이미 1972년부터 학계에서 불고 있었던 유전자 재조합 연구의 잠재적 위험에 대한 염려는 관련 사안에 대한 다양한 학문적 논의를 촉발시켰으며, 1973년 유전자 재조합 기술rDNA 기술의 잠재적 유용성과 위험에 대한 우려를 담은 Singer and Soll[190]의 서한은 미국 내에서 유전자 재조합에 대한 안전성 문제가 집중적으로 조명을 받게 된 계기가 되었다. 그 후 미국국립과학원National Academy of Science(NAS)은 유전자 재조합의 잠재적 위험성에 대한 문제가 해결될 때까지 관련 특정 실험을 자발적·일시적으로 유예할 것을 과학자들에게 요구하였으며, 안전성 확보에 관한 논의를 국제적 차원으로 확장할 필요가 있음을 언급하였다. 이를 계기로 1975년 2월 24일~27일 사이에 유전자 재조합 연구의 수행 상황을 점검하고 잠재적인 생물학적 위험을 추정하여 관련 연구를 재개할 수 있는지의 여부를 고려하기 위한 '제2차 아실로마 회의The International Congress on Recombinant DNA Molecules'를 개최하고 "특정 조건 하에서 자발적 실험을 허용한다."는 성명을 통해 GMOs 관련 연구에 대한 자발적 차원의 예비적 규제체제를 설정하였다. 이는 세계 각국으로 하여금 GMOs 관련 안전성 확보를 위한 규제지침의 제정을 촉발시키는 계기가 되었다.

1980년대 초 현대 생명공학기술이 실험실에서 산업적 응용단계로 확장되는 추세에서 GM 미생물이 상업화됨에 따라 현대 생명공학기술에 대한 대중의 관심이 증가하기 시작했다. 이에 따라 GMOs가 더 이상 과학자들만의 내부적 문제로 간주되지 않고 사회 전체 차원에서 논의되어야 할 사회정치적·경제적 문제가 되어야 한다는 목소리가 높아지기 시작했다. 아울러 1980년대 말 GMOs의 안전성 확보를 위한 다양한 국제기구들의 자발적 지침의 제정 노력과 훈련 활동의 강화, 1990년대 중반 GMOs 관련 논쟁을 둘러싼 과학계의 분열, 광우병 사태, 미국산 GMOs 및 GM 제품의 유럽시장 진출은 GMOs 관련 사회정치적·경제적 논쟁을 더욱 강화시켰으며, 이는 사회적·경제적 요인을 고려한 GMOs의 안전성, 즉 바이오안전성biosafety 확보를 위한 국제적 차원의 규범을 마련케 하는데 많은 기여를 하였다.

1. 국가 및 기술차원에서 국제 및 사회적·경제적 쟁점으로

1) 유전자 재조합 안전성 문제에 대한 염려의 태동

유전자 재조합체의 안전성에 대한 염려는 앤드류 루이스A. Lewis, Jr.가 아데노바이러스-SV40Adenoviridae-Simian virus 40 재조합체의 일부에 위험 요인이 있음을 발견하고 과학자들에게 이에 대한 안전성 확보를 위한 조치를 취할 것을 요청한 때부터 시작된다.

의학자들은 1950년대부터 '붉은 털 원숭이'의 신장세포를 이용하여 소아마미바이러스나 아데노바이러스의 백신을 생산해 왔는데 이들 중 일부가 'SV40Simian virus 40'에 의해 오염되었음이 밝혀졌다. 원숭이에서 알려진 40번째 바이러스라는 의미에서 유래한 SV40Simian virus 40은 설치류 또는 사람의 세포에 암을 유발시킬 뿐만 아니라 그 유전체가 인간 및 동물의 세포에 주입되면 염색체에 삽입된다는 사실이 밝혀졌다. Lewis, Levin, Wiese, Crumpacker and Henry[191]은 SV40에 의해 오염된 세포에서 발견된 아데노바이러스-SV40Adenoviridae-Simian virus 40 재조합체 중 일부가 모두 SV40Simian virus 40 유전체를 가지고 있으며 감염력이 있다는 사실을 발견하였다. 앤드류 루이스A. Lewis, Jr.는 연구자들에게 이 바이러스를 취급하는 경우 공중보건을 위해 주의할 것을 요청하고 대량으로 배양하는 경우 미리 아데노바이러스Adenoviridae 항체가 존재하는지 여부를 확인하는 등의 안전조치를 요구하였다. 게다가 바이러스를 함부로 다른 실험실에 양도하지 않을 것을 부탁하는 메모도 첨부하였다[192, p.45]. 이 조치는 사람을 감염시키는 바이러스의 생물학적 위험에 대한 주위를 환기시킴으로써 암을 유발시킬 수 있는 종양바이러스를 대량으로 배양하는 실험을 수행하는 경우 특별히 실험의 안전을 담보할 수 있는 조치의 필요성을 제기하는 규범적 압력normative pressure으로 작용하였다.

이런 상황에서 SV40Simian virus 40 DNA를 동물세포에서 유전자를 전달시키는 벡터로 이용할 수 있는지의 여부를 확인하기 위한 연구를 수행하려던 폴 버그P. Berg[1]는 그 계획을 구상하는 단계에서 벽에 부딪힌다. 종양바이러스 유전자를 지니는 형질이 전환된 대장균이 실험실 밖으로 유출되어 사람에 감염될 수 있는 잠재적 위험이 있으며 어느 정도 위험성이 있는지에 대한 측정이 불가능하다는 이유였다. 이에 폴 버그P. Berg는 실험을 중단하기로 결정하고[192, pp.24-38] 종양바이러스 연구의 수행이 유발시킬 수 있는 잠재적 위험에 대한 정보의 수집을 목적으로 미국 내 관련 과학자들을 소집[2]하여 1973년 1월 22일~24일 캘리포니아 주 아실로마에서 '생물학 연구에 따른 생물학적 위험Biohazards in Biological Research'에 관한 논의를 주도하였다[192, pp.58-69].[3] 이 회의에서 과학자들은 논의의 대상이 되었던 물질에 대한 위험 여부를 명확히 파악하지 못하였다. 그렇지만, 안전성 확보를 위해 주의를 기울여야 한다는 것에 의견을 모았으며 실험실 종사자들을 대상으로 한 교육의 실시, 실험실 경험에 대한 기록의 의무화 등을 그 실행사안으로 제시하였다.

유전자 재조합 연구의 잠재적 위험에 대한 염려는 이미 1972년부터 학계에서 불고 있었다. 'DNA 제한 및 변형에 관한 유럽 분자생물학회 워크숍EMBO Workshop on DNA restriction and modification'에서는 DNA를 이용한 유전적 잡종 형성의 가능성과 그러한 잡종 형성의 잠재적 위험에 대한 논의가 활발하게 진행되었다. '세균 플라스미드에 관한 미-일 컨퍼런스US-Japan Conference in bacterial plasmids'에서는 하버트 보이어H. Boyer와 스탠리 코헨S. Cohen의 공동연구협약에 따라 스텐리 코헨S. Cohen의 프라스미드 'pSC101'

과 하버트 보이어H. Boyer의 제한효소 'EcoR1'을 이용하여 항생제 내성유전자를 지닌 재조합 프라스미드를 제작하였으며, 그 연구 결과는 1973년 '핵산 연구에 관한 고든 학회Gordon confrence ofn nucleic acids of 1973'에서 발표되었다. 보이어와 코헨H. Boyer and S. Cohen의 연구가 발표된 다음날 Singer and Soll[190]은 학술원 및 의학원의 원장에게 "....일부 재조합 분자가 실험실 종사자나 일반인에게 잠재적 위해를 미칠 수 있으며 이러한 위험에 대해서는 아직 알려진 바 없으므로 각별히 주의를 기울여야 하며, 더 나아가 유전자 재조합 실험의 안전성에 대한 연구도 필요하다......"라는 내용의 유전자재조합 기술의 잠재적 유용성과 위험에 대한 우려를 담은 서한을 보내고 이를 발표하였다.

이 발표가 있은 후 미국국립과학원NAS은 폴 버그P. Berg를 책임자로 하는 연구위원회를 구성하였으며, 그로부터 7개월 후 동 위원회는 '버그 서한Berg Letter' 또는 '모라토리엄 서한Moratorium Letter'라는 글을 통해 그 동안의 논의 결과를 발표하였다[195]. 이 서한에서 유전자 재조합이 가능하다는 사실과 '제1차 아실로마 회의' 이후의 유전자 재조합 연구과정을 요약하고 인위적으로 재조합된 DNA가 예상할 수 없는 결과를 초래할 가능성 등을 제시한 후 안전성 확보를 위한 다음의 3가지 사항을 제안하였다.

> 첫째, 재조합 DNA 분자의 잠재적인 위험이 제대로 평가되거나 또는 그 위험의 전파를 차단할 방법이 개발될 때까지 관련 연구를 유예한다. 둘째, 미국 국립 보건원National Institutes of Health(NIH)에 재조합 DNA 실험의 평가방법, 위험을 감소시키기 위한 방법 및 재조합 DNA 실험지침을 마련할 것을 요구한다. 셋째, 재조합 DNA 분자의 잠재적인 위험성에 대한 논의를 위해 전 세계 관련 학자들의 회합을 촉구한다.

2) 유전자 재조합의 안전성 문제에 관한 국제적 염려

'버그 서한'의 핵심은 유전자 재조합의 잠재적 위험에 대한 문제가 해결될 때까지 관련 특정 실험을 자발적·일시적으로 유예할 것을 과학자들에게 요구하는 것이었으며, 관련 논의를 국제적 차원으로 확장시키자는 것이었다. 이에 따라 미국 내 과학자들은 국제적 차원의 회의를 준비하고 있었으며, 이와 때를 같이하여 영국의 과학자들은 '버그서한'에 기초하여 후속조치를 취하였다. 실제, 국제회의가 개최되기 몇 주 전부터 '영국 연구회의 자문이사회Advisory Board of the Research Councils of the UK'는 유전자 재조합 실험을 수행하는 과학자들을 규제하기 위한 엄격한 자발적 지침을 제안했는데, 이는 곧 '제2차 아실로마 회의Asilomar Conference II'의 모델이 되었다[196, p.19]. 공식적으로 '재조합 DNA 분자 연구에 관한 국제회의The International Congress on Recombinant DNA Molecules'라 칭하는 "제2차 아실로마 회의"는 1975년 2월 24일-27일 사이에 열렸으며,[4] 그 목적은 유전자 재조합 연구의 수행 상황을 점검하고 관련된 잠재적인 생물학적 위험을 추정하여 관련 연구를 재개할 수 있는지의 여부를 고려하기 위한 것이었다. 가장 핵심이 되었던 의제는 유전자 재조합 실험과 관련하여 발생 가능한 잠재적 위험을 관리할 방법을 모색하는 것이었다. 논의시간에 대비한 결과효율성을 제고시키기 위해 동 회의 조직위원회에서는 관련 윤리적·사회적 논의를 배제하였다. 난상토론 결과, 회의에서 논의되어 합의된 내용에 대한 성명서 초안이 마련되었고, 이는 다음날 미국국립과학원NAS의 승인을 받아 공표되었다. 그 핵심 내용은 위험을 최소화하기 위한 물리적 또는 생물학적 밀폐조치를 취하는 조건으로 유전자 재조합 실험을 계속한다는 것이었다. 즉, 잠재적 요인이 되는 재조합 분자 또는 재조합 생물체에 실험자들이 노출되지 않도록 하는 조치, 재조합 생물체가 원칙적으로 환경에 방출되지 않도록 하는 조치를 하고, 특수한 영향물질이 없으면 살지 못하는 대장균을 이용하여 실험을 한다[197][5]는 것이었다.

'제2차 아실로마 회의'는 세계 각국의 과학자들이 스스로 유전자 재조합 연구를 통해 파생될 수 있는 잠재적 위험에 대한 문제를 제기하고 외부의 간섭과 통제를 배제한 자율적 규제를 마련하였다는 점에서 의의가 있다. 즉, 유전자 재조합 DNA 실험의 위험수준에 따른 밀폐조치를 권고함으로써 역사상 최초의 자발적인 국제지침으로서의 위상을 지닌다[199, p.21]. 이는 또한 유전자 재조합 실험과 관련될 수 있는 잠재적 위험에 대한 국제적 차원의 염려가 시작되었다는 의미이기도 하다. 그렇지만, 동 회의 조직위원회가 논의의 범주를 기술적 문제로 제한함으로써 유전자 재조합 연구 및 GMOs와 관련될 수 있는 정치사회적·경제적 맥락에서의 잠재적 위험에 대한 논의를 의도적으로 축소시키는 결과를 초래했다는 비난도 제기되고 있다. 향후 유전자 재조합 실험과 GMOs에 대한 정치사회적·경제적 관점의 문제제기 가능성을 사전에 의도적으로 차단시키는 역할을 하였다는 것이다. 물론, 이는 안전성 문제를 동 회의에 참석한 과학자 집단이 독점적으로 제어할 수 있는 기술적 측면의 안전성 문제로 국한함으로서 가장 많은 혜택을 받을 수 있도록 하고 게다가 이후의 관련 논의와 책임의 주체가 연구자들의 영향력 아래 있도록 하기[192, pp.148-153] 위한 의도였을 수도 있다. 실제 이러한 것을 염려하여 "대중을 위한 과학Science for the People"이란 슬로건 아래 보다 대중적인 맥락에서 과학을 이해시키려는 '사회, 정치적 행동을 위한 과학기술자Scientists and Engineers for Social and Political Action' 소속 연구자들은 '유전공학그룹Genetic Engineering Group'을 결성하여 유전자 재조합 연구의 사회적 영향에 대해 논의하고 공개서한을 보내 '제2차 아실로마 회의'에 더 광범한 일반인의 참여가 필요하다고 강조한 바 있다. 그렇지만, 이 서한은 '제2차 아실로마 회의'의 논의 과정에 영향을 미치지 못했다[192, pp.136-139]. 연구자들의 과학적 이해관계가 특정한 하나의 사회시스템 내 다양한 이해관계자들의 이해와 완벽히 일치하지 않을 수 있다는 사실을 고려할 때, '제2차 아실로마 회의'는 GMOs에 대한 정치사회적·경제적 맥락에서의 위험 논쟁의 출현을 더디게 만드는데 어느 정도 기여했을 가능성을 배제하지 못한다.

3) 유전자 재조합에 대한 국가적 차원의 규제형성

'제2차 아실로마 회의'의 성명서에서 밝힌 "일정한 조건으로 한 자발적 실험의 허용"은 일종의 자발적 지침으로써 GMOs 관련 연구에 대한 예비적 규제체제로서 역할을 하였다. 실제, '제2차 아실로마 회의'의 참석자들은 엄격한 규제 하에서 rDNA 연구가 수행되어야 한다는 것을 인정하고 있었다[200;201]. '제2차 아실로마 회의'는 많은 국가들로 하여금 rDNA 연구에 대한 안전성 확보를 위한 규제를 도입하도록 하는데 결정적인 역할을 하였다[202, p.251]. 영국은 1976년 8월 교육과학성이 "유전자에 관한 작업반의 보고"라는 지침을 발표하고 GMOs 및 GM 제품의 안전성에 대한 심의제도를 마련하였다. 일본은 1979년 문부성고시로 '재조합 DNA 실험을 수행하는 경우 준수해야 할 안전성 확보의 기준과 적절한 연구의 수행을 위한 실험 지침'을 공포하여 이에 대한 규제를 시작하였다. 독일은 1988년 유전공학관련 시설의 건설에 대한 'GMOs 및 그 제품의 실험실 및 환경으로의 도입 규제'를 실시하였다. 스위스, 캐나다 등에서도 이와 비슷한 형태로 현대 생명공학기술의 안전한 실험을 위한 실험지침이 발표되고 이들 지침을 기반으로 규제를 시작하였다. 그중 규제성향과 정치사회 및 경제에 미친 영향측면에서 볼 때, 대조적인 성향을 띠고 있는 미국과 EU의 규제의 형성과정을 살펴보는 것은 매우 중요하다.

'제2차 아실로마 회의' 이듬해인 1976년 미국 국립 보건원NIH은 유전자 재조합 연구에 대한 예비적 규제체제를 공식적으로 가다듬어 'rDNA 분자 연구를 위한 미국 국립 보건원 지침NIH Guidelines for Research Involving Recombinant DNA Molecules'을 제정·공표하였다[194, p.5;199, p.5]. 이로써 미국은 인류 역사상 최초로 rDNA 기술을 규제하는 국가가 되었다. 동 지침은 자발적인 모라토리엄의 철회를 유도하고 실험실 내에서의 유전자 재조합에 관한 실험을 허용하였지만, 특별한 위험성을 지니고 있는 생물체에 대해서는 실험을 금지했을 뿐만 아니라 대규모의 시험재배 역시 금지하였다[203, pp.83-99]. 알려진 위험보다는 불확실한 위험에 정책 관리의 초점을 두었던 미국의 초기 규제는 사전예방성향precautionary flavor을 명확히 띠고 있었다[194, p.13]. 이는 곧 유전자변형에 대한 규제를 회피하여 자유롭게 연구 활동을 수행하고자 했던 연구자들로 하여금 정부의 규제에서 다소 자유로운 민간 자본에 관심을 가지게 함으로써 현대 생명공학기술이 민간 자본과 결합하는 계기를 만들었다.

그렇지만, 이처럼 상대적으로 엄격한 규제체제를 기반으로 시작했던 미국의 정책은 더 느슨하고 관대한 방향으로 선회하기 시작했다. NIH 지침을 시행한 첫해 유전자 재조합 연구와 관련하여 사고가 발생하지 않았던 것이다. 이는 1970년대 말에서 1980년대 초 사이에 지침의 제정을 유도했으며, 1982년 제정을 통해 다중

검토과정을 거쳐 GMOs의 의도적 환경방출Deliberate release of GMOs into the environment에 대한 승인을 받을 수 있도록 하였다 [203, pp.101-102]. 이 규정요건은 연방정부에 의해 지원되는 연구에만 적용되었다. 하지만, rDNA 기술의 상업화 가능성에 많은 관심을 가지고 있던 생명공학기업들은 더 많고 더 신속한 연구를 갈망하고 있었다. 이는 곧 미국 정부로 하여금 산업계의 제도순응에 따른 부담을 경감시켜 연구·개발 및 상업화를 촉진시키는 방향으로 관련 규제를 완화하게 만들었다.[6)]

이러한 맥락에서 1984년 미국 정부는 '생명공학기술 규정에 대한 공동적용 체제Coordinated Framework for Regulation of Biotechnology [206]에 관한 안을 제안함으로써 생명공학기술을 다루기 위한 법체제를 별도로 마련하지 않고 기존의 법 체제에서 관리한다는 정책계획을 발표하였다. 1986년에 공표된[7)] '생명공학기술 규정에 대한 공동적용 체제'는 GMOs 및 GM 제품의 개발 및 상업화 등에 관한 연방정부정책의 기본 골격이 되었다. 이는 곧 자연적으로 진화해 온 생물체와 인위적으로 조합된 생물체를 분리하여 취급하지 않고 동일한 법 체제 내에서 관리하겠다는 정책적 의도를 표출하는 것이었으며, 이후 미국은 지금까지 그러한 정책적 기조를 유지해 오고 있다. 특히, 1990년대에 들어와 현대 생명공학기술이 빠르게 진보하고 그 성과물들을 의학과 농업에 적용하기 위한 상업화가 활발히 진행됨에 따라 1975년 직후 미국이 보여 주었던 GMOs를 포함한 현대 생명공학기술에 대한 미국의 신중하고 책임 있는 정책적 대응자세는 대대적으로 포기되고 말았다[54, pp.217-219]. 결국, 1975년 '제2차 아실로마 회의'가 기폭제가 되어 잠시 환경적으로 책임 있는 사전예방적 접근 차원에서 행해졌던 미국의 정책기조는 불과 1년이 지나서부터 완화되는 방향으로 형성되기 시작했으며 급기야는 그러한 기조를 포기하고 말았다.

미국과는 달리 EU는 사전 예방적 차원의 정책적 기조가 지금까지 유지되고 있으며, 그 관리정책의 범위 역시 기술적 차원을 넘어선 사회정치적·경제적 차원에까지 이르고 있다. 몇몇 국가가 미국형 규제를 도입한 것을 제외하고는 1970년대에서 1980년대 사이에 현대 생명공학기술 및 관련 위험의 관리를 위한 EU의 자발적 규제는 다양한 정책적 대응 형태로 나타났다[201;207;208]. 그렇기 때문에, GMOs와 관련된 인체 및 환경 위험으로부터 인간의 생명과 환경의 보호와 관련하여 EU 회원국 모두에 적용될 수 있는 조화된 법이 없었다. 그렇지만, 1990년 이후 EU는 현대 생명공학기술에 대한 규제의 중심이 되었다. EU 전체 차원에서 조화된 더 엄격한 표시제 및 이력추적제가 도입되었던 것이다. GMOs의 밀폐이용에 관한 지침90/219/EEC과 GMOs의 환경방출에 관한 지침90/220/EC의 제정은 EU의 GMOs 규제강화라는 여정의 시작점이 되었다[202, p.253].

그 후 EU는 각국 차원에서 시장출시 이전의 시험재배에 대해 사례별case-by-case 위험 평가를 의무화하였으며, 이에 추가하여 EU 회원국들에게 EU 차원에서 승인된 GMOs의 경우라도 각국의 영토 내의 인간, 동물 및 미생물 등에 부정적인 영향을 미칠 가능성이 있다고 판단되는 경우 자발적인 세이프가드조치를 취할 수 있도록 허용하였다[207]. 1990년대 중반 이후 EU 내에서의 광우병 사건과 이에 대한 규제당국의 식품안전성 확보를 위한 조치 및 대응의 미흡으로 식품안전 문제에 대한 공중의 염려는 증폭되었으며[209;210], 그 당시 EU 내에 규제체제가 정비되어 있었음에도 불구하고 GM 식품에 대한 반대 역시 증폭되었다[201]. 특히, EU 회원국들의 책임기관에 의해 수행된 위험평가절차에 대한 지속적인 의견대립은 각 회원국들로 하여금 세이프가드조치를 취하도록 하는 상황으로 유도했으며, 결국 EU는 이러한 난관을 타개하고자 GMOs의 환경방출에 관한 지침90/220/EC의 개정을 결정하고 동 지침을 개정하기 전까지 EU 시장 내로의 GMOs 출시승인을 금지하기로 결정한다. 이러한 모라토리엄은 EU 내에서 GMOs의 상업화를 원천적으로 봉쇄하였으며, GMOs의 환경방출에 관한 지침을 더 엄격하게 개정하는 방향으로 유도했다.

모라토리엄이 있은 후[8] 3년 간의 논쟁 끝에 2001년 EU는 GMOs의 의도적 환경방출에 관한 지침2001/18/EC을 채택함으로써 시장출시 승인 유효기간을 10년으로 제한하고, 사후 시장모니터링post-market monitoring(PMM)을 강화하는 등의 더 제한적인 승인절차를 도입함으로써 GMOs의 연구·개발 및 상업화에 대한 사전예방적 차원의 조치를 더욱 강화하고 있다.[9] 이러한 EU의 GMOs에 대한 위험 관리 성향은 1990년대 중반이후부터 형성된 사회구성원들의 사회정치적·경제적 이해에 반응하기 위한 적극적인 정책적 대응에서 비롯되었다.

2. 국제규범의 형성, 그리고 사회적·경제적 고려

'제2차 아실로마 회의'는 사회 체제 내의 다양한 이해관계자의 접근이 배제된 상태에서 주로 과학자들에 의해서만 논의가 이루어졌다. 그렇지만, 현대 생명공학기술이 실험실에서 산업적 응용단계로 확장되는 추세에서 1980년대 최초로 GM 미생물이 상업화됨에 따라 현대 생명공학기술에 대한 대중의 관심이 증가하기 시작했다. 이에 따라 GMOs가 더 이상 과학자들만의 내부적 문제로 간주되지 않고 사회 전체 차원에서 논의되어야 할 사회정치적·경제적 문제가 되어야 한다는 목소리가 제기되기 시작했으며, 이는 GMOs의 안전성, 즉 바이오안전성biosafety 확보를 위한 국제적 차원의 논의를 유도하였다.

이러한 맥락에서 1985년 유엔공업개발기구United Nations Industrial Development Organization(UNIDO), 유엔환경계획United Nations Environment Programme(UNEP)과 세계보건기구World Health Organization(WHO)는 공동으로 바이오안전성에 관한 비공식 작업반working group을 설립하였으며, 이 작업반은 곧 유엔식량농업기구Food and Agriculture Organization of United Nations(FAO)에 합류하여 관련 논의를 진행하였다. 이러한 논의가 진행되는 가운데 경제협력개발기구Organization for Economic C0-oerpation and Development(OECD)는 OECD[211][10]를 통해 국제기구로서는 역사상 처음으로 GMOs에 대한 환경위험 평가가 환경 방출 이전에 수행되어야 할 것을 인정했다. 즉, 실험실 밖에서 GMOs를 안전하게 취급하기 위한 최초의 국제 차원의 과학적 원칙을 설정하였다고 볼 수 있다. 물론, Blue Book 초안을 작성하는 과정에서 환경평가원칙에 대한 지식수준의 미흡 등을 이유로 파악할 수 없는 다른 문제가 발생할 가능성이 개진되었으며, 이를 감안하여 OECD는 동 원칙이 잠정적인 것이며, 각국의 상황에 모두 부합하지 않다는 것을 인정하면서 국제적인 안전성 기준으로 합의되기를 희망한다고 언급하였다. 또한 OECD는 rDNA 기술이 전통적인 절차의 연속선상의 것으로 이 기술을 이용하여 바람직한 형질을 줄 수 있는 유전자를 정확하게 변형, 구축, 재조합, 탐색 및 이동시킬 수 있으며, 게다가 유전물질이 이종 간 전이되어 발현될 수 있도록 한다고 언급하고 있다. 이러한 언급은 그 당시뿐만 아니라 아직도 많은 논란의 대상이 되고 있다. 동 작업반은 기존의 바이오안전성 확보를 위한 규정과 사례를 고찰하고 국제적 차원의 규제형성을 위한 모델을 검토하고, 위험 평가에 기초하여 현대 생명공학기술의 환경 및 농업 응용을 위한 국제 차원의 바이오안전성 지침의 개발을 위한 노력이 필요함을 권고하였다. 이는 '생물체의 환경방출을 위한 자발적 코드Voluntary Code of Conduct for the Release of Organisms into the Enviornmet'의 제정을 유도했으며, 세계보건기구WHO, 유엔환경계획UNEP, 국제유전공학생명공학센터International Cntre for Genetic Engineering and Biotechnology (ICGEB) 등을 중심으로 한 바이오안전성 관련 기술훈련 및 능력형성 등을 위한 국제적 활동을 유도했다.

이러한 노력들을 통해 짧은 기간 동안 바이오안전성 관리에 대한 많은 진전이 이루어졌지만, GMOs의 시장출시가 임박했던 그 당시 상황에서 제기되었던 관련 모든 문제를 다루기에는 충분하지 못했다. 자발적 코드, 훈련 및 능력형성은 그 자체로 바이오안전성 확보를 위한 조치로 충분하지 않았기 때문에 국제적으로 조화되고 법적으로 구속력 있는 조치가 필요하다는 사회적 분위기가 형성되었다[212, pp.28-29;213, p.6]. 세계 경제에 있어 유전자원의 잠재적 가치와 그 역할이 증대되고 있었던 당시 미국은 GMOs에 대해 특허를 부여하기 시작하였으며, 이는 곧 GMOs를 포함한 유전자원에 대한 특허의 인정여부와 농부권의 인정여부 등의 논쟁을 증폭시켰다.

GMOs를 둘러싼 1980대 중반의 국제사회의 관심과 염려는 UNEP 주관으로 1987년부터 협상이 시작된 '생물다양성협약Convention on Biological Diversity(CBD)'에서 표출되었다. 생물다양성협약CBD의 제정을 위한 협상 초기부터 개발도상국들은 생명공학기술을 중요한 의제 중 하나로 간주하고 이에 대한 심도 있는 논의가 필요함을 주장하였다. 생명공학기술과 관련된 개발도상국들의 주장은 실무그룹을 통해 논의되어 오다가 1992년 채택된 CBD와 '의제 21Agentda 21'에 반영됨으로써 역사상 처음으로 바이오안전성 확보를 위한 국제적 차원의 합의를 유도하였다.

CBD는 생물다양성의 보전과 지속가능한 방법으로 유전자원을 이용하는 경우 발생되는 이익의 공정한 배분, 각국 관할의 유전자원에 대한 주권적 관리 권한의 향유 및 바이오안전성 확보를 위한 국제적 질서 확립의 구체적인 내용을 포함하고 있으며, 지속가능한 개발의 달성을 위한 실행계획Action plan for achieving sustainable development, 즉 의제 21Agentda 21은 생명공학기술을 환경적으로 안전한 방법으로 관리하는 내용이 포함되어 있다. 특히, "생명공학기술에 의한 유전자변형생물체의 이용과 전파 등에 따른 위험을 규제, 관리 및 통제할 수 있는 수단을 수립하고 유지해야 한다."고 명시하고 있는 CBD 제8조제g항의 규정은 CBD 발효 후 바이오안전성에 관한 국제규범의 마련을 위한 국제적 노력에 대한 기초를 제공하였다.

> 협약당사국은 사람의 건강에 미치는 위험성을 고려하여 생물다양성의 보전과 지속가능한 이용에 있어 환경적 측면에 부정적인 영향을 미칠 수 있는 생명공학기술에 의한 유전자변형생물체의 이용과 전파 등에 따른 위험의 규제, 관리 및 통제수단을 수립하고 유지해야 한다(CBD 제8조제g항). 협약당사국은 생물다양성의 보전과 지속가능한 이용에 부정적인 영향을 미칠 수 있는 생명공학기술에 의한 유전자변형생물체의 이동, 취급 및 사용과 관련하여 특히, 사전통보합의advance informed agreement (AIA) 등을 포함한 적절한 절차를 규정하는 의정서 제정의 필요성을 고려하여야 한다(CBD 제19조제3항). 각 협약당사국은 직접 또는 동 협약 제19조 제3항의 유전자변형생물체를 제공하는

권한을 가지고 있는 자연인 또는 법인이 요청하는 경우 유전자 변형생물체가 도입될 경우 당해 협약당사국에 미칠 수 있는 악영향뿐만 아니라 이러한 생물체의 이용 및 안전규제에 관한 정보를 제공하여야 한다(CBD 제19조제4항).[11)]

바이오안전성 확보를 위한 국제적 규범의 마련과 관련된 CBD 내에서의 논의는 발효 후 개최되었던 제1차(1994년) 및 제2차(1995년) CBD 당사국회의의 결정[12)]에 따라 구성된 '바이오안전성 의정서 작성을 위한 실무그룹회의Open-ended Ad hoc Working Group Biosafety (BSWG)'를 중심으로 집중적으로 이루어졌다.[13)] 1996년 제1차 바이오안전성의정서 작성을 위한 실무그룹회의BSWG-1를 통해 바이오안전성의정서의 체계 및 내용을 결정하기 위한 첫 번째 시도가 있었지만, 기술선진국과 개발도상국 사이의 의견대립으로 문서화된 결과를 도출하지 못했다. 1997년에 개최된 BSWG-2에서는 다양한 의정서 항목이 논의되었으나, 사회·경제적 고려와 같은 일부 민감한 사안에 대해서는 논의의 진전이 없었다. 같은 해에 개최되었던 BSWG-3에서는 의정서의 제목, 서문, 목적 및 일반적 의무 등에 대해서 뿐만 아니라 사회·경제적 고려 등에 이르는 광범위하게 개진된 다양한 의견들을 조정 및 합의 과정 없이 있는 그대로의 내용을 바이오안전성의정서 협상에 기초가 되는 축약된 초안문안consolidated draft text로 작성하여 국제규범의 마련을 위한 본격적인 궤도의 진입을 알렸다.

1998년 BSWG-4에서는 국가별 의견조율을 통해 축약된 초안의 내용을 정리하고, 국가별 사회·경제적 고려를 감안하여 다시 축약하고 정제시켰으며, 사회·경제적 고려를 포함시킴으로써 유전자변형생물체 및 그 제품의 주요 수입입국인 개발도상국에서는 바이오안전성의정서를 유전자변형생물체의 수출입을 규제하는 장치가 될 수 있도록 유도하였다. 게다가 추가적으로 두 차례의 BSWG를 개최하고 1998년에 바이오안전성의정서를 채택하기 위한 당사국 총회를 개최키로 합의하였다. 1998년 제4차 CBD 당사국회의는 두 차례의 BSWG의 개최를 승인하고 BSWG-6은 1999년 2월 이전에 개최하고 연속적으로 의정서의 채택을 위한 특별당사국회의를 개최할 것을 결정하였다.

이러한 결정에 따라 BSWG-5(1998년)에서는 이전에 논의된 축약초안과 이후의 국별 의견을 정리·수렴하여 핵심적 규정을 마련하여 합의하였으며, 1999년 2월 12일~22일(카르타헤나, 콜롬비아)에 개최된 BSWG-6에서는 동 회의 이후에 연속해서 개최되는 CBD 특별당사국회의에 상정할 바이오안전성의정서의 초안을 작성하였다. 제시된 의정서(안)에 대해 EU, 개발도상국, 마이애미그룹미국, 아르헨티나, 캐나다, 호주, 칠레, 우루과이로 구성된 유전자변형생물체 주요 수출국 그룹 사이에 이견이 있었다. 그럼에도 불구하고 의정서의 채택 여부를 CBD 특별당사국 회의에 일임하기로 하고 의정서(안)를 CBD 특별당사국회의에 제출하기로 합의하였다. 제4차 CBD 당사국회의는 결정 Ⅳ/3Decision Ⅳ/3에 따라 연이어 1999년 2월 22일-23일 카르타헤나(콜롬비아)에서 개최된 제1차 CBD 특별당사국회의에서는 마이애미 그룹과 수입국 그룹 간의 대립으로 의정서를 채택하는데 실패하였다.

GMOs와 관련된 사회·경제적 고려와 관련된 논의는 의정서의 마련을 위한 국제적 논의에 있어 국가 간 의견의 대립에 많은 영향을 미친 요인 중 하나이다. 사회·경제적 고려의 문제는 GMOs와 관련된 위험을 개관적인 과학적 지식 또는 증거의 관점에서가 아닌 사회정치적 관점에서 고려하기 위한 것을 핵심으로 하고 있다. 위험에 대한 보다 넓은 사회정치적 관점의 해석은 CBD 주관하에 GMOs와 관련된 바이오안전성 문제가 본격적으로 논의되기 시작한 1993년과 그 맥을 같이 한다고 볼 수 있다. 1993년 '실질적 동등성 원칙principle of substantial equivalence'14)에 대한 OECD 국가들에 의한 합의와 이에 대한 WHO의 지지, 즉 GMOs에 대한 우호적인 성향은 1990년대 후반 일부 국가들이 위험평가에 대한 인류의 과학지식의 불충분성을 강조하여 사전예방원칙을 도입하기 시작하면서 급속히 감소하였다.

사전예방원칙의 도입은 사회시스템 내에서 GMOs의 자유로운 산업적 이용은 자동으로 허용되지 않아야 한다는 사회적 요구가 존재하였음을 의미한다. 즉, 공공 차원이 이제로 GMOs 관련 위험을 평가하는 문화적 맥락의 선택 과정이 가동되고 있었다는 의미로 해석할 수 있다. 엄밀히 말하면, 위험은 객관적인 과학적 지식 또는 증거에 의해서만 평가될 수 있는 대상이 아니기 때문이다[203, p.7]. 물론, GMOs와 관련한 이러한 공공의 대응은 1960년대 또는 1970년대에도 있었다. 일반 대중은 항상 사회시스템 내에서 제기되는 위험에 끊임없이 직면하게 된다. 그렇지만, 제기되는 모든 위험이 강한 사회적 대응으로 이어지는 것은 아니다. 1960년대 후반 인간유전공학human genetic engineering과 관련된 내용들이 저명한 과학저널에서 토의되었다. 조나단 벡위드J. Beckwith와 그의 동료들이 유전자를 분리했을 때 그는 새로운 유전학적 발견에 대한 사회적·윤리적 차원의 토론을 요청하였지만, 1주일도 채 되기 전에 대중매체의 관심에서 멀어졌다[217;218]. 포유류의 종양바이러스에 의한 실험실 종사자들의 감염에 대한 염려 역시 그러한 연구과 관련된 위험 및 편익에 대한 국가적 논쟁을 유도하지는 못했다.

그렇지만, 소규모로 제기되는 위험이 대규모의 사회적 대응을 촉발시키는 변화의 시작점tipping-point이 되는 경우가 있는데[219], rDNA와 관련한 논쟁에 불을 집혔던 최초의 사건은 아마 스탠포드대학의 연구학생들이 SV40 DNA를 동물세포에서 유전자를 전달시키는 벡터로 이용할 수 있는지의 여부를 확인하기 위한 폴 버그P. Berg의 연구 계획을 토의한 것이었다[204, p.312]. 그 후 1975년 '제2차 아실로마 회의'에서 rDNA 연구의 잠재적 위험에 대한 몇몇 공공 차원의 대응이 있었다. 그렇지만, 1970년대의 대응은 폭넓은 공공차원의 의제로 발전·형성되지는 못하였다. 보다 넓은 사회적 맥락에서의 대응은 1993년이 되면서 이루어지기 시작하였다. 1993년 OECD의 '실질적 동등성 원칙'의 합의와 북아메리카에서의 GMOs 우호성향은 일부 국가, NGOs 및 국제기구에 의한 세계 차원의 GMOs 반대운동의 목표가 되었다.

실제 1993년 '실질적 동등성 원칙'에 대한 OECD 국가의 합의에 반대하고 이러한 국제적 합의로부터 떨어져 나온 국가들의 규제체제의 변화에 대한 시민사회연합의 영향은 매우 크다[220, pp.14-16]. 이러한 변화의 초기 단계에 새로운 시민행동가들이 연합하여 GMOs 관련 문제를 공공에 알리려는 노력을 하였다. 그렇지만, 초기 시민사회행동가들은 자원이 충분치 않아 정보에 대한 접근성을 확보하지 못하였으며 그 결과 정치시스템 내에서 그들의 목소리를 높이지 못했다. 따라서 초기의 시민사회행동가들은 탄원 및 청원, 항의, 제소 등과 같은 대안적인 방법을 이용하여 GMOs 관련 문제에 대한 공공의 간접적인 경험 빈도를 높였다. 시민사회에서 시작된 GMOs에 대한 초기 대응은 GMOs에 대한 공공의 바램과 정부의 정책 사이에 큰 차이를 인지하게 함으로써 사회 전체 차원의 제도적 적법성institutional legitimacy의 확보를 요구하는 단계로 변화되었다. 즉, GMOs 관련 문제는 인식 차원을 넘어 제도에 대한 불신으로 이어져 공공의 반대를 형성하였다. 이러한 공공의 반대는 여론조사 및 선거에서 표출되었으며, 이는 곧 정치 시스템을 자극하였다.

그럼에도 불구하고, 1990년~1995년 기간 동안의 GMOs 반대운동은 폭넓은 공공 차원의 의제를 형성하기에는 그 힘이 그다지 크지 못했다. 그렇지만, 1995년에서 1996년 사이에 일어난 3개의 사건, 즉 과학계의 분열, 광우병의 발생, 미국산 GMOs 및 GM 제품의 유럽시장 진출로 인해 상황은 급반전되기 시작하였다[221]. 1995년 말레이시아(페낭)에서 개최된 국제생물학회는 '유전공학에 대한 더욱 엄격한 규제와 통제의 필요성The need for greater regulation and control of genetic engineering'이라는 이름의 결의문 채택을 통해 GMOs 연구에 대한 통제를 강화할 필요성을 제기하였다. 1996년 5월 28일 프랑스에서는 '유전공학의 적용에 대한 통제를 위한 과학자, 의사, 보건전문가의 호소l appel des scientifiques et des médicins et des professionnels de la santé pour un contrôle des applications des génie génétique'가 언론에 공개되었다.

이 선언문은 GMOs에 대한 기존의 위험평가 방식이 "총체적 접근방식이 아니라 매우 극단적인 환원주의"에 근거하고 있으며 "새로운 종류의 생산물이 허가되기 전에 새로운 위험을 측정하기 위한 통제장치가 우선적으로 필요하다."라고 역설하고 있다. 특히 생물다양성과 인간의 건강과 관련하여 GMOs가 초래할 수 있는 위험에 대한 지식이 불확실하다는 점이 유전공학적 접근방식에서 간과되고 있었다고 지적하면서 'GMOs의 환경·보건상의 위험에 관한 연구의 지속적인 확대를 위해서, GMOs의 사회적·경제적 영향을 평가하기 위해서, 그리고 GMOs 문제의 공론화를 위해서' GMOs의 상업화 및 이용에 대한 모라토리엄을 요구하였다. 관련 전문가, 특히 분자생물학 전공자의 참여가 이루어지지 않아 이 호소문을 통한 집단행동의 중요성이 과소평가될 수도 있지만, GMOs 연구에 대한 거대 자본의 지나친 개입에 비판적인 과학자들과 언론 및 시민단체와의 연대가능성을 활짝 열어 놓았다는데 큰 의의가 있다.

이 선언은 언론에서 큰 비중을 차지하고 있던 유럽환경연구소 l'Institut européen d'écologie 소장이며 프랑스 메츠대학Metz University 식물학 석좌교수인 진-메리스 펠트J-M Pelt와 Ecoropa라는 환경단체가 주도하였기 때문에 대중적 영향력이 컸으며 그 후 GMOs 연구에서 유사한 문제의식을 가진 과학자들을 규합하는데 기여했다. 1996년은 광우병에 대한 유럽인들의 경각심이 극대화된 시점이었으며 유럽에서 기존의 먹거리 생산과 소비 관행에 대한 인식에 있어 극적인 변화가 이루어진 해이기도 하였다. 광우병 사건에 대한 정부의 미흡한 대응은 위험 관리를 위한 규제 및 정책에 대한 공공의 신뢰를 감소시킴으로서 제도적 적법성의 확보요구를 더욱 강화시키는 계기가 되었다. 광우병 사건은 EU의 정책결정 시스템의 불투명성에 대한 비판으로 이어졌다. '동물성 사료 관련 EU의 표준이 비밀리에, 특히 사료생산업체의 로비를 통해 이루어졌다.'는 점이 부각되었다. 광우병 사태로 말미암아 '사전예방원칙'이라는 새로운 규범에 대한 사회적 합의가 일찍이 자리잡게 되었다. '사전예방원칙'에 대한 합의는 과거의 위험 관리 문화, 즉 '경험에 의해 위험이 증명된 이후에야 새로운 제품에 대한 평가와 통제가 이루어진다.'라는 관례와의 단절을 의미한다. 1996년 GM 콩과 GM 옥수수의 상업적 재배가 이루어지고 이를 이용한 GM 제품들이 시장에 출시되면서 일반 소비자들의 눈에 띄는

빈도가 높아지기 시작했다.

1990년대 후반 GMOs가 북아메리카에서 EU로 최초로 선적되었으며, 이는 GMOs 및 GM 제품에 대한 사회·경제적 차원의 논의를 더 강도 높게 점화시키는 계기가 되었다[222, p.1]. 1996년 10월, 미국산 GM 콩몬산토 사가 개발한 제초제저항성 콩을 실은 배가 유럽의 주요 항구에 입항을 앞두고 있었다. 그린피스Greenpeace는 화물선의 입항 방해운동을 전개하여 미국산 GM 콩의 유럽수입 사실을 언론에 알렸다. GM 콩을 실은 첫 번째 화물선은 1996년 11월 6일 독일 함부르크Hamburg 항에 입항했으며 이때 그린피스는 이 화물선의 입항 및 하역을 방해하였다. 이후 프랑스 앙베르Anvers 항(7일), 벨기에 겐트Gand 항(10일)을 비롯해서 네덜란드, 영국, 스페인, 덴마크 등 유럽 각지에 미국산 GM 콩이 도착하면서 해당국 환경단체 및 소비자단체의 항의시위가 이어졌다. 당시 EU는 GMOs 표시제에 대한 통일된 제도적 장치가 마련되지 않은 상태였다. 전체 수입물량 중 GM 콩의 비율은 6%였던 것으로 알려졌는데 일부 유럽 국가는 GM 콩의 분리선적을 미국 측에 요구하였으나 미국의 수출업체가 이를 거부함으로써 사실상 GM 콩의 밀수출을 감행한 셈이었다. 이러한 상황에서 소비자단체들은 대형할인업체 및 농·식품 가공회사에 GM 콩을 판매하거나 콩을 원료로 사용하지 못하도록 압력을 행사하기 시작했으며 언론에서 이를 대대적으로 보도하면서 GMOs 문제는 새로운 공론화 국면을 맞이하게 되었다.

1996년부터 1999년 사이 EU에서 일어났던 시민사회, NGOs에 의한 GMOs 반대운동은 표시제도화(1998년) 및 모라토리엄(1999년)을 유도하였다. EU 내에서의 이러한 변화는 세계 각국으로 하여금 EU의 정책성향을 제도적 적법성을 확보하기 위한 규제모델로 모방하도록 유도하였으며, 이는 1999년 바이오안전성의정서 협상의 장에서 표출되었다. 이러한 상황적 맥락에서 진행되었던 '바이오안전성의정서CPB'의 채택을 위한 협상은 당연히 사회적 맥락에서 강하게 구조화된 GMOs 관련 사회-경제적 고려의 문제에 의해 저지되고 만다. 현대 생명공학기술은 급속히 발전하고 있어 여전히 새로운 것으로 남아 있다. 게다가 그 부산물인 GMOs의 영향에 관한 연구는 아직 완성되지 않은 상태이다. 이는 곧 사전예방원칙에 근거한 접근의 필요성을 제기하며, 그러한 맥락에서 GMOs에 관한 정책의사결정은 특정 사회시스템의 사회-경제적 요인을 고려하여 이루어져야 함을 의미한다. 사회-경제적 고려와 관련한 개발도상국과 선진국 사이에 갈등은 바이오안전성의정서 협상기간 동안 지속적으로 표출되었던 의제이다. 이는 바이오안전성의정서(안)의 채택현상과정에서도 상당한 논쟁을 불러 일으켰다. 개발도상국이 사회-경제적 고려를 GMOs의 수입 장벽으로 삼을 수 있다는 것은 선진국의 가장 큰 염려였다.

사회-경제적 고려문제를 포함한 다양한 사안에 대한 각국의 첨예한 의견대립으로 바이오안전성의정서(안)의 채택을 연기하고 2000년 5월에 개최될 제5차 생물다양성협약 당사국회의 이전에 회의를 속개하기로 하고 정회하였다. 그리고 향후 채택될 의정서를 '생물다양성협약에 따른 바이오안전성에 관한 카르타헤나의정서The Cartagena Protocol on Biosafety to the Convention on Biological Diversity(CPB)'로 명명하기로 결정했다. 이어 속개된 제1차 생물다양성협약 특별당사국회의2000년 1월 22일~28일(몬트리올, 캐나다)에서는 1999년 2월 제1차 생물다양성협약 특별당사국회의에서 마련된 의정성(안)을 기본으로 의정서의 범위, 유전자변형생물체의 사전통보합의절차 적용, 유전자변형생물체의 취급, 운송, 포장 및 명기사항, 세계무역기구World Trade Organization(WTO) 등의 국제협약과 의정서와의 관계 등과 같은 미합의 조항에 대한 협상을 재개하여 국별 합의를 도출했다. 그리하여 2000년 1월 29일 새벽 5시에 '바이오안전성에 관한 카르타헤나 의정서CPB'가 채택되었다. 폴 버그P. Berg가 안전성 문제를 제기한 것으로부터 25년만의 일이다. CPB의 채택은 GMOs관련 국제사회의 염려에 대한 사회·경제적 고려를 위한 국제공법의 탄생을 의미한다.

제6장

사회정치 · 경제적 압력과 정책 패러다임의 선택

바이오안전성 확보를 목적으로 하는 국제규범인 '바이오안전성 의정서CPB'의 채택 이후 GMOs의 연구·개발 및 상업화가 빠르게 진행되면서 기술적 측면의 문제와 함께 사회·경제 문제에 대한 찬반논쟁은 더욱 활발히 진행되어 왔다.

이러한 사회적 논쟁은 사회시스템 특유의 내생적 정치·경제맥락에서 경제·사회정치적 압력을 형성하고 있다[23]. 즉, 혁신적 성향을 띤 GMOs의 연구·개발, 상업화 및 이용에 관련된 도덕적, 윤리적, 종교적, 사회적, 경제적 등의 측면에 관한 사회구성원들의 다양한 요구needs, 기대expectancy 및 가치belief를 포함하는 강제 및 규범 압력coercive and normative pressures을 유발시킨다. 이는 곧 GMOs의 출현에 사회가 정책적으로 어떠한 방향으로 대응하여야 하는가에 결정적인 영향을 미친다. 사회의 대응방향은 기본적으로 사회시스템 내의 내생적 정치－경제요인endogenous political-economy factors 사이의 사회적 투쟁과 갈등을 통해 선택하는 법적·제도적 체제에 기초한 정책성향의 산물이다. 사회시스템 내의 다양한 이해관계자들에서 표출되는 사회정치적·경제적 압력에 반응하여 특정 사회체제가 선택하는 법적·제도적 체제는 GMOs에 대한 정책 패러다임을 결정한다.

GMOs에 대한 각국의 규제정치가 독특한 형태로 전개되어 왔던 사실 역시 GMOs와 관련된 대응문제가 사회시스템이 지니고 있는 특유의 인식과 이해관계 속에서 형성되고 채택[223]되는 성향이 있기 때문이다. 향후에도 각국의 정책은 자국의 내부 특유의 정치-경제에 지속적으로 반응할 것이다[224].

1. 정책성향분석을 위한 정치-경제 접근

전통이론에 속하는 규범적 규제이론normative theories of regulation 또는 규제의 공익이론public-interest theories of regulation은 정부의 정책 또는 규제가 필요한 이유를 시장에 존재하는 독과점이나 외부효과와 같은 시장실패를 교정하는데 두고 있다. 정부를 감정에 치우치지 않는 초자본주의자dispassionate super-capitalist로써 다른 어떤 행위자보다 시장의 약점을 잘 찾아내어 교정할 수 있는 존재로 간주하고 있다. 그렇지만, 실제는 그렇지 않다. 정부의 규제는 때때로 효과적으로 수행되지 않을 수 있으며, 이 경우 시장의 약점을 교정하기 보다는 오히려 후생을 감소시킬 수 있다. 게다가 정부 이외에도 다양한 이해관계자집단이 규제의 수행에 영향을 미칠 수 있다[225, pp.20-21]. 그렇기 때문에 규제의 입안과 수행이 전적으로 정부에만 의존한다는 것을 비현실적이다. 이는 특정 정책성향의 분석을 위한 틀로 전통이론을 원용하는 것은 타당성을 확보하기 어렵다는 것을 의미한다.

규제에 관한 전통이론이 제기된 이후 특정한 정책의 강약점 및 성향을 분석하기 위해 다양한 이론들이 개발되어 왔다. 이들 이론들은 전형적으로 규제의 대상이 되는 경제 집단, 예를 들어 생산자 및 소비자 등이 규제당국에 미치는 영향을 고려하고 있다. 그러한 행위자들의 영향을 고려하는 포획이론capture theory은 정책이 특정 이해관계자집단(종종 산업계)의 이해에만 부응한다고 가정한다[226;227]. 따라서 포획이론에 의하면, 규제당국이 잘 조직화되어 있는 특정 이익집단에 사로잡혀 그들의 정치적·경제적 편익을 증대시키는 방향으로 정책방향이 설정되고 수행된다. 그렇지만, 현실적으로 규제정책의사결정과정에 다양한 이해관계자집단이 관여하고 있으며, 이들 이해관계자집단은 그들에게 이익을 주는 유리한 정책 결과를 얻어 내기 위해 투쟁한다[227].

GMOs와 관련된 사회정치적 그리고 경제적 논쟁은 매우 복잡다기하게 진행되고 있다. 그렇기 때문에, GMOs의 정책의사결정은 사회시스템 내 다양한 이해관계자에 의해 영향을 받는다. 현실적으로 정책의사결정은 특정 이해관계자집단의 이해만 완벽히 반영하여 이루어질 수 없다. 예를 들어, 특정 국가의 정책의사결정이 관련 산업계 또는 NGOs 등의 이익에만 부응한다고 하자. 만약, 정책이 GMOs의 연구·개발 및 상업화에 긍정적인 견해를 가지고 있는 산업계의 이해에만 부응한다고 하면 완벽한 자유주의적 정책성향을 띠어야 한다. 그렇지만, 현실적으로 그렇지는 못하다. 산업계의 견해에 부응하는 경우도 바이오안전성 확보를 위한 일부 규제가 수행되고 있기 때문이다. 그와는 반대로 정책이 GMOs의 연구·개발 및 상업화에 부정적인 견해를 가지고 있는 NGOs의 이해에 부응한다고 하면 완벽한 사전예방적 정책성향, 즉 GMOs와 관련된 과학적 그리고 산업적 활동이 매우 엄격히 제한되어야 한다. 하지만, 현실적으로 이 경우에도 GMOs와 관련된 부분적인 학문적 그리고 산업적 차원의 활동이 일어나고 있다.

이러한 내용과 그 동안 세계 각국에서 진행되어 온 GMOs와 관련된 전반적인 상황의 변화를 고려할 때, 포획이론은 세계 각국의 정책성향이 표출된 내부적 상황을 설명하는데 잘 부합되지 않는다[228, p.36]. GMOs와 관련된 바이오안전성 확보를 포함한 다양한 규제정책은 정부, 기업, 소비자, 산업, NGOs 등의 다양한 이해관계자집단 사이의 역학관계의 변화를 수반하는 정치·경제적 과정으로 다양한 사회집단 사이의 갈등과 저항이 반영된 산물이기 때문이다. 따라서 GMOs의 바이오안전성 확보를 위한 정책성향을 명확히 이해하기 위해서는 특정 사회시스템 내에서 GMOs를 둘러싼 다양한 이해관계자들의 상이한 이해(또는 힘)가 어떻게 상호작용하고 있는가에 초점을 두어야 한다.

이러한 맥락에서 대부분 경제체제 내 다양한 이해관계자들의 영향에 초점을 두고 있는 정치－경제 관점political-economy perspective [229-232]은 현실적이며 더 세밀하다고 볼 수 있다. 정치－경제 관점은 포괄적인 의미에서 정치(국가)와 경제(시장)가 상호 연관되는 구조 및 과정을 탐구하는 접근방법으로 특정 정책과 연관된 정치·경제학적 역학관계의 이해를 통해 그 결정 과정과 정책 효과를 보다 현실적으로 설명하려는 것이다[233].[1] 즉, 정부의 정책 혹은 규제의 수준과 방향 및 성향이 이해관계자집단의 정치·경제 압력과 경쟁에 의해 영향을 받는다.

정치와 경제의 상호작용 관계에 대한 접근시각의 견지에서 정치－경제 관점은 크게 결정론적 모형deterministic model과 상호작용 모형interactive model으로 구분된다. 결정론적 모형은 경제적 과정이 정치적 과정을 결정하거나 혹은 정치적 과정이 경제적 과정을 결정한다고 보는 입장이다. 이와는 반대로 상호작용 모형은 정치와 경제를 기능적으로 분리된 것으로 파악함과 동시에 양자 사이에 어떤 교환적인 상호관계가 존재하여 상호작용을 하는 것으로 보는 입장이다[235, p.4]. 실제, GMOs에 대한 정책의사결정이 사회시스템 특유의 사회-경제적 맥락에서 상호작용하는 가운데 취해졌다[222, pp.4-5;236;237]는 사실을 감안할 때, 정치-경제 관점은 GMOs와 관련된 정책성향을 분석하는데 매우 유용한 도구가 될 수 있다.

정치-경제 관점에 관한 상호작용 모형은 GMOs와 관련된 사회 특유의 현상과 이슈를 보다 현실적으로 이해하는데 도움이 된다. 규제 혹은 정책에 관한 정치-경제 관점은 긍정적인 경제적 분석과 광범한 실증연구로부터 파생된 두 가지의 가정에 기초하고 있다[231;238]. 첫째, 정치체political agents는 무엇보다도 제한된 합리성의 범위 내에서 그들의 효용을 극대화시키려고 한다는 것이다. 둘째, 규제는 시장처럼 작용한다는 것이다. 예를 들어, 산업이 국가적 차원의 지원정책과 무역규제(보호) 등에 대한 수요를 표출하면 규제당국은 그에 부응하는 특별 규정을 제정·제공함으로서 공급자의 역할을 한다는 것이다[229]. 즉, 정치-경제 관점은 사회시스템을 정책성향에 영향을 미치는 주요 경제적·사회정치적 힘의 포괄적인 상호과정으로 간주하며 규제당국은 그러한 제약에 능동적으로 대처하는 것으로 간주될 수 있다.

그렇기 때문에, 정책입안자들은 다양한 이해관계자들이 표출하는 사회정치적·경제적 압력성향을 고려하여 GMOs와 관련된 정책을 입안하고 수행한다. 그렇지만, 사회시스템 내에서 GMOs 및 GM 제품을 포함하여 GM 기술의 영향과 관련된 사회구성원 간 합의를 도출하는 것은 그리 쉽지 않다. 아니 불가능하다고 표현하는 것이 더 정확하다. 사회구성원 사이에 합의 도출되지 않은 상태가 존재한다는 것은 규제당국에 있어 다루기 쉽지 않은 정책적 과제로 남는다. 이러한 상황에서 규제 또는 정책 이슈는 사회시스템 내에서 형성된 윤리적, 경제적 및 사회적 문제로 직결되며, 이는 곧 정책의사결정에 영향을 미치는 주요 요인이 된다. 그렇기 때문에 규제당국이 다양한 이해관계자집단 사이에서 발생한 사회정치적·경제적 논쟁의 결과가 총체적으로 사회시스템이 GMOs와 현대 생명공학기술을 기본적으로 이전의 기술궤적과는 다른 새로운novelty 제품 및 기술이라고 믿고 있느냐의 여부에 따라 그러한 기술과 제품을 특별히 관리하기 위한 새로운 법과 제도가 필요한지의 여부와 정책의 엄격성이 결정된다. GMOs와 현대 생명공학기술의 신규성 여부에 대한 사회의 믿음은 과학적 접근의 문제를 넘어, 특정 사회시스템 내의 구성원들이 GMOs 및 GM 제품을 포함하여 GM 기술을 바람직하고 유용한 방향으로 유용될 수 있다고 신뢰하는 기본적인 문제와 직결되어 있다. 즉, 다양한 측면을 고려한 사회 전체의 수용(사회와의 양립가능성)을 의미한다고 볼 수 있다[239]. 이러한 맥락에서 규제당국은 그러한 기본적인 문제의 고려를 바탕으로 한 결정들을 정책에 반영함으로써 특정한 조건 하에서 GM 기술의 사용 및 응용을 금지 또는 허용한다[240].

정치-경제 관점에서 규제당국은 정책의사결정에 영향을 미치는 다양한 이해관계자집단의 이해를 상대적인 관점에서 파악한다. 포획이론은 하나의 이해관계자집단의 영향을 제외한 나머지 다른 모든 이해관계자집단의 영향을 전혀 고려하지 않는 특별한 경우이다. 이는 GMOs와 관련된 정책성향에 영향을 미치는 사회정치·경제 압력을 형성하는 핵심적인 현상을 파악할 수 있다는 장점이 있다. 이와는 반대로, 그러한 사회정치·경제 압력을 형성하는 핵심적인 현상을 파악할 수는 없지만, 정치-경제 관점은 상대적인 관점에서 다양한 이해관계자집단의 영향을 모두 고려할 수 있다. 정치-경제 관점에 의하면 정책입안자는 정책당국뿐만 아니라 사회시스템 내의 다양한 이해관계자집단의 인지된 효용(이해)의 가중된 합weighted sum을 극대화시키고자 노력한다. 이러한 맥락에서 볼 때, 특정한 정책성향은 사회시스템 내의 다양한 이해관계자집단의 이해가 균등히 반영된 결과라고 볼 수 있다.

2. 사회정치·경제적 압력의 원천 및 성향과 정책 패러다임

사회시스템 내의 다양한 이해관계자집단이 GMOs에 대해 표출하는 견해, 신념 등은 그들의 선호 및 거부, 즉 효용을 의미할 수 있으며 이는 곧 GMOs에 대한 사회정치적·경제적 압력을 형성하여 기본적으로 그 사회가 채택하는 법 및 제도와 이를 통한 정책성향에 영향을 미친다. 사회정치적 압력은 사회 전체의 맥락에서 적절하거나 수용이 가능한 것으로 간주되는 규범, 가치, 신념 및 정의를 포함하는 사회적 기대에 조화되도록 요구하는, 즉 주로 비시장관련non-market related 성격의 사회 전체적 수용을 포괄하는 사회적 적법성social legitimacy의 확보를 의미한다. 경제적 압력은 특정 대상으로부터 획득 가능한 경제적 지대, 즉 시장관련market related 성격의 기술·경제적 수용을 포괄하는 경제적 적법성economic legitimacy의 확보를 의미한다.

사회적 적법성의 확보를 요구하는 압력은 사회시스템 내에서 독특하게 형성된 사회구성원들의 기대 등으로 규범적 성격을 띠고 있다. 그렇기 때문에 특정 사안과 관련된 정책적 성공은 사회구성원의 기대를 충족시키는 적법성 또는 합법성 확보에 있다. 사회적 적법성의 확보 정도는 정부의 GMOs 관련 정책수행활동과 사회적 기대(또는 요청, 요구 또는 바램) 사이의 인지된 차이에 달려 있다. 즉, 정부는 사회적으로 책임 있는 정책수행을 통해 사회적 지지와 사회적 적법성(또는 정당성)을 확보할 수 있다. 정책이 사회적 요구(예를 들어, GMOs에 대한 신중한 접근 요구)에 적절히 반응하는 경우 그러한 정책은 곧 사회 전체 차원에서 GMOs와 관련된 다양한 활동에 사전예방원칙precautionary principle의 준수를 요구하는 강제적 압력coercive pressures을 형성된다.

사회시스템 특유의 내생적 맥락에서 형성되는 GMOs 및 GM 제품에 대한 사회구성원의 가치 및 요구는 유전자변형의 기술적 프로세스가 인체 및 환경에 위험한가, 안전한가, 이로운가, 적합한가 등에 대한 인식에 기초한다. 다시 말하면, GMOs 및 GM 제품에 대한 반대 또는 거부는 기술로써의 유전자변형 자체보다는 오히려 기술응용에 집중되어 있다[99, p.68;102, pp.42-43]. 발전, 혁신, 증진, 효율성, 지속가능성, 번영, 성장 등의 단어로 표현되는 사회시스템 내에서 공유된 현대 생명공학기술에 대한 긍정적인 가치와 비전은 사회발전을 위한 그러한 기술의 사용을 용인한다.

그러나 현대 생명공학기술의 인체 및 환경 위험에 대한 염려의 증가와 바이오안전성에 대한 문제의 제기 등은 모든 현대 생명공학기술 분야를 사회의 발전 및 진보를 위한 전제조건으로 정당화시키는 공유된 가치로의 형성을 저해하고 있음을 의미한다. 응용분야의 경우 rDNA 기술이 의약, 농업, 식품 및 환경 분야 등에 있어 어느 분야에 적용되느냐에 따라 사회적 수용의 정도는 상이하다. 예를 들어, 식품생산 분야에 있어서의 GM 기술응용에 대해서는 수용성이 거의 없다. 반면, 유전병 검출, 불치병 치료 등의 의료 및 의약 분야에 있어서의 GM 기술응용이 사회구성원들에게 더 수용성이 높은 것으로 나타났다[241-243]. 이처럼 의약 분야에 있어서의 현대 생명공학기술의 응용은 광범한 사회적 지지를 얻는 경향이 있다. 그럼에도 불구하고, 농업 및 식품 분야에 있어서의 생명공학기술의 응용에 대해서는 자동적인 사회적 수용은 더 이상 전제될 수 없는 것 같다[89, pp.279-280]. 이는 식품 분야에서 rDNA 기술의 응용 또는 그 생산물에 있어 사회적 요청(또는 바램)과 기술응용의 목적 사이에 차이가 존재하고 있다는 것을 의미한다. 이 경우 사회에 대한 현실적 또는 가시적인 편익의 제공 여부, 사회의 기본적인 도덕적 가치와의 양립여부, 친화성 및 적합성, 인체 및 환경 안전성 등의 측면에서 GM 기술응용이 사회적 요청(또는 바램)과 일치되지 않아 사회적으로 정당성(또는 합법성)있는 묵시계약을 구성하지 못할 수 있다. 따라서 사회구성원들은 rDNA 기술을 포함하여 GMOs 및 GM 제품의 이용과 관련하여 파생될 수 있는 다양한 위험 등에 대해 사회적으로 책임 있는 정책적 대응을 요구한다. 이러한 요구에 대해 정책당국은 기술적 사전예방에 대한 정책적 지지를 표방한다.

정부로 하여금 사회적으로 책임 있는 정책적 대응을 요구하는 가장 중요한 압력의 원천은 NGO와 일부 공중이다. 이들은 GMOs의 지속가능한 이용과 관련하여 과학적 판단과 끊임없는 논쟁을 하며 인간의 활동과 자연 간 관계에 대한 윤리적 염려를 제기하고 상업화에 유인된 연구와 정책당국에 대한 정치적 관심을 표출한다. 소비자 역시 사회적 적법성social legitimacy의 확보를 요구하는 압력의 원천이 될 수 있다. 소비자는 GMOs 및 GM 제품과 관련한 안전성 측면에 관심이 있지만, 일반 소비자들은 환경 보호 및 지속가능한 성장 그 자체를 목표로 삼고 있지는 않다. 그렇기 때문에 환경 안전성에 대한 관심과 기대 정도는 낮다. 환경 친화성 그 자체가 소비자들에게 직접적인 경제적 편익을 주지 못하는데 그 이유가 있다. 그럼에도 불구하고 소비자들은 환경 친화성에 대한 그들의 관심과 기대를 충족시키는 경우 더 환경적으로 친화적인 제품으로부터 유래된 이익을 기꺼이 향유하려 한다. 이러한 소비자의 행위와 태도는 정부로 하여금 사회적으로 책임이 있는 대응에 간접적인 영향을 행사할 수 있다.

경제적 적법성economic legitimacy의 확보를 요구하는 압력은 주로 시장에서 형성되는 경제적 기대 등으로 경쟁적 성격을 띠고 있다. 이 경우 특정 사안과 관련된 정책적 성공은 이해관계자집단의 경제적 이익을 충족시켜 주는 데 있다. 경제적 적법성economic legitimacy의 확보 정도 역시 정부의 GMOs 관련 정책수행활동과 경제적 기대 사이의 인지된 차이에 달려 있다. 정책이 시장의 반응에 적절히 반응하는 경우 그러한 정책에 편승한 다양한 GMOs 관련 활동의 수행을 경쟁적으로 파생시킨다. 시장이 경제적 이해에 반응한 정책은 곧 시장체제 내에서 이해관계자집단 사이에 경쟁압력을 형성한다.

주로 시장맥락에서 형성되는 경제적 압력은 GMOs 및 GM 제품이 이해관계자집단에 제공하는 경제적 편익 또는 이익에 대한 인식에 기초한다. 경제적 압력은 GMOs 및 GM 제품의 시장접근성market access으로 표출된다. 이러한 시장접근성market access은 주로 시장에 존재하는 이해관계자의 수요의 크기에 의해 결정된다. 소비자는 시장의 중심에 있다. GMOs 및 GM 제품이 편익을 제공할 수 있다고 판단하는 경우 소비자의 태도는 매우 긍정적이며, 이에 대한 수요는 증가한다. GMOs 및 GM 제품에 대한 소비자의 태도는 GM으로서의 기술 그 자체보다는 오히려 기술의 특유 응용specific application에 대한 지각된 이익에 의해 결정된다 [100, p.18;101, p.20].[2] 그렇기 때문에 GM 응용 및 제품 등에 연관된 위험은 특유 응용에 대한 지각된 실제적 이익에 의해 상쇄될 수 있다. 실제, GM 기술은 건강이익, 맛의 향상, 기능향상[189,

p.71]과 동시에 특정 요소의 바람직하지 않은 효과를 감소시키는 등의 부가적인 기능을 제공한다. 특유 응용의 관점에서 소비자가 이용할 가치 및 이익이 있다고 판단하는 경우 GMOs 및 GM 제품에 대한 시장수요를 자극할 것이다. 소비자의 태도는 GMOs 및 GM 제품의 속성에 대한 개인적인 인지평가와 신념에 의해 형성된다. 이렇게 형성된 태도는 사회적 수용에 대한 주관적 규범 subjective norm과 함께 GMOs 및 GM 제품에 대한 민감성으로 나타난다. 소비자는 사회적 압력의 주체임과 동시에 경제적 압력의 주체이다. 즉, 소비자의 태도는 정치사회적·경제적 맥락에서 신념으로 표출된다. 시장에서 주요 구매자로서 소비자의 가치 및 요구는 시장에서 거부되고 수용되는 주요 요인으로 이는 관련 기업 및 산업의 경제적 이익추구 활동에 직접적인 영향을 미친다. 기업 및 산업의 견지에서 소비자는 GMOs의 산업적 이용의 여부에 가장 핵심적인 영향을 미치는 전략적 준거점strategic reference인 셈이다. GMOs 및 GM 제품에 대한 소비자의 긍정적인 태도와 이에 의해 유도된 시장수요의 증가는 관련 기업 및 산업에 잠재적인 시장기회 또는 시장매력도를 제공한다. 이는 GMOs 및 GM 제품과 관련한 시장위험market risks이 존재하지 않는다는 것을 의미한다. 오히려 GMOs 및 GM 제품과 관련한 시장기회에 대한 긍정적인 기업 및 산업의 지각된 평가가 형성된다는 의미이다. 이는 곧 안전성 문제와 관련된 불확실성을 감소시켜 그러한 기회 및 이익을 포착하기 위한 기업 및 산업 활동의 수행을 유도한다. GMOs 및 GM 제품에 대한 시장수요는 시장가치를 의미하는 것으로 그러한 수요를 충족시키기 위한 기업 및 산업의 활동은 경제적 성과의 획득과 직결된다고 인지한다. 이러한 맥락에서 GMOs를 산업적으로 이용하기 위한 기업 간 경쟁은 치열해 질 것이다. 이

경우 GM 기술의 산업적 활용은 전반적으로 지지되는 경향을 보일 것이다. 따라서 정책 당국은 시장맥락에서 성과를 증진시키기 위한 방향으로 정책적 지지를 표방한다.

특정 사회시스템 내에는 사회적 적법성social legitimacy과 경제적 적법성economic legitimacy의 확보를 요구하는 압력이 병존한다. 그렇기 때문에, 특정 사회시스템이 선택하는 GMOs 정책성향은 경제적 적법성economic legitimacy의 확보를 요구하는 압력에만 적극적으로 반응하는 전향적(또는 촉진하는) 형태와 사회적 합법성social legitimacy의 확보를 요구하는 압력에만 적극적으로 반응하는 사전예방적(또는 억제하는) 형태 사이의 다양한 스펙트럼을 형성하고 있다[29:244:246]. 즉, 특정 사회시스템은 경제적 성과의 증진을 위한 경제적 기능과 안전성 확보를 위한 사회적 기능을 동시에 수행하는 혼합 형태로 정책을 입안하고 수행한다. GMOs에 대한 사회적 적법성과 경제적 적법성의 확보 요구는 현대 사회가 안고 있는 두 가지 가정에 기초하고 있다. 현대 생명공학기술은 지속적으로 추구되어야 하는 경제적 성장을 위한 동인이며, 사회의 구성원들은 특정한 잠재적 위험으로부터 보호되어야만 한다는 것이다. 사회적 적법성과 경제적 적법성의 확보 요구의 강도는 특정 사회시스템 내에서 GMOs가 응용되는 산업 및 분야에 대한 사회적, 문화적, 경제적 중요성에 의해 영향을 받는다. 그렇기 때문에, 정책의 입안과 수행에 있어 그러한 요인들의 명시적이고 묵시적인 영향의 강도를 고려하여야 한다[246-248].

제7장

경제적 이해증진지향: 과학적 합리성

GMOs 관련 논쟁은 사회발전을 위한 GMOs 개발과 이용에 대한 수용과 반대가 공존하고 있음을 시사한다. 이러한 맥락에서 혁신성향을 띠고 있는 rDNA 기술 등을 포함하는 현대 생명공학기술과 GMOs의 연구·개발, 상업화 및 산업적 이용은 규제 및 정책의 경제적 기능과 사회적 기능 사이에 상충을 불러일으킨다. 경제적 이해증진지향, 즉 경제적 기능을 중시하는 규제는 GMOs의 개발과 이용에 대한 사회 전체 차원의 전향적 수용을 의미한다. 물론, 정책 및 규제의 기능은 사회시스템 내의 다양한 이해관계자집단의 압력성향을 반영하고 있다. 규제 또는 정책이 경제적 기능을 수행하는 경향이 있다는 것은 특정 사회시스템이 혁신에 그 가치를 많이 부여하고 있는데 기인한다. 혁신은 경제적 측면에서 생산성과 효율성 향상을 유발할 수 있기 때문에 경제적 기능을 수행하는 정책 및 규제는 기술진보technological progress를 촉진시킨다. 그러므로 경제적 기능을 수행하는 규제는 혁신기술의 속도와 분산을 설정하는 데 활용된다[249].

1. 정책신념과 패러다임

규제에 관한 경제적 관점의 기초는 분권화되고 분산된 의사결정이 경제적으로 최적인 성과를 유도할 수 있다는 믿음[250]에서 출발한다. 주요 목표가 시장 효율성 및 효과성 증진에 있기 때문에 규제의 경제적 관점은 규제 및 정책개발 과정을 탈정치화depoliticize하기 위해 의도적으로 경제적 차원만을 고려한다. 사회적 차원에서 경제적 차원을 분리1)함으로써 경제적으로 최적인 성과달성에 방해가 되는 사회적·정치적 시장실패를 제거하여 실제 시장의 효율성을 증진시킬 수 있는 결점의 치유에 정책방향을 집중시킬 수 있다. 이는 시장운영이 성장과 개발을 증진한다는 것이지 사회적 차원의 희생을 강요한다는 의미는 아니다. 사회적 규제에 대한 수요가 소득-탄력적이기 때문이다. 일반적으로 경제적 규제를 통한 성장과 개발의 증진은 곧 사회적 규제(예를 들어, 식품안전성, 환경문제 등에 있어)에 대한 수요를 증가시킨다[252]. GMOs 및 GM 기술과 관련하여 규제의 개발과 변화에 대한 경제적 관점은 일반적으로 기술 및 혁신, 그리고 그러한 파생물은 경제의 성장과 복지의 증진에 중요한 요인이라고 가정한다[253]. 이러한 맥락에서 규제에 관한 경제적 관점은 기술적 진보를 촉진 또는 장려하는 법 및 제도의 구축과 규제체제의 형성을 지지한다. 통상적으로 특정 사회시스템 내로 혁신기술이 도입되는 경우 그러한 혁신기술의 위험을 규제하는 것에 대한 경제적 분석은 '과학적 합리성scientific rationality' 접근을 통해 수행된다[254]. 인과모델에 기초하여 복잡한 행위요인을 구분하고 결과를 추정하는 측면에서 볼 때, 경제적 관점과 과학적 합리성 관점은 매우 유사하다[251, p.17].

GMOs와 관련된 규제 및 정책 개발의 측면에서 과학적 합리성 관점은 과학적 가설에 근거한 객관적 지식 및 증거의 토대위에서 출발하며, 주로 GM 기술과 GMOs 및 GM 제품의 이용을 촉진 또는 지원하는데 초점을 둔다. 즉, 과학적 정보에 준거하여 유전자변형의 기술적 프로세스가 자체적으로 인체 및 환경 등에 위해성이 없다는 인식 하에서 생산성 및 효율성 향상 등의 경제적 기능을 통한 GMOs 관련 기술진보를 추구하는 정책신념을 가지고 있다. GMO를 경제 및 시장 효율성 증진을 위한 수단으로 보고 이를 정책적으로 뒷받침 한다. 이러한 관점에서 GMOs의 시장접근 역시 정책적으로 보장된다. 물론 이 경우에도 안전성 확보를 위한 일부 정책적 관심이 병존한다. 더 정확히 말하면, 과학적 관점은 rDNA 기술과 GMOs 및 GM 제품과 관련한 산업적 혁신을 저해하지 않고 관련 위험을 효과적으로 관리하는데 초점을 두고 있다.

2. 정책관리 초점과 원칙

과학적 합리성scientific rationality 관점의 정책은 rDNA 기술과 GMOs 및 GM 제품을 기술진보와 시장접근을 보장하기 위한 수단으로 활용된다. 과학적 합리성에 기반을 둔 GMOs 정책은 규제초점, GMOs와 non-GMOs와의 실질적 동등성 여부, 안전성 문제의 관리, 표시, 고려하는 위험 관리 요소의 측면에서 경제적 이해를 증진하려는 성향을 표출하고 있다.

경제적 이해를 증진시키기 위한 정책성향은 사회시스템이 GMOs와 현대 생명공학기술을 기본적으로 이전의 기술궤적과는 상이하지 않다고 간주하는 기본적인 시각에 기초한다. 유전자변형의 기술적 프로세스가 기존의 기술궤적의 연장선상에 존재하며 그 자체적으로 위험하지 않다는 것이다. 이러한 맥락에서 정책당국은 rDNA 기술에 의해 생산된 GMOs와 GM 제품이 더 전통적인 방식에 의해 생산된 제품을 규제하고 있는 기존의 법 및 규정 하에서 적절하게 관리될 수 있다는 입장을 취한다. 유전자변형의 공정, 기술 또는 생산방식PPMs을 자연적인 현상으로 파악하고 정책을 최종 제품final product의 견지에서 입안·수행하려는 의도이다.

그렇지만, rDNA 기술 등의 현대 생명공학기술은 기존 방식과 비교할 때, 제품의 생산·제조에 대한 응용경험이 적다. 그래서 r-DNA 기술을 잘못 이용했을 경우(예를 들어, 유해한 유전자를 집어넣었은 경우) 또는 결과를 예측할 수 없는 경우(예를 들어, 유전자를 조작했는데 의도하지 않은 유해한 변화가 발생했을 경우) 안전성 문제를 야기할 수 있다.[2)] 생물체에는 화학구조가 결정되어 있지 않은 화합물이 수없이 많이 내포되어 있어 이러한 미지의 물질들에 대한 완벽한 분석이 불가능하여 안전성 여부를 명확히 결정하는 일도 불가능하다. 이는 이미 식품으로 이용되고 있는 기존의 생물체에 대해서도 마찬가지이다. 현재, 우리 인류는 대부분의 식품에 포함되어 있는 상당한 수에 이르는 미지의 물질을 동시에 섭취하고 있으며 그 안전성은 과학적으로 아직 입증되지 않고 있다. 그럼에도 불구하고, 경제적 이해를 증진하고자 하는 정책은 GM 기술 자체를 새로운 기술로 간주하지 않기 때문에 위해성 측면에서 GMOs 및 GM 제품을 그 대응물인 non-GMOs 및 non-GM 제품과 실질적으로 동일한 것으로 간주한다.

과학적 합리성scientific rationality에 기초를 두고 있는 GMOs 정책은 몇몇 안정성 문제를 고려하고 있지만, 그 주된 초점은 경제적 이해 증진에 있다. GMOs 안전성에 대한 정책적 고려는 과학적 위험 평가risk assessment에 기초한다. 통상적으로 위험평가를 수행한 이후 특정 사회시스템이 수용할 수 있는 위험수준의 결정을 위한 위험 관리risk management 절차가 진행된다. '무위험zero risk'의 설정은 불가능하다[255]. 그렇기 때문에, 특정 사회시스템이 수용할 수 있는 위험수준을 결정하는 일반적인 접근방법은 허용수준tolerance level을 설정하는 것이다. 그렇지만, 현실적으로 GMOs 및 GM 제품과 관련한 '무위험zero risk 관리정책'의 수행을 촉구하는 사회적 압력이 존재하고 있다. 이는 위험 관리 정책이 위험허용수준의 설정을 주장하는 자들의 경제적 이해와 '무위험zero risk'을 요구하는 자들의 사회적 이해를 조화시켜야만 된다는 것을 의미한다. 그러나 경제적 적법성economic legitimacy과 사회적 적법성social legitimacy 확보를 요구하는 이해관계자들의 주장은 이미 상이한 준거 틀frames of reference에서 출발하고 있기 때문에, 경제적·사회적 측면에서 동시에 수용이 가능한 위험 관리 접근방법을 설정하기 위한 준거 틀간 절충점을 찾기는 그리 쉽지 않다[254]. 이는 오직 위험의 예방과 절감을 위해서 위험평가에 의한 객관적인 위험정보만을 단순히 위험 관리 절차로 통합시키느냐 아니면 사회적 요구 및 기대에 반응하기 위해 과학적 근거를 넘어선 더 광범한 사회적 요인을 고려하여 위험 관리 정책을 수행하느냐의 문제로 귀착된다.

경제적 이해의 증진을 지향하는 정책은 GMOs와 관련된 안전성 문제를 과학적 정당성에 의존하는 성향이 있다. 이에 GMOs 및 GM 제품에 대한 위험 관리 전략은 불확실한 위험에 대한 공중의 근심 및 관심에 대한 사회적 반응이 아닌 인류가 그 동안 쌓아온 경험과 지식을 바탕으로 한 과학적, 즉 객관적 정보를 활용하여 평가된 실제 또는 가설적 위험actual or hypothetical risk을 절감하고 예방하는데 초점을 둔다. 이미 개발되어 상업화된 GMOs 및 GM 제품은 이미 과학적 지식에 근거하여 설정된 위험에 대해 평가가 완료된 상태이어서 인체 및 환경적 측면의 안전성에 문제가 없다. 그렇기 때문에 그러한 GMOs 및 GM 제품에 대해서는 의무적 표시는 불필요하다는 정책적 입장을 표출하고 있다. GMOs 및 GM 제품의 안전성 문제와 관련하여 경제적 이해증진을 위한 정책이 넓은 의미에서 사전예방원칙을 고려하고 있다고 볼 수 있지만, 사회적 위험보다는 오히려 과학적 위험의 절감에 초점을 두고 있어 진정한 의미의 사전예방원칙을 정책적으로 고려하고 있다고 볼 수는 없다.

3. 과학적 증거요건을 강조하는 WTO

GMOs가 인체 건강 및 환경 안전성, 그리고 사회·경제적 위험을 모두 포괄하고 있는 만큼 GMOs의 연구·개발, 상업화, 무역, 운송 등에 있어 위험을 관리하기 위한 정책은 '환경적으로 건전하고 지속가능한 개발ESSD'의 개념과 그 맥을 같이하고 있으며, 이는 곧 WTO 협정과도 관련이 있음을 의미한다. WTO 설립협정은 전문에서 "..... 상이한 경제발전단계에 있는 각국이 자국의 필요와 우선순위에 따라 환경을 보호·보전하도록 노력하고 이를 위한 수단을 강구하며, '지속가능한 개발sustainable development'이라는 목표에 부합되도록 자원을 적절히 이용해야....."함을 명시적으로 규정하고 있어 GMOs의 지속가능한 이용과 관련된 다양한 사안을 포괄하고 있는 것으로 해석된다. 물론, GMOs라는 단어가 명시적으로 규정되어 있지 않다는 것은 간과하지 말아야 한다. WTO의 본질적 목적이 자유무역에 대한 불필요하고 차별적이며 보호주의적인 장벽을 제거함으로써 시장을 자유화하는 것이라는 것도 간과되지 말아야 한다. 무역에 관한 규정을 포함하고 있다는 측면을 고려할 때 CPB와 WTO 협정은 공통분모를 형성하고 있다. CPB와 잠재적으로 관련성이 있는 주요 3개의 WTO 협정은 '관세 및 무역에 관한 일반 협정 1994General Agreement on Tariffs and Trade 1994: GATT(1994)', '위생 및 식물위생 조치의 적용에 관한 협정Agreement on the Application of Sanitary and PhytoSanitary Measures(SPS 협정)' 및 '무역에 관한 기술 장벽 협정Agreement on Technical Barriers to Trade(TBT 협정)'이다[33, p.226]. 가장 기본적인 수준에서 이들 세 협정은 상품 무역에 영향을 미치는 조치가 수입 제품에 손상을 주는 방법으로 제품의 원산지에 기초하여 차별하지 않으며, 이러한 조치가 이들 협정이 의도한 목적을 달성하기 위해 필요한 이상으로 무역을 제한하지 않을 것을 보장한다는 목적을 공유하고 있다.3)

WTO의 본질적 목적이 자유무역에 대한 불필요하고 차별적이며 보호주의적인 장벽을 제거함으로써 시장을 자유화하는데 있음을 고려할 때, WTO는 경제적 적법성economic legitimacy을 확보하려는 정책성향을 표출하고 있다. 따라서 WTO는 경제적 목표를 추구하기 위해 혁신 기술 및 제품의 산업적 이용에 적극적인데, 이는 WTO가 혁신 기술 및 제품을 객관적인 과학적 증거요건에 기초하여 고려한다는 것을 의미한다. 즉, rDNA 기술과 GMOs 및 GM 제품과 같은 혁신 기술 및 제품이 과학적 지식진보의 연장선상에 존재하기 때문에 위험소지가 없다는 과학적 합리성scientific rationality에 근거하고 있다.

CPB와 대비되는 WTO 협정의 가장 큰 특징은 정책 초점을 공정 및 생산방식이 아닌 최종제품에 두고 있다는 것이다. GATT(1994)

하에서의 무역조치는 '최혜국대우most-favored nation',[4] '내국민대우national treatment',[5] '수량제한금지general elimination of quantitative restrictions'[6]와 같은 일반적 원칙을 위반하지 말아야 한다. 자유무역의 근거인 '무차별원칙non-discrimination principle)'은 '최혜국대우most-favored nation'와 '내국민대우national treatment'로써 구현되는 것으로 특혜조치의 무조건적인 확대를 통해 기회균등을 보장하기 위해 국제무역에 있어 어느 특정 국가의 제품은 그 밖의 다른 국가의 '동종제품like product'과 동일한 대우가 주어져야 하며, 회원국들의 시장 내에서 평등한 경쟁기회를 제공하기 위해 수입품에 대하여 내국세나 국내규정을 적용함에 있어 수입국가에서 생산된 '동종제품'보다 불리하지 않은 대우를 해주어야 함을 의미한다. 이는 안전성 확보를 위한 무역조치가 무역제한효과를 가지고 있다고 해도 '내국민대우의 원칙'에 따라 국산품과 '동종제품'인 수입품에 대하여 동일하게 적용되는 경우는 'GATT(1994)'에 위배되지 않는다는 것으로 해석될 수 있다. 따라서 안전성 확보를 위한 규제조치와 관련한 '무차별원칙'의 적용에 있어 '동종제품'의 구성요소가 무엇인가를 결정하는 것은 중요한 문제이다. 공정 및 생산방식PPMs의 요건과 관련하여 어떤 제품이 본질적으로 동일하나 환경적으로 친화적이지 않은 방법으로 생산된 제품이 '동종제품'으로 간주될 수 있는지의 여부이다. 'GATT(1994)'에서의 '동종제품'은 수입제품과 동종의 국내 제품에 대한 조치에 대해서만 적용되며, 최종제품의 특성에 영향을 미치지 않는 공정 및 생산방식PPMs에 기초한 조치는 포괄하지 않고 있음을 명시하고 있다. 그렇기 때문에, 제품의 특성에 영향을 미치지 못하는 공정 및 생산방식PPMs에 근거한 무역규제조치는 WTO의 기본원칙인 무차별원칙에 정면으로 배치된다. 물론, 제품의 특성을 변화시키는 PPMs는 제품에 대한 규제로 간주될 수 있어 WTO의 규정이 수용될 수 있다.

그러나 제품특성을 변화시키는지의 여부를 판정하기는 쉬운 일은 아니며, 게다가 안전성 확보를 목적으로 '동종제품'을 PPMs의 차이만으로 차별하여 수입제품을 상이한 제품으로 취급하여 취해진 무역규제조치를 인정하는 경우 WTO 규정은 무력해질 것이다. 이러한 이유에서 WTO는 규제초점을 PPMs에 두기를 염려하고 있는 것 같다. 따라서 환경보호를 이유로 한 무역규제조치는 '동종제품'에 관한 명확한 개념이 설정되기까지는 'GATT(1994)'에 의해 정당화될 수 없다. 환경보호를 이유로 한 무역조치의 정당성은 일정한 조건 하에서 'GATT(1994)'의 일반적 예외규정,[7] 'TBT 협정' 또는 'SPS 협정'의 규정에 의존해야 한다.

WTO는 최종제품의 특성에 영향을 미치지 않는 공정 및 생산방식PPMs에 기초한 '동종제품'의 차별을 허용하지 않고 있다. WTO는 환경, 인간, 동물 또는 식물의 생명 또는 건강을 보호하기 위한 무역조치는 회원국 영토로부터 수입되는 자국 원산의 '동종제품' 및 타국을 원산지로 하는 '동종제품'보다 불리하지 않은 대우를 해야 한다고 규정하고 있다. 이러한 무차별원칙은 GMOs의 무역조치에 관한 규정과 관련될 수 있다[258]. GMOs 맥락에서 수입국은 자국이 동종의 국내 제품에 적용하는 조치보다 동종의 외국 제품에 더 엄격한 조치를 적용할 수 없음을 의미한다. 그렇기 때문에, GMOs에 대한 무역조치와 관련하여 '동종제품'의 구성요소가 무엇인가를 결정하는 것은 중요한 문제가 된다. 만약, 특정 수입국이 GM 제품의 수입을 규제할 경우 수출국은 GM 제품과 non-GM 제품이 '동종제품'이라고 주장함으로써 그러한 수입규제조치가 '무차별원칙'의 위반이라고 주장할 것이다. GM 제품이

non-GM 제품과 '동종제품'이라면 차별대우를 할 이유는 없다. 이와 관련하여 '동종제품'이 '실질적 동등성 검정'을 통해 판명될 수 있는가의 여부가 매우 중요한 문제이다[259]. 그럼에도 불구하고, 아직까지 '실질적 동등성 검정'은 국제표준으로 제정되지 않고 있다. 따라서 GMOs와 non-GMOs가 '동종제품'이라고 간주하는 GMOs 수출국인 미국은 WTO가 '실질적 동등성 원칙'을 수용해야만 함을 계속적으로 주장하고 있는 반면, GM 기술로부터 파생된 rDNA나 새로운 단백질을 포함하고 있는 GMOs를 '새로운 것novelty'으로 간주하는 EU는 이에 반대하고 있다. 그런데 GATT (1994)에서의 '동종제품'이란 용어는 생산의 방법이 아니라 상품 그 자체의 본질과 관련되는 것이지 제품의 특성에 영향을 미치지 않는 정책 혹은 조치는 그 적용대상이 아님을 밝히고 있다. 'Tuna-Dolphin(1991)' 사례는 유전자변형이 최종제품의 특성을 변화시킨다는 것에 대한 객관적인 과학적 근거 없이 공정 및 생산방식 즉, 유전자변형 여부에 따라 GMOs와 non-GMOs를 구분하고, 개발, 사용, 운송, 무역에 있어 GMOs를 규제하는 것은 'GATT(1994)'의 무차별원칙에 의해 정당화될 수 없음을 시사하고 있다.

GMOs와 관련된 무역조치는 GMOs에 내재된 잠재적 위험성으로부터 인간 또는 동물의 생명을 보호하거나 해충, 병균으로부터 식물을 보호하기 위한 목적을 가지고 있다. 이런 맥락에서 GMOs 관련 무역조치는 'SPS 협정' 하의 무역조치와 관련이 있다.8) 그런데 'SPS 협정'에 따른 무역조치는 '과학적 증거scientific evidence'에 기초하여 환경, 인간, 동물 또는 식물의 생명 또는 건강을 보호하기 위해 필요한 범위 내에서만 취할 수 있다.9) 그러므로 과학적 정당성이 있는 경우 회원국은 관련 국제기준보다 더 높은 수준의 국내 조치를 취할 수 있다.10) 그럼에도 불구하고 'SPS 협정'은 과학적 증거가 불충분한 경우에 있어 회원국은 관련 국제기구로부터의 정보 및 다른 회원국이 적용하는 위생 및 검역조치에 관한 정보를 포함해서, 입수가능한 적절한 정보에 근거하여 잠재적인 악영향을 회피하거나 최소화하기 위한 무역조치를 잠정적으로 취할 수 있음[11])을 규정하고 있다. 즉, 사전적 단계로써 잠정적인 무역조치provisional measure를 취할 수 있음을 의미한다.[12]) 그렇지만, 이 경우 무역규제조치를 취한 특정 국가는 합리적인 기간 내에 더 객관적인 과학적 증거를 확보하도록 노력해야 하고, 이에 기초하여 기존에 취해진 무역조치를 재검토해야할 의무가 있다.[13]) 그렇기 때문에, 'SPS 협정'에 근거한 무역제한조치는 관련된 실제적인 위험에 대한 적절한 평가에 기초하여야만 하며, 일시적인 사전예방조치가 아닌 한 충분한 과학적 증거 없이 취해질 수 없다. EU가 성장호르몬을 먹여 기른 미국산 쇠고기의 수입을 금지함으로써 야기된 미국과 EU간 호르몬쇠고기 분쟁Hormone-Beef Dispute사례는 SPS 협정의 규정이 GMOs 및 GM 제품의 국제무역에 어떻게 적용될 수 있는가에 대해 시사하고 있다[259]. 동 분쟁에서 EU는 미국산 쇠고기에 성장호르몬이 남아있어 인간의 건강에 잠재적인 부정적 영향을 미칠 가능성이 있기 때문에, 미국산 쇠고기에 대한 수입금지는 인간의 잠재적인 악영향을 방지하기 위한 사전예방조치라고 주장하였다. 반면, 미국은 성장호르몬에 대한 EU의 주장은 경제적 측면에서 EU의 내 축산업자를 보호하기 위한 과학적 근거 없는 조치라고 대응하였다. 이 분쟁에서 WTO는 역내 소비자의 건강보호를 위해 성장촉진호르몬을 투입해 기른 미국산 고기 및 고기가공제품에 대해 취한 EU의 수입금지는 WTO 규정에 위배된다는 결론을 내렸다. 그 이유는 수입금지가 정당화될 수 있다는 과학적 위험평가서류를 제시할 수 없었기 때문이다.

과학적 증거가 불확실한 경우에도 'SPS 협정'에 의한 무역제한 조치는 실제적인 위험평가 즉, 위험평가에 대한 과학적 근거를 요구하고 있다. 따라서 'SPS 협정'에 근거하여 GMOs에 대한 무역제한조치를 취하기는 그리 쉽지 않다. 이렇게 볼 때, 'SPS 협정'의 과학적 증거요건은 중요하다[259;260]. WTO 분쟁해결 규칙 및 절차에 관한 양해Understanding on Rules and Procedures Governing the Settlement of Disputes(DSU)에 의하면, 무차별원칙의 예외조치를 실시하는 국가가 입증책임을 진다. WTO 분쟁해결 규칙 및 절차에 관한 양해DSU 제3조제8항은 '대상협정상의 의무위반행위'가 '명백한 무효화 또는 침해사례'를 구성하고 있음을 보여주고 있다. 이는 WTO 규정위반이 여타 회원국에 부정적인 영향을 미칠 수 있다고 추정될 수 있음을 의미한다. 그렇기 때문에, 피소국은 제소국의 규정위반에 대한 입증책임을 진다. 그러나 만약, 사회적 위험 관리 도구로서의 사전예방원칙을 WTO가 인정하게 되면, 이에 근거한 규제조치는 '대상협정상의 의무위반행위가 아닌 정당한 행위'를 구성한다. 따라서 '명백한 무효화 또는 침해가 아닌 사례'로 간주될 수 없음을 의미한다. 이러한 규제조치를 WTO에 제소한다는 것은 여타 회원국들에 대해 부정적인 영향을 미친다고 추정할 수 없는 조치를 제소한다는 의미가 된다. 그렇기 때문에, 모든 입증책임을 제소국이 지게 될 수 있는 소지가 충분히 존재한다. 그런데 사회적·경제적 고려를 근간으로 하는 사전예방조치는 충분한 과학적 증거에 기초한 객관적인 판단이 아닌 주관적 판단에 의해 이루어질 수 있는 가능성이 있기 때문에, 그러한 조치가 부당한 피해를 초래할 수 있다는 사실을 입증하기는 불가능하다. 따라서 사회적 적법성social legitimacy을 확보하기 위한 위험 관리 도구로서의 사전예방조치를 WTO가 인정하면, 무역왜곡현상이 심화될 가능성이 존재한다. 'SPS 협정'이 과학적 증거요건을 중요하게 고려하는 이유도 바로 이러한 부작용을 방지하기 위한 것으로 볼 수 있다.

무역관련 조치가 'SPS 협정'의 범위 내에 해당하지 않는다면, 동 조치는 'TBT 협정'에 의해 다루어질 수 있다. 'TBT 협정'은 특정 제품의 무역에 영향을 미치는 기술규정이나 기술표준에 근거한 조치가 'SPS 협정'에 해당하지 않는 경우에 적용된다. 여기서 '기술규정technical regulations'은 특정 물질을 포함하는 제품에 대한 무역제한 등의 제품특성을 규정하는 성격상 강제적 문서이며, '기술표준technical standards'은 자발적인 표시제도 등의 비강제적 문서이다[261, paras.63-72].[14] 예를 들어, 식용·사료용·가공용 GMOs에 대한 강제적인 표시제도는 제품특성에 기초한 무역관련 조치를 요구하는 기술규정으로 'TBT 협정'이 적용된다. 그러나 만약 'SPS 협정'에 규정된 이러한 식별제도identification scheme가 하나 이상의 건강 및 식품 안전성과 관련된 목적에 적용되고 있다면 배타적으로 'SPS 협정'의 범위 내에 해당된다. 따라서 어떠한 협정이 특정 조치에 적용될 것인가는 부분적으로 당해 조치가 규제하고자 하는 특정 위험에 달려있다. 이는 WTO 규정에 기초한 조치의 분석은 당해 조치의 정책목적, 즉 조치가 보호하고자 하는 위험에 초점을 둔다는 의미이다. CPB에 따라 취해진 모든 무역관련 조치는 "특히 국가 간 이동에 초점을 두어, 인체 건강에 대한 위해의 고려와 함께 생물다양성의 보존과 지속가능한 이용에 부정적 영향"을 방지할 적절한 보호수준을 보장하려 한다고 규정하고 있다. 이는 WTO 규정에 따른 분석과 관련된 수많은 해석적 도전을 제기한다[33, pp.230-231].

GMOs 및 GM 제품에 대한 표시부착 요건은 WTO 협정에 규정되어 있지 않다. 그렇지만, 'TBT 협정'은 국제적으로 교역되는 제품에 대한 표시 요건과 관련한 가장 중요한 WTO 규정이다. 'TBT 협정'은 공산품 및 농산품을 포함한 모든 상품에 적용되며,[15] 포장, 표시부착 요건을 포함한 기술규정과 표준 그리고 기술규정 및 표준에의 적합여부를 판정하는 절차가 불필요한 무역장벽으로 작용하지 않도록 보장하는 것[16]을 목적으로 한다. 'TBT 협정'은 기술규정과 기술표준을 제품, 공정 또는 생산방법에 적용되는 용어, 기호, 포장, 표시 요건[17]으로 규정하고 있다. 동 협정의 기술규정과 기술표준은 상품의 특성과 관련된 기술적 사양을 규정하고 있다는 공통점이 있다. 그렇지만, 기술규정의 준수는 강제적이며, 표준의 준수는 임의적이다. 'TBT 협정'의 기술규정과 기술표준에 대한 정의에 표시부착이 포함되어 있기 때문에, '의무적 표시부착' 요건은 기술규정의 범주 내에 포함되고, '자발적 표시부착' 요건은 기술표준의 범주 내에 포함된다고 할 수 있다[262]. 'TBT 협정'은 국제표준의 사용, 조치가 불필요한 무역장벽으로 작용하지 않을 것 등의 내용과 형식면에서 'SPS 협정'과 매우 유사하지만, 조치의 적용기준과 범위는 상이하다. 'SPS 협정'에 의한 위생 및 검역조치는 식품위험 또는 병해충의 위험으로부터 인간 동물 또는 식물의 생명 또는 건강을 보호하기 위해 필요한 범위 내에서만 부과될 수 있지만[263], 'TBT 협정' 하에서 각국은 인간, 동물 또는 식물의 생명 및 건강, 환경 등의 보호와 같은 '정당한 목적legitimate objective'의 수행을 위해 수입품에 특정 요건을 부과할 수 있다.[18] 'SPS 협정' 하에서 각국은 식품안전성과 동물 또는 식물의 생명 또는 건강의 보호를 위해 국제표준을 적용하지 않을 수 있다. 그런데 이는 과학적 근거에 기초한 잠재적인 위해성에 대한 평가에 의해서만 타당하다. 그렇지만, 'TBT 협정' 하에서 각국은 국제표준이 기본적인 기술적 문제 또는 지리학적 요인들을 포함하는 다른 이유를 들어 적절하지 않다는 결정을 할 수 있다. 이러한 맥락에서 'TBT 협정'은 'SPS 협정'보다 과학적 고려에 기초하여 조치를 정당화시킬 필요를 덜 강조하고 있는 것 같다. 'TBT 협정' 역시 제품뿐만 아니라 제품자체의 특성 또는 안전성에 영향을 미치는 공정 및 생산방식에 관한 규제와 표준을 다루고 있다. 그렇기 때문에, WTO 협정은 최종제품에 영향을 미치지 않는 공정 및 생산방식에 기초한 조치 및 표준을 포괄하고 있지 않다. 따라서 GMOs 및 GM 제품과 관련하여 공정 및 생산방식 자체가 최종제품의 소비, 사용 또는 처분과 관련하여 환경 또는 건강에 부정적인 영향을 초래하는 방향으로 최종제품을 변화시키고, 이러한 제품에 대한 표시부착 요건이 불필요한 무역장벽을 형성하지 않을 경우 그 요건은 현존 WTO 규정에 위반되지 않을 것이다. WTO는 GM 제품에 대한 표시부착과 같은 무역조치는 동종의 국내 제품과 외국 제품 사이에 차별을 두어서는 안 되며, 시장접근을 보장해야 하고, 경쟁력이 왜곡되지 않아야 함을 주요조건으로 규정하고 있다. 이 조건하에서 WTO는 특정 국가가 국내의 생산 또는 국내에서 생산된 제품과 수입된 제품의 소비로 인한 위험으로부터 자국의 환경을 보호하기 위한 정책을 수행하는 것에 대한 제한을 두지 않고 있다.[19]

WTO의 가장 큰 특징 중 또 하나는 GMOs 관련 위험 관리에 있어 과학적 증거요건만을 고려한다는 것이다. 'SPS 협정'과 'TBT 협정'은 위험 관리의 개념을 명백히 도입하고 있다. 이들 두 협정은 인간과 동·식물의 건강 및 생명을 보호하거나 환경보전을 위한 국제기준, 지침 또는 권고를 국내규제기준으로 채택할 수 있으며, 필요한 경우는 국제기준보다 더 높은 수준의 기준을 채택할 수 있음을 규정하고 있다. 그렇지만, 적절한 보호수준의 결정시에는 위험평가가 수반되어야 하고, 그러한 위험평가는 현재 이용가능한 과학적 증거뿐만 아니라 관련 경제적 사항도 고려해야 함을 시사하고 있다.[20] 'SPS 협정'에서 위험평가를 수행하는 경우 병해충의 전파에 의한 잠재적 생물다양성 측면과 경제적 측면의 결과를 고려할 것을 규정하고 있을지라도 'SPS 협정'에서 위험평가의 주요 초점은 인간, 동물 또는 식물의 생명 또는 건강이다[265, p.488]. 이러한 면에서 SPS 협정은 아직까지 식품안전규제에 대한 사회·경제적 요인을 인정하거나 용인하지 않고 있다[251, pp.69-75]. 그렇기 때문에, GMOs 및 GM 제품에 대한 안전관련 규제는 과학적 요인의 견지에서 평가될 것이다. 이는 WTO하에서 과학적 정당성을 넘어선 사회적 선호에 반응한 무역규제조치를 통해 인체 및 환경안전성 확보차원의 위험의 예방 및 절감을 위한 위험 관리 정책을 수행할 수 있는 여지가 존재하지 않음을 의미한다. 즉, WTO는 과학적 절차에 의해 수행된 위험평가로부터 획득된 위험정보에 기초하여 '사회적 위험'이 아닌 '가설적 위험'의 절감과 예방을 강조하고 있다.

4. 기존 법체제로 GMOs를 수용한 미국

1986년에 공표된 '생명공학기술 규정에 대한 공동적용 체제 CFRB'는 GMOs 및 GM 제품의 개발 및 상업화 등에 관한 미국 연방정부정책의 기본 골격을 표출하고 있다. 이는 자연적으로 진화해 온 생물체와 인위적으로 조합된 생물체를 분리하여 취급하지 않고 동일한 법 체제 내에서 관리하겠다는 정책적 의도를 명시하고 있다. 즉, 미국은 rDNA 기술을 이용하여 생산된 GMOs 및 GM 제품이 더 전통적인 방식에 의해 생산된 식품 및 화학제품을 규제하고 있는 기존의 법 및 규정 하에서 적절히 관리될 수 있다는 입장을 취하고 있다. 그렇기 때문에, 미국은 GMOs 및 GM 제품의 개발, 이용, 운송, 무역 등의 규제를 위한 별도의 법을 두지 않고 있다. 이는 미국이 공정 및 생산방식PPMs, 즉 유전자변형 여부에 기초하여 GMOs와 non-GMOs를 구분하고 있지 않다는 것을 보여준다. 유전자변형의 기술적 프로세스가 전혀 새로운 것이 아니라는 인식이 깔려 있는 것이다. 이러한 면에서 미국은 공정 및 생산방식이 아닌 최종 제품에 규제의 초점을 두고 있는데, 이러한 제품접근방법은 유전자변형의 기술적 프로세스 자체가 위해하지 않다는 인식[251, pp.179-203;266]에 근거한다. GMOs 및 GM 제품이 기존의 법체계에 따라 적절히 규제 및 관리될 수 있기 때문에, 기존의 법 및 제도 체제에 기초하여 기술 및 제품의 개발, 상업화 및 교역을 자유롭게 실현시키겠다는 미국의 정책 및 규제 신념을 강화시켰으며, 이러한 정책 및 규제 신념의 행사를 통해 미국의 GMOs 관련 규제는 더 광범위한 측면에서 경제적 이해를 최대로 증진시키는 방향으로 기술진보를 추구하겠다는 과학적 합리성scientific rationality 패러다임을 확보하게 되었다.

미국이 현대 생명공학기술 및 GMOs에 대한 규제초점을 기본적으로 제품접근방식product approach[267, p.912]에 기반을 두고 있는 이유는 현대 생명공학기술의 사용이 GMOs 및 GM 제품의 기본적인 특성을 변화시키지 않기 때문에 위해의 견지에서 전통적인 육종재배로 얻어진 산물과 차이가 있지 않다고 믿기 때문이다. 그렇기 때문에, rDNA 기술로부터 파생된 재조합유전자나 새로운 단백질이 포함된 GMOs 및 GM 제품은 기존의 전통적인 제품non-GMOs과 실질적으로 동일하다고 주장한다. 따라서 미국은 '실질적 동등성 원칙'에 입각하여 GMOs와 GM 제품이 전통적인 육종방법을 통해 개발된 식품과 성분 등의 면에서 실질적으로 상이하지 않고, 기존의 전통적인 제품이 보통 안전하다고 인정된 경우generally regards as safe(GRAS) 그와 동일한 GMOs 및 GM 제품도 안전하다고 간주하고 '최소단속원칙principle of minimal oversight'에 입각하여 관리한다는 정책을 표명하고 있다. 이러한 견지에서 미국은 GM 농산물과 기존의 전통적인 농산물non-GMOs을 '동종제품'으로 간주하고 기존의 전통적인 농산물 수출프로그램 하에서 GM 농산물의 수출증진을 위한 정책을 펴고 있다.

미국의 규제시스템은 새로운 GM 기술이 전통적인 육종재배기술의 확장에 불과하며, GM 기술을 이용해 생산된 GMOs 및 GM 제품 역시 전통적인 제품non-GMOs의 단순한 확장이라는 신념에 기초하고 있다[205;268]. 이는 '사전예방원칙'이 과학적 경험에 바탕을 둔 가설적 위험을 결정하기 위한 위험평가 도구로 사용되고 있음을 보여주는 증거이다[251, pp.179-203]. 예를 들어, 미국 식품의약품안전청U.S. FDA은 과학적 증거에 의한 GM 식품의 객관적 특성에 대한 안전성평가에 기초한 관리정책을 펴고 있다. 즉, 새로이 도입된 모든 물질의 안전성 문제는 식품 중에서 안전하다고 알고 있는 양 이상으로 비의도적으로 증가한 독성물질의 농도변화나 유전자변형의 결과로 발생하는 중요한 영양소의 변화라고 하는 점이다. 그렇기 때문에, 전통적인 식품과 실질적으로 동등한 경우는 시장출시 전 안전성평가의 필요성은 없으며, 일단 출시된 제품은 안전하다는 것이 기본 입장이다. 그렇지만, 안전성 평가의 필요성이 있는 경우는 그 동안 수행해 온 과학적 위험평가경험에 기초하여 위험평가를 실시함으로써 과학적 정당성을 확보하고 있다. 아울러 농무부Unite States Department of Agriculture(USDA)는 실험 또는 운송대상이 되는 GMOs의 무위해성에 대한 과학적 증거의 제출을 필수요건을 규정하고 있다. 즉, 환경방출 및 운송을 위해서는 위해성 평가를 받아야 함을 규정하고 있다. 그렇지만, 그러한 증거의 검토 후 승인된 제품은 안전한 것으로 간주하여 환경방출 또는 운송을 위한 추가적인 검토가 불필요하다. 실제, 미국에서의 GMOs 및 rDNA의 연구·개발, 환경방출, 운송, 포장실험 등에 있어서의 안전성 평가를 비롯한 의사결정과정에의 참여폭은 매우 좁다. 그러한 안전성 평가는 주로 소수의 과학자들에 의해 이루어지고 있으며, 이들은 그 동안 획득된 과학적 경험에 근거한 가설적 위험을 객관적으로 평가한다. 그렇기 때문에, 미국은 현재의 과학수준에서 획득가능한 지식과 정보에 기초하여 GMOs 및 GM 제품이 인간, 동물 및 환경에 해를 끼치지 않을 것이라는 증거를 확보하고 환경방출, 시장출시 및 연구·개발을 허용하고 있으며, 안전한 것으로 간주된 GMOs 및 GM 제품은 최소로 단속한다는 기본적인 입장을 취하고 있다. 이처럼 미국의 '사전예방원칙'의 운용은 과학적 정당성에 근거를 둔 정부 및 소수의 전문가들에 의해 유지되는 성향을 보이고 있으며, 이에 근거한 GMOs 및 GM 제품에 대한 위험 관리 전략은 불확실한 위험에 대한 공중의 근심 및 관심에 반응하는 것이 아니라 그 동안의 경험을 통해 축적된 과학적 근거에 의해 평가된 실제위험actual risk을 절감하고 예방하는데 초점을 두고 있다. 즉, 소비자관심 또는 사회적 요구에 반응하는 것이 아니다. GMOs 환경방출관리 측면에서 미국은 GMOs 또는 GM 제품에 대한 위험평가의 수행에 있어 과학적인 절차가 사용되었기 때문에, 그 결과를 객관적이고 결정적인 것으로 간주하여 위험평가로부터 획득된 위험정보에 기초하여 위험의 절감 및 예방을 위한 정책을 펴고 있다.

미국은 GMOs 및 GM 제품에 대한 표시부착을 요구하지 않는다. '연방식품 · 의약품 · 화장품법Federal Food, Drug and Cosmetic Act' 제403조에 의하면, rDNA 방법에 의한 작물개발은 '중요한material' 정보에 해당되지 않는다. 그렇지만, 미국은 전통적인 non-GMOs와 비교하여 GM 기술로부터 파생된 GMOs 또는 GM 제품이 실질적으로 상이하거나, 전통적인 식품에서는 정상적으로 나타나지 않는 알레르기성 물질을 포함하거나, 영양성분이 매우 상이할 경우에는 GMOs 및 GM 제품에 대한 표시부착을 요구한다는 견해를 표명하고 있었다. 미국 식품의약품안전청U.S. FDA은 모든 GMOs 및 GM 제품에 대한 특별한 표시의 부착을 요구하지 않음을 재확인하면서, 소비자의 알권리를 충족시킬 수 있는 '자발적인 라벨링에 대한 가이드라인Guidance for Industry Voluntary Labeling Indicating Whether Foods Have or Have Not Been Developed Using Bioengineering'을 제공하고 있다. 미국은 GMOs와 전통적인 육종방법에 의해 개발된 non-GMOs가 실질적으로 동일하고, GMOs 및 GM 제품이 전통적인 non-GMOs와 실질적으로 상이한 성분을 포함하고 있을 경우는 사전시장검토pre-market reviews가 요구되기 때문에, 이미 시장에 출시된 GMOs 및 GM 제품은 안전성에 문제가 없다는 것이다. 그러므로 그러한 제품에 '의무적인 표시부착'이 필요하지 않다는 입장을 견지하고 있다.

제8장

사회적 이해증진지향: 사회적 합리성

규제 또는 정책에 대한 사회적 기능은 도덕적, 윤리적 및 종교적 관심과 같은 사회구성원의 비경제적 선호와 기대를 충족시키는 역할을 한다[25]. 특정 대상에 대해 사회구성원이 바람직하다고 간주하는 규범, 가치, 신념 및 정의를 포함하는 사회적 기대로의 조화를 추구한다. 따라서 사회적 기능을 수행하는 규제 또는 정책은 혁신에 대한 사회구성원의 염려와 근심에 반응하여 기술적 사전예방을 위한 방안을 확보하는데 활용된다[269].

1. 정책신념과 패러다임

기본적으로 사회적 관점은 시장이 특정 사회시스템 내의 선호, 관심 및 기대로 구성된 규범적 개념임을 강조한다. 그렇기 때문에 그러한 규범적인 사회적 개념은 시장과 분리될 수 없다[250]. 이는 규제의 경제적 기능이 규범적인 사회적 개념과 분리되어 수행될 수 없음을 의미한다. 사회적 관점은 규제의 경제적 기능이 특정 사회시스템 내에 존재하고 있는 사회적 규범에 의해 제약된다고 본다. 사회적 관점에 따르면 특정 규제 및 정책 개발은 사회시스템 내의 정치과정을 통해 확인된 규범적 목적을 달성하도록 경제활동을 조화시키는 중요한 사회적 기능을 한다. 이러한 의미에서 사회적 반응은 규제 및 정책을 변화시키는 주요 동인이다. 따라서 규제 및 정책 효과성은 규제 및 정책이 사회적 관심, 선호 및 기대, 즉 사회적 적법성social legitimacy에 성공적으로 반응했느냐의 여부에 의해 결정된다. 규제 및 정책에 관한 사회적 관점은 정부의 규제 및 정책이 공공참여와 책임을 촉진하기 때문에 생산성과 경쟁력을 제고시킴으로써 경제적·사회적 번영을 촉진한다는 신념을 가지고 있다[270].

GMOs와 관련된 규제 및 정책 개발의 측면에서 사회적 관점은 새로운 기술로부터 파생되는 위험에 대한 규제에 초점을 두고 있는 위험사회이론risk society theory[271]과 이의 확장된 논의[272;273]와 관련될 수 있다. 과학의 필요성이 점점 더 증대된다는 과학적 합리성scientific rationality에 기초한 지배적 관점이 무너지고 사회적 합리성social rationality에 기초한 관점이 그 틈을 채우기 시작했다는 것은 위험사회에 대한 중요한 특징이다. Beck[271]에 따르면 새로운 위험은 환경문제뿐만 아니라 제도적 위기가 될 수 있다. 새로운 위험은 사회적 안전을 위협하며 관련 위험에 대한 사회적 합의 문제를 제기한다[274, pp.98-100]. 인류가 이전에 경험해 보지 못한 새로운 위험은 종종 비가시적인 것으로 사회구성원 모두에게 영향을 미침으로써 사회 및 정치 관계를 방해할 수 있다.

GMOs와 관련된 위험은 단순히 과학적인 것이라기보다는 오히려 그 위험을 평가하고 우선순위를 부여하는 다양한 사회적 과정을 통해 걸러진다[275]. 그렇기 때문에 위험은 문화적 및 사회적 경험을 통해 걸러지고 해석된 위협 또는 위해로 간주된다[276]. 즉, 위험은 사회적으로 구조화된 개념이다. 이러한 맥락에서 위험은 객관적 증거가 뒷받침되는 과학적 분석보다는 오히려 사회시스템 내의 다양한 행위자들의 신념과 재구조화된 합리성이다[277-279]. 이러한 구조화의 본질은 다양한 위험과 관련된 각 이해관계자집단 또는 조직 및 기관의 이해 및 가치 등을 반영한다[280]. 사회적으로 인지된 위험은 다양한 이해관계자집단 사이의 사회정치적 논쟁을 유도한다. 위험에 대한 사회 전체 차원의 인지와 확인은 인체 및 환경에 대한 부정적인 영향의 차원을 넘어 중요한 사회적, 정치적 그리고 경제적 측면에까지 영향을 미칠 수 있다. 게다가 정치는 그러한 위험이 야기하는 대변혁에 적절히 대응할 수 있는 보다 장기적인 차원의 조치를 취할 것을 요구받는다[271, pp.22-24]. Giddens[272, pp.181-185] 역시 현대 사회의 개인들이 이전보다 더 개인적인 방법으로 위험에 직면하고 있기 때문에 위험이 사회적·정치적 변화를 유도한다고 언급한다. 이는 혁신 기술 및 제품과 관련된 규제 및 정책의 개발에 있어 사회적으로 인지된 위험을 반영할 필요가 있음을 의미한다.

사회적 합리성social rationality에 바탕을 둔 이러한 접근은 새로운 기술을 단순히 경제성장에 긍정적인 영향을 미치는 요인으로만 간주하기에는 불충분하다는 견해를 표출하고 있다. 과학에 대한 사회적 고려가 있어야 하며, 이러한 고려 하에서 새로운 기술이 무조건적으로 수용되지 않아야 한다는 것이다. 특정 사회시스템 내에서 새로운 기술이 필요한지의 여부에 대한 정책적 의사결정에 있어 그러한 기술의 응용, 관리 및 확산과 같은 사회적 차원의 고려는 매우 중요하다. 그렇기 때문에, 사회적 합리성social rationality 관점은 GM 기술, GMOs 및 GM 제품이 제공하는 잠재적인 경제적 편익보다는 더 넓은 차원의 사회적 관심과 염려에 반응하는 기술적 사전예방을 추구하는 정책과 규제를 지지한다. 즉, 전통육종방법과 비교하여 유전자변형의 기술적 프로세스가 자체적으로 인체 및 환경 등에 위해성이 있을 수 있기 때문에 이러한 기술이 사회의 발전을 위해 필요한지의 여부는 경제적인 효율성 증진보다는 오히려 사회구성원의 염려와 기대에 부응하는 사회적 기능을 통한 GMOs에 대한 사전예방을 추구하는 정책신념을 가지고 있다. GMOs를 넓은 의미의 사회적 합의의 대상으로 보고 이를 정책적으로 뒷받침 한다.1)

2. 정책관리 초점과 원칙

사회적 합리성social rationality 관점의 정책은 rDNA 기술, GMOs 및 GM 제품을 경제적 성과를 증진하기 위한 수단보다는 오히려 사전예방차원에서 신중히 활용하여야 하는 대상으로 간주한다. 사회적 합리성 관점의 GMOs 정책 역시 규제초점, GMOs와 non-GMOs와의 실질적 동등성 여부, 안전성 문제의 관리, 표시, 고려하는 위험 관리 요소의 측면에서 사회적 염려에 반응하려는 성향을 표출하고 있다.

사전예방을 추구하기 위한 정책성향은 GMOs와 현대 생명공학기술이 기본적으로 이전의 기술궤적과는 상이하다는 기본적인 시각에 기초한다. 이는 유전자변형의 기술적 프로세스가 기존의 기술궤적의 연장선상에 존재하지 않다는 것이다. 이러한 맥락에서 정책당국은 rDNA 기술에 의해 생산된 GMOs와 GM 제품이 더 전통적인 방식에 의해 생산된 제품을 규제하고 있는 기존의 법 및 규정 하에서 적절하게 관리될 수 없다는 입장을 견지한다. 공정 또는 생산방식PPMs을 인위적인 현상으로 파악하고 정책을 유전자변형의 기술적 프로세스 자체의 견지에서 입안·수행하려는 의도이다. 사회시스템 내에서 유전자변형의 기술적 프로세스의 상이성이 주어진 경우 이를 이용하여 생산된 최종 제품, 예를 들어 GMOs 및 GM 제품이 그 상응물인 non-GMOs 및 non-GM 제품과 비교하여 기본적인 특성이 변화 되었는가 또는 변화되지 않는가는 정책적으로 중요한 고려의 대상이 되지 않는다. 이미 사회시스템 내의 사회구성원들이 GM 기술, 즉 rDNA 기술을 기존의 전통적인 육종기술과는 전혀 다른 기술로 간주하여 그에 수반되는 위험 역시 새로운 위험으로 간주하고 있기 때문이다. 이는 정책당국으로 하여금 공정 및 생산방식PPMs에 규제초점을 두도록 유도하고 최종 제품의 기본적인 특성의 변화여부에 관계없이 '실질적 동등성'을 거부하는 정책성향을 표출케 한다.

사회적 합리성social rationality에 기초를 두고 있는 GMOs 정책은 사회적 염려 및 관심에 대한 반응에 초점을 두고 있다. 사회적 반응을 지향하는 정책은 GMOs 및 GM 제품의 위험에 대한 광범위한 과학적 증거가 확보될 때까지 사회시스템 내로의 도입을 지연시키는 경향이 있다. 사회시스템 내로 도입된 경우도 가설적 위험에 대한 평가결과를 위해가 없다는 것에 대한 확증적인 증거로 채택할 수 없기 때문에 점진적인 안전성 검증이 필요하다는 견해를 표방한다. 이에 GMOs 및 GM 제품에 대한 위험 관리 전략은 기본적으로 객관적인 정보를 활용하여 평가된 실제 또는 가설적 위험은 물론이고 불확실한 위험에 대한 공중의 근심 및 관심, 즉 비과학적 위험인 추측위험speculative risk을 절감하고 예방하는데 초점을 둔다. 따라서 GMOs의 연구·개발 단계부터 시장에 출시된 이후까지도 진보된 과학적 지식과 경험을 기반으로 지속적으로 실제 또는 가설적 위험에 대한 불확실성 정도를 낮추려는 노력과 함께 사회구성원들의 염려와 기대에 반응하여 사전예방차원의 관리가 요구된다는 것이다. 이러한 맥락에서 GMOs 및 GM

제품은 non-GMOs 및 non-GM 제품과 구분하여 유통시킬 필요가 있으며 표시를 의무화함으로서 사회구성원의 알 권리를 충족시켜주어야 한다는 정책적 입장을 표출하고 있다. 물론, GMOs 및 GM 제품의 안전성 문제와 관련하여 사회적 반응에 초점을 둔 정책이 다소 엄격한 측면에서 사전예방원칙을 고려하고 있다고 볼 수 있지만, 경제적 이해에 대한 정책적 고려가 전혀 없는 것은 아니다.

3. 사회경제적 요인의 고려를 강조하는 CPB

바이오안전성의정서CPB가 명시적으로 규정한 특정 무역의무specific trade obligations와 권한위임에 기초한 불특정 무역의무non-specific trade obligations는 사전예방원칙에 입각한 GMOs의 광범한 수입규제를 허용하고 있으며, 이는 CPB의 기본적인 규제특성을 형성하고 있다. 사전예방원칙은 사회시스템 내에서 GMOs의 산업적 이용에 대한 사회구성원의 염려에 반응, 즉 사회적 기대에 반응하고자 하는 정책적 신념을 단적으로 표출하고 있는 것이다.

CPB의 가장 큰 특징은 전통적인 육종방법에 의해 생산된 생물체non-GMOs에 대비되는 공정 및 생산방식PPMs의 상이성－인위적인 유전자변형－을 전제로 현대 생명공학기술에 의해 생산된 GMOs의 개발, 사용, 운송, 국가 간 이동 등에 있어 인체 및 환경에 대한 안전성을 확보하기 위한 규정을 포함하고 있는 것이다. 그렇기 때문에, 모든 GMOs는 국가 간 이동, 사용, 취급 등에 있어서 의무적으로 인체 및 환경에 대한 위해성 평가 및 관리를 해야 한다.[2] 인체 및 환경 안전성 측면에서 GMOs가 non-GMOs와 실질적으로 동일하지 않기 때문에, 현대 생명공학기술을 이용하여 얻어진 새로운 유전물질의 조합을 포함하고 있는 모든 살아있는 생물체인 GMOs에 대한 별도의 위험평가, 위험 관리 등의 안전성 확보 장치를 요구하고 있는 것이다. 즉, GMOs와 non-GMOs 사이에 가시적인 차이가 없다는 실질적 동등성 원칙을 거부하고 있다.

CPB에 따르면 GMOs에 대한 수입결정은 '과학적 근거scientific evidence'에 기초되어야만 한다.[3] 그럼에도 불구하고, 과학적 증거가 불충분한 경우 사전예방원칙precautionary principle[4]에 입각하여 무역조치를 취할 수 있음을 규정하고 있다. 구체적으로 보면 인체 위해성을 고려하여 생물다양성의 보존과 지속가능한 이용에 대한 GMOs의 잠재적인 악영향에 관한 불충분한 정보에 기인한 과학적 확실성이 없음을 이유로 하여 수입국이 사전예방원칙에 입각하여 그러한 잠재적인 악영향을 회피하거나 최소화하기 위해 GMOs의 수입에 대한 적절한 결정을 내리는 것을 막을 수 없다. 아울러 과학적 지식 또는 과학적 합의의 부족이 특정한 위해수준, 위해가 없음 또는 수용 가능한 위해수준임을 나타내는 것만으로 해석되어지지는 않음[5]을 규정하고 있다. 이는 위해성과 관련하는 과학적 확실성이 수출입관련 의사결정의 전제요건이 아님을 규정한 것으로 사전예방원칙이 적용될 수 있다는 명시적 표현으로 이해된다. 즉, 과학적 확실성이 부족한 경우 수입국이 GMOs의 수입을 금지할 수 있다는 것이다. 그러므로 수입국은 생물다양성과 인간 건강에 관한 GMOs의 효과에 대한 과학적 확실성이 확보될 때까지 계속적으로 무역조치를 취할 수 있을 것이다. CPB 하에서는 수입국이 과학적 확실성을 확보하기 위해 필요한 정보를 조사할 의무가 없기 때문이다.[6] 이처럼 CPB 상에서 규정하고 있는 사전예방원칙은 일방적인 무역조치로 이해되는 것으로 NGOs, 소비자, 시민사회 등의 다양한 이해관계자의 요구 및 기대가 반영된 사회적 위험을 관리하는 수단으로 활용될 수 있음을 의미한다. 사전예방에 대한 이러한 사회적 해석은 '환경과 개발에 관한 리우선언 원칙 15Principle 15 of Rio Declaration on Environment and Development 1992'[7]에 근원을 두고 있다. 이는 과학적 자료의 부족과 불충분한 정보는 국가정책 의사결정과정에 사전예방원칙이 적용될 필요가 있음을 의미한다. 따라서 사전예방원칙은 현상, 제품 또는 공정으로부터 야기되는 잠재적인 부정적 영향에 대한 과학적 불확실성의 인식을 강조함으로서[283] 잠재적인 부정적 영향을 미칠 GMOs 및 GM 제품의 이용을 위한 승인에 있어 반드시 사전적인 예방조치가 취해져야함을 의미한다. 이러한 맥락에서 CPB 규정에 따른 사전예방원칙은 사회적 합리성social rationality에 근거한 기술적 사전예방에 초점을 두고 운용되며, CPB 당사국의 GMOs에 대한 위험 관리 전략은 불확실한 위험에 대한 공중의 근심 및 관심에 반응하는 사회적 위험을 절감하고 예방하는 방향으로 수행된다는 의미를 내포하고 있다. 특히, GMOs와 관련된 안전성 확보를 위한 정책결정에 있어 공공참여보장은 과학적 위험평가에 근거한 위험관련 정보만이 아닌 사회적 차원에서의 정당한 요인legitimate factor 즉, 사회구성원들의 요구 및 기대를 고려한 사회적 반응차원에서의 GMOs 위험 관리를 불가피하게 할 것이다.

유전자변형 여부에 따른 GMOs와 non-GMOs의 실질적 상이성 전제와 사전예방원칙의 수용은 소비자의 알 권리 및 선택 권리를 충족시키기 위한 GMOs 및 GM 제품에 대한 표시제의 시행을 유도한다. GMOs 및 GM 제품에 대한 표시부착labelling은 공급측면에서 시장수요측면으로의 제품관련 지식정보를 제공하는 위험의 사소통의 도구[284]이자 그러한 제품의 유용성과 안전성 사이에 존재하는 불확실성을 다루는 매개체로 사전예방원칙에 기초하여 도입되는 정책수단이다. 표시부착은 소비자에게 정보를 제공함으로써 소비자의 알 권리 충족, 소비자안전 및 환경보호의 증진 등의 기능을 한다. 이처럼 GMOs 및 GM 제품에 대한 표시부착은 위험 관리 도구뿐만 아니라 정보제공을 위한 도구로써의 이원적 기능을 담당하고 있다. 특히, 위험 관리 수단으로써 최종 사용자에게 제공되는 정보는 GMOs 및 GM 제품의 독성 또는 환경안전성에 관한 것으로, 소비자들로 하여금 표시에 명기된 위해를 최소화하거나 회피하기 위한 적절한 조치를 취하도록 하는 기능을 한다. 게다가 표시부착과 동반서류는 유통과정에서 유통 및 취급을 담당하는 업자에게 GMOs에 대한 중요한 정보를 제공한다[285].

CPB는 표시부착 요건에 관해 명확히 언급하고 있지는 않다. 다만, CPB는 모든 GMOs의 국가 간 이동시 동반되는 서류 내에 해당 GMOs에 대한 관련 정보를 명기하도록 하고 있으며, 표시부착 등을 통해 안전한 취급 및 사용방법을 제시하도록 규정하고 있다. 즉, CPB 당사국은 인간 건강에 대한 위해를 고려하여 생물다양성의 보전 및 지속가능한 이용에 미칠 부정적 영향을 회피하기 위하여 의도적인 국가 간 이동시 안전한 조건(관련 국제규정 및 기준을 고려하여)하에서 취급, 포장 및 운송이 이루어지도록 필요한 조치를 취해야 한다.[8] 특히, CPB는 GMOs를 운송하는 경우 'GMOs'임을 명확하게 표시하여야 하며, 그러한 표시에는 수출입자의 이름뿐만 아니라 안전한 취급, 저장, 운송 및 사용 등을 위한 요구사항을 기술할 것[9]을 밝히고 있다. 이는 GMOs의 국가 간 이동시 동반서류에서 요구하고 있는 최소한의 명세 등을 포함한 필요한 조치를 취해야 함을 규정하고 있는 것으로 CPB의 표시관련 규정은 국가 간 이동에 따른 동반서류에서 GMOs를 확인하기 위한 것으로 주로 운송인 및 세관원을 위한 정보요건이며, 운송과정에서의 위험을 관리하기 위한 수단이다. 실제, CPB는 최종 소비자에 정보제공을 위한 수입자의 표시부착을 강제적 의무로 부여하지는 않고 있다. 그렇지만, CPB 당사국들은 소비자 안전 및 알 권리 보호 등의 차원에서 의무적 또는 자발적인 GMOs 표시부착제도를 운용하고 있다. CPB가 GMOs(특히 식용·사료용·가공용)와 관련된 위험 관리 정책을 CPB의 목적에 부합하는 각국의 법령에 위임하고 있는데,[10] 이는 CPB가 의무적 또는 자발적 GMOs 표시부착제도를 인정하고 있음을 의미한다.

CPB의 가장 큰 특징 중 또 하나는 GMOs 관련 위험 관리에 있어 사회·경제적 요인을 고려한다는 것이다. GMOs의 도입은 농업을 경제근간으로 하고 있는 많은 개도국들에 생태학적 위험을 초래하고 직접적이고 부정적인 사회·경제적 영향을 미칠 수 있다. 예를 들어, 전통적인 작물품종에 의존하고 있는 개도국에 GMOs가 유입될 경우, 전통작물의 파종면적이 감소되어 그러한 작물재배를 주업으로 하는 농민들의 생계 및 생물다양성, 문화 등에 부정적 영향을 미칠 수 있다. 그렇기 때문에, 개도국의 이해에 있어 사회·경제적 요인의 고려는 중요하다. 이러한 차원에서 CPB는 당사국들이 바이오안전성의정서의 이행을 위한 국내 조치에 따라 수입을 결정하는 경우 국제적 의무에 부합하여 GMOs가 생물다양성의 보전 및 지속가능한 이용, 특히 토착 및 지역사회 내 생물다양성의 가치와 관련하여 미칠 영향에 대해 사회·경제적 고려를 할 수 있으며, 아울러 GMOs의 사회·경제적 영향, 특히 지역사회에 대한 영향과 관련된 연구와 정보교환에 협력하여야 함[11])을 밝히고 있다. 물론, 각국은 GMOs가 인간 건강에 미칠 위해를 고려하여, 수입국 영토 내에서 생물다양성 보전 및 지속가능한 이용에 미칠 부정적 영향을 방지하기 위해 필요한 범위 내에서 위해성을 관리해야 한다.[12]) 그럼에도 불구하고, CPB는 당사국에게 GMOs의 수입승인에 대한 결정근거로 사회·경제적 요인의 고려를 허용함으로써 인체 및 환경 위해성의 보호 등을 위해 필요한 범위 이상의 광범한 무역제한 및 모라토리엄을 정당화시킬 수 있는 권한을 부여하고 있다. 이는 사회·경제적 요인에 대한 객관적인 정의, 측정기준, 포함범위 등에 관한 합의부재로 주관적 차원에서 자의적 또는 차별적 해석가능성이 높기 때문이다. 실제, 사회적 요인과 경제적 요인을 명확히 구분하기는 그리 쉽지 않다[286]. 넓은 의미에서 사회의 행위는 항상 사회적 실체들에게 영향을 끼치며, 이는 곧 경제적 고려에 영향을 미친다. 물론, 특정 관할권 내에서의 지배적인 사회·경제적 조건은 국가의 정책결정에 대한 주요 조정요인이다. 그럼에도 불구하고, 사회·경제적 고려요인의 주관성, 복잡성 및 상이성 등으로 말미암아 CPB의 사회·경제적 고려규정의 실제 적용은 그리 용이하지 않을 수 있다. 아니 사회·경제적 요인을 고려한 GMOs의 위해성 관리와 안전성 확보 정책의 수행이 불가능할 수도 있다. 그렇지만, 중요한 것은 CPB가 GMOs와 관련한 안전성 확보정책을 수행함에 있어 각국의 사회·경제적 요인의 고려를 허용하는 명시적인 규정을 포함하고 있다는 사실이다.

CPB가 사회적 기대에 대한 조화를 규제 신념으로 삼고 있다는 것은 GMOs 관련 정책의사결정과정에 공공참여를 보장하고 있음을 의미한다. 공공참여는 정책입안자와 의사결정자들에게 그렇지 않으면 획득될 수 없는 정보와 견해를 제공한다. 그렇기 때문에,

현대 생명공학기술에 관한 정책입안과 의사결정에 있어서의 공공참여는 공공이 현대 생명공학기술로부터 이익을 실현함과 동시에 위험을 회피하도록 유도하는 중요한 수단이다[285]. 국제규범차원에서 정책입안 및 의사결정에 있어 공공참여에 대한 명시적인 규정은 그 실효성을 높일 수 있는 전제조건이다. 이러한 면에서 CPB는 공공참여의 보장을 통한 공공의 요구 및 기대를 반영하고, 사회적 반응차원에서의 운용을 지지하고 있다고 볼 수 있다. CPB에 의하면, 당사국들은 각각의 법령 및 규정에 따라 GMOs와 관련된 의사결정과정에서 공공과 협의하여야 하고, 그 결정결과에 대한 공공의 접근과 이용을 보장해야 한다.13) 아울러 당사국들은 인간 건강에 대한 위해를 고려하여, 생물다양성의 보전 및 지속가능한 이용과 관련한 GMOs의 안전한 이동, 취급 및 사용에 대하여 공공인식, 교육 및 참여를 장려하고 촉진하여야 하며, 공공인식 및 교육이 CPB에 따라 확인된 수입가능성이 있는 GMOs에 관한 정보로의 접근을 포함하도록 보장하는데 노력하여야 한다.14) 실제, CPB는 정책결정에 대한 공공참여보장목적을 GMOs의 이동, 취급 및 사용분야에서의 안전성 확보에 두고 있으며, 정부차원에서의 GMOs 관련 정보의 공개보장을 공공참여의 유도수단으로 간주하고 있다. 이는 보다 정확한 사회적 기대 및 요구를 반영시킴으로써 GMOs 관련 정책의사결정과정에 바람직한 공공참여를 유도하는 필수적인 선행요건으로 정보대칭성, 정보접근 및 이용가능성을 고려한 결과로 판단된다.

4. 별도의 법체제 하에서 GMOs를 관리하는 EU

EU의 정책은 rDNA 기술, GMOs 및 GM 제품과 같은 혁신 기술 및 제품이 과학적 지식진보의 연장선상에 존재하지 않기 때문에 특별한 관리가 필요하다는 사회적 기대에 반응한다. 이러한 맥락에서 공정 및 생산방식－유전자변형 여부－에 기초하여 GMOs와 전통적인 육종방법에 의해 생산된 생물체non-GMOs를 구분하고, GMOs에 대한 별도의 법[15)]에 근거하여 GMOs의 개발, 사용, 운송, 국가 간 이동 등에 있어 인체 및 환경에 대한 안전성을 확보하기 위한 정책을 수행하고 있다. 이는 유전자변형의 기술적 프로세스가 자체적으로 위험하다는 인식에 기초한다[258;266]. 그렇기 때문에, 최종 제품의 특성보다는 공정 및 생산방식PPMs으로서 유전자변형을 정책적으로 관리할 대상으로 간주하고 있다. GM 기술이 그 자체적으로 위험성이 있기 때문에 GMOs를 포함하거나 또는 GMOs로부터 파생된 제품을 공정으로서의 유전자변형관점에서 관리한다는 정책적 신념을 표출하고 있는 것이다. 이는 GMOs가 기존의 법 체제에 따라 적절히 규제 및 관리되지 못하기 때문에, 별도의 법 및 제도 체제를 마련하여 공정 및 생산방식PPMs의 위해를 사전적으로 예방하겠다는 EU의 정책 및 규제 신념을 강화시켰으며, 이러한 정책 및 규제 신념의 행사를 통해 EU의 GMOs 관련 규제는 더 광범위한 측면에서 GMOs 관련 사회적 기대 및 요구에 적절하게 반응하겠다는 사회적 합리성social rationality을 규제 패러다임으로 확보하게 되었다.

EU가 현대 생명공학기술 및 GMOs에 대한 규제초점을 기본적으로 프로세스접근방식process approach, 즉 공정 및 생산방식PPMs에 두고 있는 이유는 현대 생명공학기술의 이용이 GMOs 및 GM 제품의 기본적인 특성을 변화시켜 전통적인 육종재배에서 나타나지 않는 특정 위험을 유발시킨다고 믿기 때문이다. 이러한 맥락에서 EU는 rDNA 기술이 과학적으로 최종 제품의 특성을 변화시키는가의 여부와는 관계없이 모든 GMOs 및 GM 제품을 기존의 전통적인 제품non-GMOs과 상이한 전혀 새로운 것novelty으로 간주함으로써 '실질적 동등성 원칙'의 적용을 거부하고 있다.

EC 정책의 중요한 특징 중 하나는 사회적 적법성social legitimacy 확보에 목적을 둔 기술적 사전예방에 있다. 1998년 EU는 GMOs에 대한 모라토리엄선언과 함께 향후 GMOs의 승인에 '사전예방원칙'이 철저히 적용되며, GMOs의 판매를 위해서는 반드시 시장출시 전 인간 건강 및 환경에 미칠 부정적 영향이 없음을 증명해야함을 권고했다. GMOs 및 GM 제품규제에 대한 EU의 '사전예방원칙precautionary principle'[16]의 정책적 적용은 'GMOs의 환경 및 시장출시를 목적으로 한 의도적 방출에 관한 지침'에서 잘 표현되어 있다. CPB의 이행을 규정하고 있는 동 지침은 일반적 규정으로서 '사전예방원칙'에 기초하여 상업적 재배 및 시장출시를 목적으로 한 GMOs 및 GM 제품의 의도적 방출로부터 야기되는 인간 건강 및 환경에 부정적인 영향을 회피하기 위한 적절한 조치를 취할 수 있으며, EU 당국에 GMOs의 의도적 방출에 관한 통보 전 상황별 개별사례에 기초한 위험평가가 수행되어야 하며, GMOs의 시장유통 모든 단계에서 추적이 가능하도록 조치를 취해야 함을 규정하고 있다. 실험용 GMOs의 의도적 방출과 관련하여서는 회원국간 사전통보합의AIA절차의 수행, 의도적 방출에 관한 공공과의 협의, 인간 건강 및 환경에 미치는 방출결과에 대한 통보자(수출국 또는 수출업자)의 통보, 통보와 GMOs 방출에 관한 정보교환체계 설정을 규정하고 있다. 아울러 위해성에 대한 새로운 또는 추가 정보가 있는 경우 잠정적으로 GMOs의 유통을 제한 또는 금지할 수 있음을 규정하고 있다. 이처럼 EU는 GMOs가 인간, 동물 및 환경에 해를 끼치지 않을 것이라는 광범한 증거가 확보될 때까지는 GMOs의 환경 및 시장으로의 방출을 허용하지 않아야 된다는 것을 기본 원칙으로 삼고 있다.

또한 시장방출을 승인한 후에도 충분한 안전성검정을 요구하는 '시장단계예방조치market stage precaution'를 규정하고 있다. 비록 EU가 과학적 절차에 의해 GMOs에 대한 위험평가를 수행했을지라도 그러한 위험평가결과들이 확증적인 것으로 취급될 수 없고, 상업화단계에서도 안전성검정을 점진적으로 수행한다는 의미를 포함하고 있다. 이러한 '사전예방원칙'의 적용은 GMOs와 관련한 장기적인 위험에 대해 불확실성이 존재한다는 EU의 신념[258]과 생명공학기술 및 GMOs와 같은 혁신에 상대적으로 더 많은 염려와 근심을 표명하는 EU 소비자의 사전예방요구에 근거한다. 즉, EU의 '사전예방원칙'의 운용은 정부, 과학자, 산업계를 중심으로 한 일률적인 규정에서 벗어나 EU내 NGOs, 소비자, 시민사회 등의 다양한 이해관계자의 요구 및 기대가 반영된 사회적 반응이다. 사전예방에 대한 이러한 사회적 해석은 '환경과 개발에 관한 리우선언 원칙 15'에 근원을 두고 있다. 이는 과학적 자료의 부족과 불충분한 정보는 국가정책 의사결정과정에 '사전예방원칙'의 적용이 필요함을 의미한다. 따라서 '사전예방원칙'은 현상, 제품 또는 공정으로부터 야기되는 잠재적인 부정적 영향에 대한 과학적 불확실성의 인식을 강조함으로서[283], 잠재적인 부정적 영향을 미칠 GMOs 및 GM 제품의 방출을 위한 승인에 있어 반드시 사전예방조치가 취해져야 함을 의미한다.

GMO 및 GM 제품에 대한 EU의 표시요건은 시장출시사전단계와 시장출시단계에 모두 적용된다. 시장출시 사전단계에서 밀폐사용용 GMOs 또는 유전자변형 미생물은 'GMOs를 포함함'이라고 의무적으로 명기해야 한다. GM 식품, GM 종자, 및 기타 GM 제품은 시장출시단계에서 의무적인 표시부착을 법으로 규정하고 있다. ‘특정 GM 식품의 표시부착에 관한 의무규정’은 최종소비자에게 판매되는 GM 콩 및 GM 옥수수를 이용하여 생산한 GM 식품과 GM 식품성분이 포함될 수 있는 가능치를 1%로 정하고, ‘의무적인 표시요건’을 규정하고 있다. 식품의 경우, GMOs 성분의 첨가물 및 향료를 포함하는 식품은 ‘GMOs에 의해 생산된 식품, 식품성분(첨가물 및 향료포함)의 표시부착에 관한 의무규정’에 의해 “식품첨가물 및 향료가 GMOs로부터 생산되었음”, GMOs를 포함하거나, GMOs로 구성되어 있거나 또는 GMOs로부터 생산되었지만, 더 이상 GMOs를 포함하지 않을 식품은 ‘식품규정’에 의해 “식품 또는 식품성분이 GMOs를 포함할 가능성 있음”으로 명시적으로 표시해야만 한다. 사탕무, 곡물, 오일 및 섬유식물, 채소 종자는 “해당 종자가 유전자조작되었음”을 seed lot 또는 서류에 명확히 표시해만 한다. 기타 시장에 출시될 제품은 ‘환경방출용 GMOs 위험 관리 지침’에 의해 “해당 제품이 GMOs를 포함함”이라고 명시적으로 밝혀야만 한다. 아울러 EU는 법에 따라 시장에 출시된 GMOs를 포함하고 있는 제품, GMOs로부터 생산된 식품 및 식품성분(식품첨가물 및 향신료 포함), GMOs로부터 생산된 사료원료, 복합사료, 사료첨가물, 사람의 소비 또는 식품생산을 위한 시장출시목적의 GM 식품 또는 사료에 관한 EC규정에 따라 표시가 부착된 제품을 먹인 동물, GMO 식품 또는 사료에 관한 EC규정에 따라 표시가 부착된 제품을 먹인 동물로부터 생산된 식품을 대상으로 시장출시 단계별 GMOs 관련 정보의 제공, 표시부착, 고유코드부여 등을 통해 유통과정 전주기 모니터링을 수행한다. 이러한 정책관리를 규정하고 있는 법에 따르면, 판매 전 포장제품pre-packaged product을 시장에 출시하는 경우 관련업자는

"GMOs 포함" 또는 "유전자변형 작물의 이름 또는 GMO를 포함함"이라는 표시를 부착해야 하고, GMOs를 포함하는 제품의 시장 출시 첫 단계에서 관련업자는 "GMOs 포함", GMOs에 할당된 고유코드unique codes에 관한 정보를 제품수취인에게 제공해야 하며, 관련업자는 10년 동안 각각의 거래, 거래자, 제품에 대한 정보를 유지하고 있어야 한다는 GMOs에 관한 '추적가능성traceability'과 '의무적인 표시부착요건'을 규정하고 있다. 아울러 유전자변형의 결과 DNA 또는 단백질의 존재가 검출될 수 있는 GMOs로부터 획득되거나 파생된 제품을 시장에 출시하는 경우, 관련업자는 GMOs로부터 생산된 식품(첨가물 및 향신료를 포함함)성분의 표시, GMOs로부터 생산된 사료원료 또는 첨가물 또는 GMOs로 길러진 동물로부터 생산된 식품의 표시, 현존하는 성분리스트가 없는 경우 GMOs로부터 생산된 제품의 표시에 관한 정보를 제품수취인에게 제공해야 한다. 그리고 관련업자는 10년 동안 각각의 거래, 거래자, 제품에 대한 정보를 유지해야 한다는 '추적가능성' 및 '의무적인 표시부착요건'을 규정하고 있다. EU는 모든 GMOs가 전통적인 육종방법에 의해 개발된 non-GMOs와 실질적으로 동일하지 않은 전혀 새로운 것novelty이기 때문에, GMOs 및 GM 제품에 대한 소비자의 알 권리consumers' right to know를 충족시켜주기 위해서는 '의무적인 표시부착'이 반드시 필요하다는 입장을 취하고 있으며, 비의도적 혼입허용치 '0'을 목표로 하고 있다.

EU는 GMOs 및 GM 제품 공급의 안전성과 규제시스템의 신뢰성에 대한 공공 또는 소비자의 관심, 사회적 기대 및 요구에 소구하는 관리정책을 수행한다[28;288]. 소비자 태도 및 가치의 변화에 기초하여 EU에서의 식품규제는 인체 및 환경위험뿐만 아니라 모든 잠재적 소비자의 사회적 위험의 고려를 증가시키고 있다. 광우병파동 이후 식품안전성에 있어 소비자의 신뢰구축을 기본 목표로 하는 정책적 변화가 확연히 드러나고 있다. 이러한 EU의 GMOs 정책은 역내 NGOs, 소비자, 시민사회 등의 다양한 이해관계자의 요구 및 기대가 반영된 사회적 반응이다. 이는 EU의 표시부착 정책에서 잘 표출되고 있다. EU에 있어서 비의도적 혼입허용치 '0'의 추구는 사회전체에 걸쳐 있는 GM 기술 그 자체의 잠재적 위해성에 대한 소비자인식과 GMOs 및 GM 제품에 대한 도덕적, 윤리적, 종교적 신념 등을 고려한 결과이다. 과학적 정보를 결정적인 것으로 간주하지 않으며 이 경우 위험 관리를 위한 의사결정에 있어 사회적 기대를 포함시켜야 한다는 인식에 기초하고 있다. 즉, EU는 과학적 평가에 근거한 위험정보만이 아닌 인간의 건강 또는 안전, 동식물의 생명 및 건강보호, 환경보호, 공공의 인식제고, 제품에 대한 소비자의 알권리의 보호 등의 사회적 요구 및 기대 즉, 사회적 차원에서의 정당한 요인을 고려하여 위험 관리 정책을 수행하고 있다. 그렇기 때문에, EU의 GMOs에 대한 규제접근은 광범하고 다양한 사회적 차원의 요구를 명확하게 수렴하고 있다고 볼 수 있다.

제9장

정책패러다임의 충돌: 조화의 필요성

GMOs와 관련된 다양한 사회적 논쟁은 국제사회에서 다양한 성향의 규제정치를 파생시켰다. GMOs 관련 규범 및 정책의 성향은 크게 사회적 합리성social rationality과 과학적 합리성scientific rationality을 기반으로 하고 있으며, 그러한 정책 패러다임의 대립은 국제사회에서 GMOs와 관련된 다양한 불협화음을 야기하고 있다. WTO에서의 대립은 대표적인 예이다. 그러한 대립의 뒤에는 GMOs 정책성향 스펙트럼의 양 끝단을 포석하고 있는 미국(과학적 합리성 기반의 정책)과 EU(사회적 합리성 기반의 정책)가 버티고 있다[289]. 그 외 세계 각국 역시 미국과 EU의 정책성향을 중심으로 양분되어 있는데, GMOs 수출대국은 과학적 합리성을 기반으로 하는 성향을 보이고 있으며, GMOs 수입국은 사회적 합리성을 기반으로 하는 성향을 보이고 있다. 그렇기 때문에, 과학적 합리성 기반의 GMOs 정책성향을 취하는 국가들은 GMOs의 국제무역이 WTO의 무차별원칙에 입각하여 자유롭게 이루어져야 함을 주장하는 반면, 사회적 합리성 기반의 GMOs 정책성향을 취하는 국가들은 GMOs의 국제무역이 CPB가 규정하고 있는 GMOs의 사회경제적 요인을 고려하여 안전성을 먼저 고려하는 기술적 사전 예방적 접근을 통해 이루어져야 함을 주장하고 있다.

세계 각국이 취하고 있는 GMOs 정책성향의 정도는 각국 특유의 사회적 맥락에서 형성된 다양한 요인, 특히 정치-경제요인의 상대적인 힘에 따라 상이하다는 사실은 주지할 필요가 있다. 이처럼 독특한 역사적 경로historical path가 존재하는 각국의 GMOs 정책성향이 수렴할 가능성이 있는가? 향후에도 각국의 GMOs 정책은 자국의 내부 특유의 정치－경제 요인에 지속적으로 반응할 것이다[224]. WTO *EC-Biotech* 사건[1)]은 정책 패러다임의 충돌사례를 직접적으로 보여주고 있다.

1. 정책 패러다임의 대립: 사회적 합리성 vs. 과학적 합리성

1) WTO vs. CPB

'유엔공업개발기구의 생물체 환경방출을 위한 자발적 행위준칙UNIDO Voluntary Code for Conduct for the Release of Organisms into the Environment, 1992'과 '생명공학기술 안전성 확보를 위한 유엔환경계획 국제기술지침UN International Technical Guidelines for Safety in Biotechnology, 1995'은 바이오안전성의정서CPB가 채택되기 이전까지 GMOs의 안전성 확보에 많은 기여를 하였다.[2)] 그렇지만, 이들 지침은 국제적으로 법적 구속력을 지니고 있지 않은 권고적 성격을 띤 것이어서 세계 각국으로 하여금 일관되고 조화된 바이오안전성 확보 노력을 유도하는데 다소 한계가 있었다.

CPB의 채택(2000년)과 발효(2003년)는 GMOs와 관련된 바이오안전성 문제에 초점을 둔 특별한 국제공법의 가동을 의미한다. GMOs에 대한 적절한 국제교역절차를 적용함으로써 GMOs의 국가 간 이동, 운송, 취급 및 사용 등에 있어서의 바이오안전성을 확보하기 위한 국제규범이 본격적으로 적용된다는 것이다. CPB

는 '환경과 개발에 관한 리우선언 원칙 15'에 포함된 사전예방접근에 기초하여 인체 건강에 미치는 위해의 고려와 함께 생물다양성의 보전 및 지속가능한 이용에 부정적인 영향을 미칠 수 있는 현대 생명공학기술에 의해 만들어진 유전자변형생물체GMOs의 안전한 이동, 취급, 이용에 있어, 특히 국가 간 이동에 초점을 두어, 적절한 보호 수준을 보장하는 것을 목적으로 하고 있다.[3)]

CPB의 초점이 GMOs의 국가 간 이동, 즉 무역에 있는 만큼 통상측면의 국제공법인 WTO 규정과 밀접한 관련이 있다. 이러한 관련성으로 인해 실제 CPB 협상기간 동안 세계 각국의 대표단들은 GMOs의 국제무역을 규제하려는 CPB의 노력이 기존의 WTO 규정을 훼손하거나 WTO 규정에 의해 훼손될 수 있다는 우려를 표명하였다. WTO 규정은 GMOs 무역을 포함하여 당사국들 간의 모든 제품의 무역을 규율한다. WTO는 동종제품like products을 불필요하게 차별하지 않도록 규정하고 있다. 만약 건강 및 안전을 목적으로 수입을 제한하는 경우 '과학적 근거scientific basis'를 확보할 것을 WTO 회원국들에게 요구하고 있다. 그렇기 때문에, GMOs와 non-GMOs 사이의 차이와 GMOs관련 위험에 대한 상반된 견해를 갖고 있는 경우 무역관련 쟁점들이 CPB의 이행과정에서 발생할 수 있다는 것이다. 이는 CPB 규정과 WTO 규정의 양립가능성 여부에 관한 문제를 제기한다. 이에 대한 다양한 논쟁 끝에 협상과정에서 협상당사국들은 CPB 전문에 '.....무역 및 환경에 관한 협정들이 지속가능한 개발을 달성함에 있어 상호 지지되어야 함을 인정하고, 기존의 국제협정에 따른 당사국의 권리와 의무에 어떤 변화를 의미하는 것으로 CPB가 해석되어서는 아니 된다는 점을 강조하며, 그렇다고 해서 CPB가 기타 국제협정들에 종속됨을 의미하지는 않는다는 점을 이해하면서..... '[4)]라는 문구를 명시적으로 첨가하였다.

'.....무역 및 환경에 관한 협정들이 지속가능한 개발을 달성함에 있어 상호 지지되어야 함을 인정하고....'라는 문구는 동일 국가들 간에 동일한 주제를 다루는 협정들은 양립가능성을 증진하는 방식으로 해석되어야 한다는 '조약법에 관한 비엔나 협약Vienna Convention on the Law of Treaties(Vienna Convention)'의 조약해석에 관한 일반 규칙에 기초한 것으로 WTO 협정과 다자간 환경협약multilateral environmental agreements(MEAs)이 상호 지지적인 관계가 형성되어야 함을 바라는 CPB 당사국들의 기대를 반영한 것이다[33, p.28]. 여기서 '상호 지지하는mutually supportive'이란 용어는 'WTO 협정과 다자간환경협약MEAs은 공유된 목적을 추구하는 국제 공동체의 노력을 대표하며, 그들 간 상호 지지적인 관계를 발전시킴에 있어 양자 모두에 정당한 존중이 부여되어야 한다.'는 WTO의 의지[293]에 기초한 것이다. 그렇지만, '조약 해석의 일반원칙'이라는 문맥을 보면 상호 지지적인 관점에 대한 CPB 당사국들의 진정한 의도를 엿볼 수 있다[33, pp.28-29]. CPB가 채택되었을 때, CPB는 당연히 WTO 협정을 포함한 기존의 국제협정보다 시기적으로 나중의 것이었다. 국제협약 사이에 충돌이 있는 경우에 이의 해석에 관한 일반 규칙을 규정하고 있는 '조약법에 관한 비엔나 협약5)'에 따르면 동일한 국가들 간에 동일한 주제를 규율하는 협정들보다 CPB가 우선적으로 적용되어야 한다는 주장을 지지할 수 있다. WTO가 모든 제품의 국제무역에 적용되는 반면 CPB는 GMOs 및 GM 제품에만 적용되기 때문에 CPB가 WTO의 무역규정 보다 구체적이라 말할 수 있다. '후법 우선의 원칙lex posterior derogat legi priori'과 '특별법 우선의 원칙lex specialis derogat legi generali'으로 알려진 조약 해석의 규칙이 존재하는 상황에서 CPB의 협상당사국들은 국제협약 상호간 충돌이 있는 경우 더 최근에 제정된 CPB에 명시되어 있는 보다 구체적인 규정이 일반적인 WTO 규정에 우선하도록 하는 의도를 가지고 있었던 것으로 해석될 수 있다.

CPB 협상에 참여했던 국가들의 의도가 무엇이든 현재 국제 공법의 맥락에서 가장 중요한 것은 CPB에 근거한 국제 차원의 바이오안전성 확보는 WTO 규정과 조화되어야 한다는 것이다. 물론, CPB는 당사국이 CPB 규정에서 요구하는 수준보다 더 엄격하게 바이오안전성 확보를 위한 조치를 취할 수 있음과 동시에 그러한 조치가 당사국의 국제법상 여타 의무와 부합해야 한다는 것[6]을 규정하고 있다. 그렇지만, 사전예방원칙에 입각하여 GMOs가 초래할 인체 및 환경에 대한 위해를 회피하거나 최소화하기 위하여 GMOs의 국가 간 이동을 제한할 수 있음을 밝히고 있다. 이러한 맥락에서 CPB는 근본적으로 과학적 증거요건을 강조하는 WTO 규정과 상충된다.

2) 미국 vs. EU

rDNA 기술, GMOs 및 GM 제품에 대한 세계 각국의 정책적 반응은 상이하게 나타나고 있다. 이는 GMOs와 관련하여 각국의 사회정치·경제적 맥락에서 표출되는 사회적 적법성social legitimacy 확보요구와 경제적 적법성economic legitimacy 확보요구의 상대적인 정도가 상이한데 이유가 있다. 특정 사회시스템 내에는 사회적 적법성과 경제적 적법성의 확보를 요구하는 압력이 병존하고 있기 때문에 특정 사회시스템이 선택하는 GMOs 정책성향은 이들 두 요구를 끝단으로 하는 사이에서 다양한 스펙트럼을 형성하고 있다[29;244;245]. 이는 세계 각국이 경제적 성과 증진을 위한 경제적 기능과 안전성 확보를 위한 사회적 기능을 동시에 수행하는 혼합 형태로 정책을 입안하고 수행하고 있음을 의미한다. 물론, 정책지향성은 존재(예를 들어, 경제적 기능지향 또는 사회적 기능 지향)한다. 규제성향과 정치사회 및 경제에 미친 영향측면에서 볼 때, 대조적인 성향을 띠고 있는 미국과 EU의 규제에 대한 고찰은 매우 중요하다. 현대 생명공학기술과 이를 이용한 GMOs 및 GM 제품에 관한 정책성향에 있어서의 미국과 EU의 차이는 이미 1980년대 초부터 발생하기 시작했다. 미국은 1980년대 초 엄격한 정책을 표방했으나 시간이 지남에 따라 GMOs을 포용하는 방향으로 선회하였으며, 반대로 EU는 상대적으로 느슨한 정책으로부터 더 엄격한 사전예방적인 정책성향으로 변화되었다[294]. 이러한 변화는 기술의 급속한 진보와 이에 따른 정치적 압력의 급증에 따른 규제정책의 동태적 변화가 있었음을 의미하며, 부수적으로 문화적 차이 또한 그러한 변화에 기여했을 것이라 짐작한다. GMOs 관련 정책성향에 있어 미국과 EU의 실제적인 분화는 1980년 중반부터 시작되었으며, 일부 수출국을 제외한 나머지 세계 각국은 EU의 정책성향으로 수렴하는 경향을 보이고 있다.

2. EC-Biotech 사건: 정책 패러다임 충돌 사례

2000년 1월 29일 CPB의 채택이후 '사전예방원칙' 정책성향을 보이고 있는 EU를 중심으로 세계 각국은 GMOs 및 GM 제품에 대한 법, 규정 및 지침을 제정하고 GMOs에 내재된 잠재적 위해성으로부터 자국 국민 또는 동물, 환경 또는 식물을 보호하기 위한 규제를 가하고 있었다. 그러한 상황에서 2002년 11월 아프리카 잠비아 정부는 극심한 가뭄과 기아상황에도 불구하고, GMOs 및 GM 제품의 안전성 이유를 들어 미국의 GM 농산물 지원을 거부했다. 미국은 잠비아 정부의 GM 농산물 거부 및 세계 각국의 GMOs에 대한 반감확산이 현대 생명공학기술 및 GMOs에 대한 EU의 반대운동의 영향임을 주장하고 EU의 모라토리엄을 계기로 1998년부터 막대한 경제적 손실을 입어 왔음을 밝히면서 2003년 5월 13일 WTO에 협의를 요청[295]했으며, 동년 5월 13일 캐나다[296]와 동년 5월 14일 아르헨티나[297]도 WTO에 협의를 요청했다. EU-미국, 캐나다 또는 아르헨티나 사이의 양자협의가 무산된 이후 2003년 8월 29일 단일패널이 설치되었으며, 패널 단계에서의 결정을 담은 EC-Biotech 사건에 대한 최종보고서[174]가 2006년 11월 21일 채택되었다. 21세기 기술-경제 패러다임의 핵심으로서 현대 생명공학기술이 세계 각국의 관심을 받고 있지만, 이의 산업적 이용관련 기술(물질, 공정, 제품, 유전자원 등을 모두 포함)의 선점을 위한 경쟁과 안전성 문제에 대한 견해 차이 등으로 GMOs 및 GM 제품의 국가 간 무역관련 이슈에 대한 국제적 합의가 쉽게 이루어지지 않고 있다. 게다가 국가 간 무역을 관장하는 WTO 조차도 GMOs 및 GM 제품에 대한 명시적인 규정을 두고 있지 않다. 그럼에도 불구하고, GMOs 및 GM제품과 관련하여 제기될 수 있는 규제, 즉 인간 건강 및 환경 보호를 목적으로 한 조치, 표시와 같은 기술조치 등은 위생 및 식물위생조치의 적용에 관한 협정SPS 협정, 무역에 대한 기술장벽에 관한 협정TBT 협정의 범주에 포함될 수 있다는 주장[215;259;298]이 제기되어 왔다. 그러면서도 GMOs 및 GM제품에 대한 국가 간 무역에 이들 협정을 실제로 적용할 수 있는지의 여부에 대한 법적 근거의 불확실성은 여전히 남아 있었다. 그러나 EC-Biotech 사건에 관한 WTO 패널의 최종보고서는 향후 WTO가 현재 대립되고 있는 정책 패러다임의 양 끝단(사회적 합리성social rationality vs. 과학적 합리성

scientific rationality)에서 팽팽히 대립하고 있는 GMOs의 국가 간 무역 관련 규제조치를 어떠한 시각에서 접근할 것인가에 대한 방향성을 제공하고 있다. WTO EC-Biotech 사건에서 제기된 쟁점은 첫째, WTO가 CPB의 규정을 고려하여야 하는가의 여부, 즉 법적 해석에 관한 방법, 둘째, 문제가 되는 조치의 성격, 적용 가능한 WTO 규정과 접근 방법, 셋째, SPS 협정의 적용문제와 그 위반여부이다.

1) WTO가 CPB의 규정을 고려하여야 하는가?

EU는 GMOs의 생산 또는 소비승인 조건에 관한 국가적·국제적 차원에서의 사회적 논쟁과 GMOs의 특성 특징으로부터 야기되는 염려를 규제하기 위해 채택된 국제공법의 관련 규정, 특히 CPB에 반영된 사전예방원칙과 위험평가에 관한 국제법의 규범을 무시하고 WTO 규정에 의해서만 EC-Biotech 사건을 다루는 것은 바람직하지 않다고 주장하였다[174, paras.7.53-7.55]. 이와는 반대로 미국, 캐나다 및 아르헨티나는 조약에 관한 비엔나 협약 제31조 제2항 및 제3항에 따라 CPB가 국제법적 규정이라는 견해에 동의하지 않기 때문에, WTO 규정의 해석에 있어 CPB의 당사국 및 비당사국을 불문하고 CPB를 고려할 필요성이 없다[174, paras.7.56-7.63]고 주장했다. 특히, EC-Hormone 사건에서 사전예방원칙과 SPS 협정 사이에 관계가 없음을 확인한 바 있기 때문에, 조약에 관한 비엔나 협약 제31조제3항하에서 사전예방원칙이 국제법의 관련 규정으로 고려되는 경우라도 이는 특정 협약 조항의 해석에만 유용하다는 것이다. 또한 사전예방원칙은 단일의 합의된 형식이 아니며, 명확한 내용의 규정, 통일된 정의와 정확한 정의 및 법적 규범가능성 등의 측면에서 통상적인 국제법 요건을 충족시키지 못하고[174, para.7.80] 있다고 주장했다. 더군다나 조약에 관한 비엔나 협약 제31조제3항에 따르면, 국제규정은 당사자 간 관계에 적용이 가능해야 하며, CPB는 기존의 어떤 국제협약 하에서의 권리와 의무를 변화시키지 않는다는 명시적 규정을 두고 있기 때문에, CPB 당사국인 두 WTO 회원국사이 분쟁의 경우라도 WTO 규정의 해석에 있어 CPB를 고려해야 할 필요성이 없다고 주장했다.

WTO 패널은 CPB에 명시되어 있는 사전예방원칙이 국제법의 일반원칙 또는 국제관습법으로 광범위하게 수용될 수 있는지에 대한 입장은 명확히 밝히지 않았다[174, paras.7.89-7.96]. 그렇지만, CPB의 규정은 당사국 간 적용된다는 견해를 밝히고, '국제법 규정이 협약해석에 고려될 당사자 간 관계에 적용될 수 있는'이라고 규정한 조약법에 관한 비엔나 협약 제31조제3(c)항은 구절 그 자체로 동 조항의 적용범위가 해석대상조약의 모든 당사국 간의 관계에 적용될 수 있는 국제법 규정으로 제한된다고 해석하였다. 더 나아가 WTO 패널은 조약법에 관한 비엔나 협약 제2조제1(g)항이 "당사국"이란 조약에 대한 기속적 동의를 부여하였으며 또한 그에 대하여 그 조약이 발효하고 있는 국가를 의미함을 지적하였다. 즉, 당사국은 단순히 하나 그 이상 또는 분쟁당사국이 아니다. 이러한 견지에서 패널은 CPB의 당사국이면서 WTO 회원국인 EU와 CPB의 비당사국인 아르헨티나, 캐나다(서명했지만 비준하지 않았음)와 미국(서명하지 않았음)간 관계에 있어 CPB는 적용 가능한 국제법 규정이 아니라고 판정하였다.

2) WTO는 사회적 합리성을 수용하는가?

미국, 캐나다 및 아르헨티나는 EU의 GMOs 관련법[7]에 따른 GMOs에 대한 EU의 규제조치가 모두 SPS 협정에 의해 정당화될 수 없다고 주장했다. 그렇지만, EU는 관련 조치가 정치적·사회적, 과학적, 사실적 및 법적 측면에서 복잡한 사안이어서 SPS 협정만으로는 취급할 수 없다고 주장했다.[8] 이로 인해 GMOs 관련 세이프가드조치를 포함한 환경방출 및 시장출시를 위한 EU의 승인절차에 대한 SPS 협정의 적용문제가 중요한 법적 쟁점으로 부각되었다. 실제 이는 역으로 사회적 합리성social rationality에 기초하여 수행된 EU의 GMOs 관련 규제조치가 과학적 합리성scientific rationality에 기초한 '과학적 증거'요건을 강조하는 SPS 협정에 포괄되는 범위가 어느 정도인가를 가늠하는 것으로 상당한 정책적 의미를 내포하고 있다. SPS 협정이 과학적 합리성scientific rationality에 기초하고 있다는 사실이 주어진 상황에서 당연히 EU는 SPS 협정으로의 적용을 최소화하려 하였을 것이고 미국을 포함한 제소국들은 SPS 협정으로의 적용을 최대화하려 하였을 것이다.

WTO 패널은 EU의 GMOs 승인절차에 대한 SPS 협정의 적용성 여부 판단은 관련 승인절차가 SPS 협정 부속서 A(1)[9]의 의미 내에 포괄되는지의 여부에 대한 검토를 토대로 이루어진다는 것을 언급하고, SPS 조치의 정의요소를 구성하고 있는 '목적,'[10] '조치의 형태 및 성격'[11]과 '국제무역에 대한 영향'[12]에 근거하여 EU의 GMOs 승인절차에 대한 SPS 적용성을 검토하였다. WTO 패널은 SPS 협정 부속서 A(1)은 어떤 특정한 법적 형태를 명시하고 있지 않고 있다는 내용을 바탕으로 EU의 관련법이 EU에 귀속되는 정부조치를 규정한 것으로 법적 구속력을 갖고 있고, 관련법의 특정 규정이 실질적인 SPS 요건을 검증하고 보장하기 위해 적용된 절차를 포함하고 있기 때문에, SPS 협정 부속서 A(1)의 목적 달성을 위한 법 및 절차로 간주할 수 있다고 하였다[174, paras.7.422-7.433]. 또한 무역영향에 대한 부합성과 관련하여서는 EU의 법에서 규정하고 있는 절차는 그 자체로 국제무역에 직·간접적인 영향을 미치기 때문에, 국제무역에 실제적인 영향을 미치는지를 증명하는 것은 불필요하다 언급하였다[174, paras.7.434-7.436].

이러한 맥락에서 가장 치열한 쟁점이 되었던 것은 당연히 SPS 조치의 정의요소를 구성하고 있는 '목적'에 부합하는가의 여부였다. SPS 조치의 정의요소를 구성하고 있는 '목적'에 근거한 EC-Biotech 사건 패널의 적용성 검토는 EU의 GMOs 승인절차가 SPS 협정 부속서 A(1)에 명기되어 있는 세부 항목의 목적[13)]과 관련이 있는가에 초점을 두고 있다. 이러한 맥락에서 WTO 패널은 EU의 관련법에서 대상으로 하고 있는 위험과 목적이 SPS 협정 부속서 A(1)에 정의된 위험과 목적에 부합하는지의 여부를 검토하였다. 즉, GMOs가 SPS 협정에 부합하는 위험요인인가와 SPS 협정이 인정하는 GMOs 관련 위험범위가 어디까지인가로 집약되었다.

(1) GMOs는 SPS 협정에 부합하는 위험요인인가?

위험요인의 인정여부는 GMOs가 SPS 협정 부속서 A(1)에 규정된 '해충', '질병, 질병매개체 또는 질병원인체', '식품, 음료, 사료 또는 식품첨가물' 및 '오염물질, 독소 또는 알레르기유발물질'로 간주될 수 있는지와 관련된다. 이는 GMOs가 SPS 협정의 적용대상이 될 수 있는가의 여부와 직결되는 중요한 문제이다. 만약 SPS 협정의 적용대상이 되는 경우 과학적 원리에 구속되어 GMOs 관련 무역조치의 수행에 어려움이 따를 수 있기 때문이다. 즉, 사회적 합리성social rationality 기반의 정책수행이 과학적 합리성scientific rationality 기반의 규정에 의해 저지되어 그 정책적 효과성을 기대

할 수 없다는 의미이다.

WTO 패널은 통상적인 사전적 정의, 세계보건기구World Health Organization(WHO), 국제식품규격위원회The Codex Alimentarius Commission (Codex), 국제식물보호조약International Plant Protection Convention 1997 (IPPC(1997)), 식물위생조치에 관한 국제표준International Standard for Phytosanitary Measure과 같은 국제기구의 정의에 기초하여 GMOs 및 GM 제품을 SPS 협정에 부합하는 위험요인(해충, 질병, 질병매개체 또는 질병원인체, 식품, 음료, 사료 또는 첨가물, 오염물질, 독소)으로 간주될 수 있다고 하였다.[14] 그중 GMOs가 해충으로 간주될 수 있다는 WTO 패널의 논리를 예를 들어보자. 통상적인 사전적 정의로 해충은 '귀찮게 하거나 성가시게 하거나 또는 해를 끼치는 사람, 동물 및 생물'이며, 국제식물보호조약IPPC(1997)에 따르면 '해충'은 다른 생물체에 해를 끼치는 식물, 동물 또는 병원체로 간주된다. 게다가 SPS 협정 부속서 A가 동물과 식물을 '해충(이에는 잡초를 포함함)'에 포함[15]시키고 있기 때문에, GM 작물은 SPS 협정 부속서 A(1)에 포괄되는 '해충'이다. 비의도적 종자흘림으로 인하여 의도하지 않은 장소에서 GM 식물이 자라는 경우, GM 식물에서 다른 식물로 비의도적으로 유전자가 전이되는 경우, 표적 및 비표적 생물체에서 해충저항성이 증가하는 경우와 비표적 생물체 및 생물지화학적 순환에 영향을 미치는 경우는 GMOs가 해충으로 고려될 수 있는 예임을 밝히고 있다.

동 분쟁의 대상인 GMOs가 주로 작물(또는 식물)이지만, WTO 패널의 접근방법과 평결내용에 기초할 때, 다른 GMOs, 즉 어류, 연체동물, 갑각류 및 수서식물(해초, 조류 등)을 포함하는 GM 수산생물, GM 미생물, GM 동물과 GM 제품 역시 SPS 협정에 부합하는 위험요인으로 확대하여 적용될 가능성이 크다. 게다가 잠재적 위해성이 있을 것으로 예견되는 BT, NT 또는 IT간 융합제품으로 확대·적용될 가능성도 클 것으로 전망된다. 이는 WTO가 특정 혁신기술 및 신제품과 관련된 국가 간 무역을 다루기 위해 기존의 규정을 개정하거나 또는 새로운 규정을 제정하지 않을 가능성을 시사하고 있다. 따라서 기술의 혁신과 그로 인한 제품개발의 속도에 부합하는 개정 또는 제정노력을 WTO 내에서 기대하기는 힘들 것으로 전망된다. 게다가 향후 개발될 혁신기술과 혁신제품에 대한 SPS 조치의 확대·적용은 현재 국제교역과 관련하여 특정 인간 건강 및 환경 문제를 대상으로 하고 있거나 향후 다루게 될 다자간환경협약MEAs과 충돌을 일으킬 수 있는 소지를 충분히 안고 있다. 실제 이전부터 WTO 규정의 개정 없이 SPS 협정 등의 해석을 통한 사례별 사후적 차원에서의 GMOs 관련 무역조치문제의 해결은 그리 용이하지 않다는 의견이 제시되어 오곤 했다. 그렇지만, 미국은 WTO 규정이 현재 상태로도 GMOs 관련 무역조치를 포함한 국제적 차원의 MEAs상의 무역규제조치를 수용할 수 있는 유연성이 충분히 존재하고 있다고 주장해 오고 있는 상황이다. 만약, MEAs에서 다루고 있거나 다루게 될 특정 대상(예를 들어, CPB의 경우 GMOs)에 관한 조치까지 SPS 협정에 확대·적용되는 경우 사회적 합리성social rationality 기반의 사전예방원칙에 근거하여 인체 건강 및 환경 위험을 고려하여 국제무역에서 적절한 보호수준을 보장하려는 국제환경법 체제와 질서가 WTO에 구속될 우려가 있다. 즉, 위험에 대한 사회적 기대 및 요구를 수렴하는 등의 사회적 반응을 통한 기술적 사전예방을 추구하는 특성을 지닌 MEAs가 과학적 합리성scientific rationality에 준거하여 경제적 기능을 통한 시장효율성 및 효과성 증진과 기술진보를 추구하는 WTO에 저지되어 본연의 기능을 수행하지 못할 우려가 있다는 것이다. 환경보호를 위한 MEAs(각국의 환경법 포함)는 사전예방원칙을 명시적으로 규정하고 있다. WTO의 SPS 협정 제5조제7항 역시 과학적 증거가 불충분한 경우 잠정적으로 SPS 조치를 채택할 수 있도록 규정함으로써 미약한 형태의 사전예방원칙을 인정하고 있다. 그러나 추가정보 수집과 이에 기초한 과학적 위험평가를 요구하고 있어 그 실효성이 없다. 그렇기 때문에, SPS 협정에서 과학적 요건은 매우 중요하다[259;260].

(2) SPS **협정의 적용범위는?**

WTO 패널은 SPS 협정 부속서 A(1a, 1b, 1c)에 규정된 동물 또는 식물의 생명 또는 건강보호는 SPS 협정의 적용범위에 명확히 포함된다고 언급하였다. 동 사건의 패널은 '동물군'은 통상적으로 특정 지역, 서식지 또는 시대의 동물animals or animal life로, '식물군'은 특정 지역, 서식지 또는 시대의 식물plant or plant life로 정의하고, '동물'은 어류 및 야생동물군을 포함하며, '식물'은 산림의 수목 및 야생식물군을 포함한다는 SPS 협정 부속서 A의 정의에 대한 주석이 그 자체로 동물 또는 식물의 생명 또는 건강을 포괄하고 있다는 의미로 해석하고 있다. 게다가 '동물 및 동물군', '식물 및 식물군'은 크기에 관계없이 모든 개체를 포함하며, 표적 및 비표적 동물군과 식물군을 포함하고 있음을 언급하였다[174, paras.7.218-7.219]. 다음으로 동 사건의 패널은 SPS 협정 부속서 A(1d)의 '다른 피해'는 식물, 동물 또는 인간의 생명 또는 건강에 대한 피해 이외의 다른 모든 광범한 피해를 포괄한다고 해석하였다[174, paras.7.369-7.392]. 즉, 동 사건의 패널은 SPS 협정에 부합하는 위험요인인 GMOs의 부정적 영향을 방지하기 위한 목적을 '동물 또는 식물의 생명 또는 건강보호'와 이를 넘어선 다른 모든 피해, 즉 재산상의 피해, 경제적 피해, 환경적 피해 등의 사회·경제적 부문에 이르는 광범한 범위의 피해를 방지하는 것까지 인정하고 있다. 이는 일견 WTO가 환경과 관련한 매우 다양한 사회·경제적 요인을 고려하여 GMOs에 대한 무역관련 SPS 조치를 취할 수 있는 WTO 회원국의 권리를 인정하고 있으며 MEAs와의 상호지지하는 성향을 추구하고 있다는 것을 표출하고 있는 것 같이 보인다. 그렇지만, 이는 특정 국가의 GMOs에 대한 무역관련 SPS 조치가 SPS 협정에 명시된 규정에 따른 정당성을 확보할 수 있는가의 문제와는 별개이다. 즉, WTO 규정의 특성상 GMOs 무역관련 SPS 조치에 대해 과학적 원리를 재차 강조하기 위한 WTO의 의도일 수 있다. 실제 EC-Hormone 사건은 '동물 또는 식물의 생명 또는 건강보호'를 목적으로 한 무역관련 조치가 SPS 협정에 의해 정당성을 확보하는 것이 매우 어렵다는 것을 보여주고 있다. 물론, GMOs의 무역으로 인한 피해의 범위에 대한 WTO 패널의 광의적 인정은 특히 CPB에서 진행 중인 GMOs로 인한 피해의 정의 및 범위의 설정 논의에 긍정적인 영향을 미칠 수 있다. 그렇지만, 전술한 바와 같이 광범한 보호의 목적이 SPS 협정의 적용대상이 되는 한 GMOs의 국가간 무역과 관련한 MEAs 본연의 목적을 달성하는 데는 어려움이 따를 수 있다.

3. EC-Biotech 사건의 시사점

EC-Biotech 사건에 대한 WTO 패널은 GMOs 규제에 대한 WTO의 규정을 해석하는 경우 CPB의 규정을 상호지지적인 방향으로 고려할 수 있기 위해서는 당사국이라는 공통요인이 존재하여야 한다고 언급하였다. 여기서 당사국은 단순히 하나 그 이상 또는 분쟁당사국의 의미가 아닌 조약에 기속적 동의의 부여와 함께 그

조약이 발효하고 있는 국가를 의미한다. 아울러 WTO 패널은 목적, 형태 및 성격과 무역영향의 견지에서 EU의 GMOs 규제가 SPS 협정에 적용된다고 하였다.

이는 GMOs를 중심으로 한 국제 차원의 정치·경제와 WTO가 향후 GMOs에 대한 무역조치를 어떻게 접근할 것인가를 명백히 보여주고 있다는 면에서 매우 중요한 의미를 지닌다. 우선, 분쟁의 법적 쟁점으로 부각된 'EU의 GMOs 규제에 대한 SPS 협정의 적용성'과 관련하여 GMOs의 수출대국, 특히 미국은 SPS 협정 부속서 A(1)에 열거된 항목 이상의 SPS 조치를 포괄시켜 거의 모든 EU의 규제조치가 전적으로 SPS 협정에 적용된다는 입장을 견지했지만, 수입국인 EU는 SPS 협정 부속서 A(1)에 열거된 항목 이외의 SPS 조치를 인정하지 않음으로써 EU의 규제조치가 SPS 협정에 적용되는 범위를 제한하려 했다. 이러한 상반된 주장은 미국과 EU가 SPS 협정의 기본적인 속성과 그 적용결과를 잘 이해하고 있는데서 비롯되었다고 본다.

SPS 협정은 제품에 대한 안전성 확보를 이유로 한 불투명한 시장접근장벽을 없애고 예측가능하고 안정적인 안전성 확보조치의 이용을 촉진시켜 수출국 및 다국적 기업의 경제적 이해를 수렴하기 위한 산물이다. 여기서 '예측가능하고 안정적'이란 것은 관련된 SPS 조치가 과학적 원리 및 증거요건, 즉 과학적 합리성 scientific rationality에 입각하여야 한다는 의미이다. SPS 협정이 특정 회원국에게 인간 건강 및 환경 보호 등과 같은 사회적 규제 장벽을 부과할 수 있도록 하고 있지만, SPS 조치를 위장된 보호주의 장벽으로 이용하지 말아야 한다는 것을 규정하고 있는 것은 SPS 협정이 과학적 합리성에 근거한 수출국 및 다국적 기업의 경제적 이해를 반영하고 있다는 것을 명백하게 보여주고 있다. 따라서 SPS 협정에서 중요한 조건은 과학적 정당성이다. EC-Hormone 사건은 그 예를 여실히 보여주고 있다. GMOs와 관련된 SPS 조치 역시 이와 동일한 맥락에서 이해된다. 그렇지만, 현재의 과학수준에서 획득가능한 지식과 정보에 기초하여 설정된 가설적 위험을 중심으로 위해성평가를 수행하고, 상업화되어 국제적으로 거래되고 있는 모든 GMOs로부터의 부정적 영향을 방지하기 위해 SPS 조치를 취하는 경우 그러한 위험 및 피해에 대한 새로운 또는 추가적인 과학적 증거를 확보하기가 용이하지 않다. 또한 WTO가 GMOs로 인한 피해의 범위를 광범위하게 인정하고 있지만, 그러한 피해를 입증하기 위한 과학적 평가 방법 및 항목 등이 국제적으로 확립되어 있지 않기 때문에, 광범하게 인정된 그러한 피해에 대해 과학적 정당성을 확보하는 것은 더더욱 불가능하다. 심지어 SPS 협정 제5조제7항이 "관련 과학적 증거가 불충분 한 경우 .... 입수가능한 적절한 정보에 근거하여 잠정적으로 조치를 취할 수 있다. 이 경우 회원국은 더욱 객관적인 위험평가를 위하여 필요한 추가정보를 수집하도록 노력해야 하며, 이에 따라 합리적인 기간 내에 위생 및 검역조치를 재검토하여야 한다."고 규정하고 있는 것은 과학적 정당성이 SPS 협정의 핵심적인 원칙이라는 것을 재차 강조하고 있는 것이다.

SPS 협정은 GATT(1994) 또는 TBT 협정에 명기되어 있지 않은 특정 과학적 요건, 즉 위험평가의 수행을 위한 기본적인 조치 요건을 명시적으로 규정하고 있어 일반적으로 GATT(1994) 또는 TBT 협정에 따른 규정보다 더 엄격한 것으로 고려되고[299] 있다. 이러한 사실을 염려하여 GMOs에 대한 무역규제조치를 다룸에 있어 기존 SPS 협정을 적용하지 말아야 한다[300]는 주장도 있다. 미국과 EU의 SPS 협정 적용 범위에 대한 상반된 주장은 SPS 협정의 근본적인 패러다임과 접근논리에 대한 합리적 기대를 기반으로 한 협상이익을 극대화하기 위한 목적이었다고 본다.

WTO 패널은 광범한 사회·경제적 요인을 고려한 GMOs 무역 관련 SPS 조치에 대해 SPS 협정이 적용될 수 있음을 평결함으로써 과학적 합리성scientific rationality을 기반으로 한 경제적 이해를 추구하는 국가의 견해를 지지했다. 물론, 이러한 WTO 패널의 평결은 EU의 법이 고려하고자 하는 위험의 범위가 매우 넓다는데서 그 이유를 일견 찾을 수 있지만, WTO 패널의 평결에 지배적인 영향을 미칠 수 있는 요인은 아니라고 본다. 그렇지만, GMOs의 무역과 관련될 수 있는 SPS 협정, TBT 협정과 GATT(1994)에서 SPS 협정은 다른 어느 협정보다 우선 적용될 수 있는 조치가 있어, SPS 협정의 인정 여부와 범위에 대한 WTO 패널의 결정은 매우 중요하다. 예를 들어, TBT 협정 제5조제1항에 따라 SPS 협정이 적용되는 경우 TBT 협정은 적용될 수 없으며, 또한 SPS 협정, TBT 협정과 GATT(1994)가 경합하는 경우는 WTO 설립을 위한 마라케쉬협정 부속서 1(A)의 일반적 해석 주석에 따라 특별협정이 GATT(1994)에 우선 적용된다. 그렇기 때문에, EC-Biotech 사건 패널의 평결은 향후 WTO가 사회·경제적 요인을 고려한 각국, 특히 수입국의 GMOs 관련 무역규제조치에 정당성을 부여하는데 한계로 작용할 것이다.

제3부

지속가능한 사회 실현을 위한 과제

제10장 ▮ 기회와 도전, 그리고 사회

제11장 ▮ 공존을 위한 조건: 사회·경제적 고려

제12장 ▮ 공존을 위한 정책의제와 과제

제10장

기회와 도전, 그리고 사회

혁신 제품과 혁신 기술은 과학적 연구·개발의 산물이며, 과학적 연구개발은 곧 사회시스템 내에서 광범하게 이루어지고 있는 사회적 활동이다. 이는 GMOs 및 GM 제품 역시 사회적 활동의 산물로써 사회와 분리되어 취급될 수 없음을 의미한다. 즉, 혁신 제품과 혁신 기술의 개발과 이용은 사회 밖에 존재하는 외부적인 것이 아니다. 과학이 사회의 발전에 중요한 원동력이 된다는 사실을 고려할 때, 그 산물인 모든 제품과 기술은 더욱더 사회와 밀접하게 연동되어 있다. 그렇지만, 기술은 그 자체적으로 사회적 영향을 산출해 내는 자발적 활동으로 개념화되어 있다. 그렇기 때문에, 사회발전에 대한 과학과 기술의 중요성에도 불구하고 과학과 기술이 유전자변형, 줄기세포연구 등과 같은 분야에 응용되는 경우에는 다양한 사회적 논쟁을 쏟아낸다. 이는 과학과 기술이 사회발전을 위한 혁신에 있어 선도적 역할을 할지라도 사회적·법적 측면에서 그 이상의 평가를 받기는 쉽지 않다는 것을 의미한다.

GMOs를 둘러싼 다양한 사회적 논쟁은 사회발전을 위한 기회와 도전을 동시에 던져 주고 있다. 이러한 기회와 도전의 동시성은 모든 혁신 기술 및 제품이 사회에 도입되는 경우 항상적으로 관찰되는 현상이다.[1] GMOs가 우리 사회에 제공할 수 있는 기회는 GMOs의 개발과 이용을 통해 창출할 수 있는 혜택이나 사회문제해결을 위한 방법의 획득과 같은 것이다. 물론, 안전성 측면에 대한 우려도 사회구성원들에 의해 동시다발적으로 제기되고 있다. 사회시스템 내에서 사회구성원 사이의 GMOs의 개발 및 이용과 관련하여 발생할 수 있는 혜택과 위험 측면에 대한 합의부재와 이에 기인한 끊임없는 논쟁은 사회에 또 다른 도전을 던져주고 있다. 도전은 기회의 활용을 위해 사회가 반드시 획득하여야 하는 것을 말한다. 이는 사회가 GMOs와 양립할 수 있는 여건을 조성할 수 있느냐와 관련될 수 있다. 사회정치적·경제적 측면에서 GMOs 및 GM 제품을 포함하는 GM 기술 응용과 사회의 요청 간 사회적 묵시계약(사회적으로 바람직한가)을 형성하고 있는가에 대한 문제를 제기하는 그 자체는 이미 사회와 과학 또는 기술 사이에 틈이 존재하고 있기 때문에, 사회구성원들은 그러한 틈을 메우기 위한 노력을 경주해야 한다는 가정을 내포하고 있다. 이러한 방식으로 사회와 기술 간 관계를 표현하는 경우 그러한 틈을 스스로 더 벌리게 하는 상황으로 몰아 갈 수 있다. GM 기술의 응용과 사회시스템 내에서의 사회적 반응과 의사소통 사이에는 명확한 차이가 존재한다. 그렇지만, GM 기술의 응용을 포함하는 과학과 기술은 사회시스템 내부에 항상 존재하고 있다는 것을 간과하지 말아야 한다. 이는 GMOs가 사회에 던져주는 도전을 그냥 회피할 수는 없다는 것을 의미한다.

1. GMOs의 잠재적 혜택 활용을 향한 모방압력

특정 사회시스템이 선택하는 GMOs에 대한 정책의 성향은 경제적 적법성 확보 압력에만 적극적으로 반응하는 전향적(또는 촉진) 형태와 사회적 합법성확보 압력에만 적극적으로 반응하는 사전예방적(또는 억제) 형태 사이에서 다양한 스펙트럼을 형성하고 있다[29;244]. 사회적 적법성social legitimacy과 경제적 적법성economic legitimacy의 확보 요구는 현대 사회가 안고 있는 두 가지 가정에 기초하고 있다. 현대 생명공학기술은 지속적으로 추구되어야 하는 경제적 성장을 위한 동인이며, 사회의 구성원들은 특정한 잠재적 위험으로부터 보호되어야만 한다는 것이다. 여기서 사회적 적법성과 경제적 적법성의 확보 요구의 강도는 특정 사회시스템 내에서 GMOs가 응용되는 산업 및 분야에 대한 사회적, 문화적, 경제적 중요성에 의해 영향을 받는다. 그렇기 때문에, 정책의 입안과 수행에 있어 그러한 요인들의 명시적인 또는(그리고) 묵시적인 영향의 강도를 충분히 고려하는 것은 매우 중요하다[246-248]. 그렇지만, 그러한 영향들의 성향과 정도를 정확히 가늠하기는 어려우며 정책에 효과적으로 반영하는 것 또한 쉬운 일은 아니다. 그러한 중요성은 주로 사회구성원들의 주관적 규범에 의해 표출되며 오랜 기간에 걸쳐서 사회적으로 구조화된다. 즉, GMOs에 대한 유용성과 위험은 현실 세계에 대한 사회구성원들의 합의된 인지적 투사이다. 그렇기 때문에, GMOs에 대한 유용성과 위험은 사회적 관계와 사회구성원 간 협상을 통해 형성되는 것으로 인식된다. 이러한 맥락에서 사회시스템이 GMOs의 유용성과 위험을 바라보는 시각은 고정되어 있는 것이 아니라 시간의 흐름에 따라 변화한다고 볼 수 있으며, 이 경우 사회시스템의 정책대응성향도 변화할 수 있다.

최근 사회적 합리성social rationality을 기반으로 기술적 사전예방 정책을 수행하고 있는 일부 국가에서 정책성향에 있어 변화의 움직임이 감지되고 있다. 'GMOs가 주는 산업적·경제적 기회를 적극적으로 활용하여야 하는가?'에 대한 물음을 던지고 있는 것이다. GMOs의 산업적 응용은 모든 산업분야에서 이루어지며, 이를 통한 경제적 성과와 파급영향 또한 범위 및 규모면에서 상당할 것으로 전망되고 있다. '바이오경제'시대에 있어 향후 대부분의 산업이 GMOs를 포함하는 현대 생명공학기술로 수렴될 수 있는 가능성은 매우 높기 때문이다.[2] 이러한 맥락에서 세계 각국은 GMOs가 제공할 수 있는 잠재적 혜택과 이의 활용을 통한 국가발전의 기회를 무시할 수는 없을 것이다. 최근 GMOs의 특허출원이 생명공학기술 분야에서 빠른 속도로 증가(상위 3위를 차지)[302]하고 있으며, 바이오안전성의정서 당사국인 멕시코, 중국, 남아프리카공화국 등과 호주와 같은 국가들이 GMOs 정책을 경제적 그리고 무역관련 고려를 바탕으로 입안하고 있다[303]는 사실은 GMOs가 주는 발전과 성장의 기회를 수용하려는 국가적 의지를 표출하고 있는 것이다. 물론, 지난 30년 동안의 GMOs, 특히 GM 작물의 경험은 향후 사회가 GMOs가 제공할 수 있는 잠재적 혜택과 기회를 누리기 위해서는 상당한 노력을 기울여야 한다는 것을 명백히 보여주고 있다[106]. 그렇지만, 사회적 합리성social rationality 기반의 정책성향을 보이고 있는 국가들에서 GMOs가 주는 혜택에 눈을 돌리고 있다는 것은 국가경쟁력의 근본적인 원천이 될 수 있는 다음 세대의 기술-경제 패러다임인 GMOs 관련 기술혁명의 길에서 뒤쳐질지 모른다는 두려움이 작용하고 있는 것이다. GMOs 및 GM 제품의 개발과 이용은 국가경쟁력의 핵심이라는 공식이 모방압력mimetic pressure을 행사하고 있는 것이다.

GMOs에 대한 사회적 염려를 가장 적극적으로 수용하여 기술적 사전예방정책을 수행하고 있는 EU에서도 변화의 움직임이 포착되고 있다. EU는 최근 500개 이상의 연구 집단이 참여하고 있는 130여 개의 GMOs 관련 연구프로젝트를 정리·요약하고 생명공학기술이 그 자체로 전통적인 육종기술보다 위험하지 않다는 결론을 지었다[304]. 이제까지 EU가 집중적으로 보아왔던 GMOs의 잠재적 위험보다는 다른 이면, 즉 잠재적 혜택을 보고 이를 개발·이용하는 경우 발생 가능한 편익을 측정할 시기로 인식해야 한다[305]고 주장하는 학자들도 있다. 특히, 엄격한 규제로 인한 기회손실이 상당할 것이라는 전망과 염려들이 제기되는 상황이어서 GMOs가 제공하는 잠재적 편익을 사회발전의 동력으로 삼아야 된다는 주장이 어느 정도 설득력을 얻고 있다. 최근 EU에서는 엄격한 규제로 인해 투입산업에 있어서의 수급불안정(공급중단 및 부족)과 이에 연계된 후방산업의 손실이 발생하였다. 예를 들어, GMOs의 공급부족, 사료생산의 감소와 축산부문 및 축산가공산업의 손실로 이어지는 부정적인 연계효과가 발생하였다.[3)] GMOs의 다양한 산업적 응용가능성을 고려하면 엄격한 규제로 인해 발생할 수 있는 EU의 기회손실은 아마도 상당할 것이다. 게다가 non-GMOs만을 수입할 수 있는 가능성이 점차 감소되고 있고, 생산된 GMOs 대부분을 국내 관련 산업의 수요충족에 소비하고 있는 수출국들의 상황을 고려하면, 기름, 식품 및 사료, 축산, 에너지, 섬유, 화합물 및 화학제품 등의 산업에서 도미노현상처럼 발생하게 될 기회손실은 측정이 불가능할 것으로 판단된다. 시간의 경과에 따른 GMOs 연구개발기반의 상실은 그러한 기회손실을 만회할 수 있는 가능성을 더욱 희박하게 만들고 있다[88;104; 105; 106, p.262;107]. 경제적 측면의 손실과 향후의 기회손실에 대한 염려에 반응하여 EU 내 정치계, 과학계와 산업계는 GMOs의 연구개발 및 시장개발을 촉진하는 방향으로 GMOs 관련 규제를 완화하여야 한다고 주장하고 있다. 즉, GMOs가 제공하는 잠재적 기회의 탐색과 활용을 촉진하고자 하는 사회 전체차원의 의지를 표출하고 있는 것이다. EU는 이러한 사실을 반영하여 "......생명공학기술의 응용과 생명공학기술의 응용과 지식기반 바이오경제를 위한 연구 및 시장 개발을 촉진한다. 생명공학기술의 경쟁력, 과학기반으로부터 산업으로의 지식 이전 및 혁신을 제고 또는 촉진한다. 생명공학기술에 관한 편익 및 위험에 관한 사회적 토론 informed societal debate을 격려한다. 농업에 대한 생명공학기술의 지속가능한 기여를 보장한다. 법의 이행과 경쟁력에 관한 법의 영향을 개선시킨다........"[307]라는 언급을 통해 규제의 개선을 통한 생명공학기술의 발전과 경쟁력 제고의 필요성을 공식적으로 밝히고 있다.

2. GMOs의 이용을 위한 사회적 도전

사회에서 과학의 역할은 어느 한 가지로 주어져 있지 않다. 가장 중요한 역할은 아마도 경제의 발전 및 혁신의 제고를 위한 지식의 제공일 것이다. 삶의 질을 제고시키는 것도 또 다른 역할일 것이다. 대체적으로 사회에서 과학은 혁신(시장경쟁력 제고, 경제성장에 기여 등), 삶의 질(건강, 복지 증진 등), 정치(미래 발전에 대한 논의, 공공 및 정책 자문 등), 문화(문화유산의 보전, 문화적 다양성 확보 등)와 지식(바람직한 사회의 구상, 인간정주 및 지속가능한 개발 등) 차원에서 다양한 역할을 수행한다[308]. 이러한 다양한 역할의 수행을 통해 과학은 사회시스템 내부에서 항상적으로 존재(=공존)하고 있는 것이다. 물론, 모든 과학이 바람직한 역할만 수행하지는 않았다는 사실을 간과하지는 말아야 한다. 그렇지만, 대체적으로 인류는 과학기술과 함께 발전하여 왔다.

그렇다면, 과학기술의 산물인 GMOs는 어떠한가? GMOs 역시 사회적으로 바람직한 다양한 역할을 수행할 수 있을까? "예"라고 명확히 답할 수 없다. 그 이유는 본서의 전반에 흐르고 있다. 최근 경제 및 무역 측면에서 GMOs가 중요하다는 것을 인식하고 GMOs가 주는 기회를 탐색하고자 하는 국가, 특히 사회적 합리성 social rationality 기반의 정책성향을 띠고 있는 국가들이 그러한 기회를 활용하는 방향으로 정책적 변화를 적극적으로 모색하고 있지 않는 것도 같은 맥락에서 이해할 수 있다. 사회와의 양립가능성에 관한 문제인 것이다. 이 역시 사회구성원 간 합의와 관련된 문제일 수도 있다. 물론, GM 기술과 GMOs 및 GM 제품을 포함하는 현대 생명공학기술 관련 법칙과 그것이 사회 전반에 초래할 수 있는 영향은 협상의 대상이 될 수 없다는 것은 간과하지 말아야 한다. 이는 과학적 증거원칙의 준수를 강력히 요구하는 규범적 메시지일 수 있다. 이러한 맥락에서 사회구성원들은 GM 기술과 GMOs 및 GM 제품의 안전성에 대한 과학적 증거를 끊임없이 요구하고 있다. GMOs의 안전성에 관한 사회적 염려는 rDNA 기술이 개발되었던 당시부터 지속적으로 제기되어 왔던 문제이다. 그러한 안정성 여부의 파악을 위한 평가기술 역시 진보하고 있으며, 그 연장선상에서 GMOs의 안전성에 대한 다양한 과학적 실험결과들이 쏟아져 나오고 있다. 그러한 과학적 실험결과에 대한 사회구성원의 반응 역시 다양하다. 또 다른 논쟁을 유발하고 있는 것이다. 이제까지의 논의에 기초할 때, 사회구성원들은 기술 자체보다는 오히려 그러한 기술의 응용과 이를 통해 얻어진 산물이 사회에 미치는 사회정치적, 경제적 영향에 대해 더 많은 염려를 하는 경향이 있다. GMOs가 사회정치적 그리고 경제적 측면에서 어떠한 영향을 미칠 것인가를 정확하게 판단하는 것은 대단이 어려운 일이다. 평가될 영향의 광범위성과 GMOs 관련 자료의 제한된 이용가능성은 그에 대한 직접적인 답이 될 수 있다. 물론 이 두 가지 조건이 충분조건을 구성하고 있는 것은 아니다. 이 두 가지 조건의 충족여부에 대한 사안 역시 또 다른 논쟁을 야기할 수 있기 때문이다. 게다가 사회에 대한 GMOs의 사회정치적·경제적 영향에 대한 분석결과가 제시되는 경우 역시 이에 대한 또 다른 사회적 논쟁이 유발될 수 있다. GMOs의 (위험)평가는 단순히 사실을 전하는 객관적인 과학의 문제만이 아니라 사회정치적 가치를 체화하고[309][4)] 있는 절차이기 때문이다.

GMOs를 둘러싼 모든 논쟁은 GMOs가 사회에 미칠 수 있는 영향에 대한 사회구성원들의 염려에서 파생되고 있다. 이는 곧 GMOs가 제공할 수 있는 유용성과 위험에 대한 사회적 합의의 부재를 의미한다. 사회가 GMOs의 적극적인 이용에 머뭇거리게 만들고 있는 이유이다. GMOs가 주는 기회를 적극적으로 활용하기 위해서는 사회구성원들의 염려, 특히 사회정치적·경제적 염려를 반영하는 정책적 고려가 반드시 있어야 한다. 사회정치적·경제적 고려를 반영하는 정책의 입안과 형성은 사회구성원간의 투쟁을 통해 이루어진다. 즉, 사회시스템 내에서 사회구성원간의 사회적 관계와 협상을 통해 형성된다. 그렇지만, 사회정치적·경제적 고려를 반영하는 정책의 입안과 형성은 그리 쉬운 일이 아니다. 모든 견해가 균형 있게 반영된 사회구성원간의 사회적 관계의 형성과 협상 그 자체가 쉽지 않기 때문이다.

대체적으로 혁신, 삶의 질, 정치, 문화와 지식 차원사회에서 과학이 주는 바람직한 역할을 GMOs가 수행할 수 있는지 없는지에 대해서는 어느 누구도 정확히 말할 수 없다. 그렇지만, 현재 GMOs

의 유용성과 위험에 대한 다양한 사회적 논쟁은 사회·경제적 고려를 바탕으로 한 산업적·경제적 이용의 중요성을 사회에 던져주고 있는 것이다. 이것이 GMOs가 사회에 던져 주는 도전과제인 것이다.

제11장

공존을 위한 조건: 사회 · 경제적 고려

GMOs가 주는 산업적·경제적 측면의 기회에도 불구하고 GMOs의 적극적인 이용에 머뭇거리고 있는 이유는 무엇인가? 사회·경제적 고려를 바탕으로 한 GMOs의 산업적·경제적 이용이 쉽지 않기 때문이다. 즉, '환경적으로 건전하고 지속가능한 발전ESSD'의 맥락에서 GMOs를 개발하고 이용할 수 있는 방안의 마련이 쉽지 않다는 의미이다. 이는 GMOs와 사회의 양립가능성compatibility, 즉 공존coexistence의 가능성에 대한 질문이다. 공존은 지속가능성sustainability에 영향을 미치며 지속가능성은 사회·경제적, 그리고 환경적 측면에 대한 균형 있는 고려를 전제로 한다.

1. 공존의 의미, 가치 그리고 원칙

공존은 서로 포용하면서 같은 시대 또는 장소에 함께 존재하는 것[310], 차이점을 인정하면서 함께 살아가는 것을 학습하는 것[311], 당사자들이 어느 누구도 서로 파괴하려고 하지 않고 사람 또는 집단 사이의 관계를 형성시켜 나가는 것[312], 폭력에 의존하지 않고 갈등을 해결하기 위해 포용하고, 상호존중과 조화를 이루겠다는 사명으로 상호작용하는 것[313] 등으로 다양하게 정의된다. 그럼에도 불구하고, 서로를 인정하며 상이한 집단이 조화롭게 함께 존재하는 것은 다양한 정의로부터 발견되는 공통점이다. 이러한 맥락에서 공존이란 서로 다른 둘 또는 그 이상의 집단이 차이점을 서로 존중하고 갈등을 평화적으로 해결하면서 함께 살아가는 상태로 정의될 수 있다.

여기서 함께 '살아가는living together'이란 구문은 공존을 정태적인 관점이 아닌 동태적인 관점에서 고려하여야 함을 의미한다. 다른 사회적 환경과 같이 공존 역시 사회적 상호작용에 의존하여 변동하기 때문이다. 공존은 적극적인 또는 수동적인 상태로 존재할 수 있다[314]. 공평하지 않은 역학관계가 형성된 가운데 함께 존재하는 경우는 수동적 형태의 공존이다. 이러한 공존상태에서는 사회정의에 대한 원칙들이 발견되지 않는다. 폭력이 없더라도 형평성이 결여된 관계의 지속은 아마도 갈등을 해결하지 못할 것이다. 이러한 환경에서 제도는 형평성 있는 방향으로 입안되지 않는다. 즉, 불공평하고 압제적인 구조가 유지될 것이다. 그렇기 때문에, 수동적 형태의 공존이 형성된 구조는 종종 사회발전, 평화적 번영과 민주주의의 발전을 저해한다. 집단 사이의 관계가 다양성의 인정과 존중, 차이점의 적극적 포용, 자원 및 기회에 대한 동등한 접근 그리고 삶의 모든 측면에서 형평성을 기반으로 형성되는 경우 적극적 공존이 존재한다. 이러한 형태의 공존은 정의, 평등, 포용과 공평에 기초하여 평화와 사회적 결집을 촉진하며, 제도 역시 공평성을 보장하는 방향으로 입안된다.

공존의 정의와 형태에 기초할 때, 공존의 핵심가치는 우선 다양한 배경을 가진 개인과 집단이 상이성을 상호 인식하고 인정(또는 존중)하는 것에 있다[315]. GMOs의 사례에서 보여주는 바와 같이 사회시스템 내에서의 다양한 이해관계자들의 상이한 성향, 견해 등은 사회적 갈등의 원인이 되거나 갈등을 유발하는 원인에 영향을 미치고 있다. 그러한 갈등이 심화되면서 이해관계자집단 간 존재하는 상이한 성향은 더욱 견고하게 굳어져가는 경향이 있다. 따라서 이해관계자집단 사이에 존재하는 상이한 성향을 조화시키고 더 나아가 추가적인 갈등유발의 가능성을 감소시키기 위한 정책, 즉 공존정책의 입안과 수행이 필요하다. 이러한 맥락에서 공존정책의 효과성은 사회시스템 내 다양한 이해관계자집단에서 유발되는 갈등의 맥락을 잘 파악하여 조화시키거나 감소시키는 것에 있을 것 같다.

사회시스템 내에서 GMOs에 대한 유용성과 위해성을 둘러싼 이해관계자집단 사이의 찬반양론, 갈등은 사회정치적 그리고 경제적 맥락에서 유발되고 있다. 즉, 경제적 적법성economic legitimacy의 확보와 사회적 적법성social legitimacy의 확보의 요구가 상충되고 있는 것이다. 여기서 경제적 적법성 확보는 경제적 측면에서 효율성efficiency을 제고시키는 것을 의미하며, 사회적 적법성social legitimacy 확보는 사회정치적 맥락에서 형성되는 다양한 이해관계자집단의 견해를 균등히 반영하는 형평성equity의 획득을 의미한다. GMOs가 인체 건강 및 환경 안전성, 그리고 사회·경제적 위험을 모두 포괄하고 있는 만큼 GMOs의 연구·개발, 상업화, 무역, 운송 등에 있어 위험을 관리하기 위한 정책은 환경적으로 건전하고 지속가능한 개발ESSD의 개념과 맥을 같이하고 있다. 즉, 환경적으로 건전하고 지속가능한 개발의 맥락에서 GMOs를 개발하고 이용하여야 한다는 규범적 메시지를 내포하고 있는 것이다. '환경적으로 건전하고 지속가능한 개발ESSD'은 경제와 환경 측면이 균형 있게 고려되어야 한다는 것을 전제로 하고 있는 것으로 '환경과 경제의 통합'과 '세대 간(현재 세대와 미래 세대 사이) 형평성'을 기본 원칙으로 삼고 있다[316]. 즉, 지속가능한 성장은 현재 세대 및 미래 세대의 개발과 환경적 욕구를 동시에 충족시킬 수 있는 방법으로 실현되어야 하며, 이를 위해서는 환경의 보호와 경제 개발 사이에 조화를 추구하여야 한다는 것과 자원의 이용측면에서 세대 간 형평성이 유지되어야 한다는 의미를 내포하고 있다. 여기서 환경은 자연환경만이 아닌 인간사회를 둘러싸고 있는 광범한 사회정치적 맥락에서의 환경적 의미를 가진다는 것으로 이해되어야 한다. '지속가능한 개발'이 다양한 측면 또는 차원, 특히, 사회·경제적 그리고 환경적 측면에 있어서 균형에 관한 의미를 내포하고 있기 때문이다. 이는 GMOs의 맥락에서 '환경적으로 건전하고 지속가능한 개발ESSD'은 GMOs의 개발과 이용이 경제적 측면의 효율성을 지속적으로 제고시킴과 동시에 현재 세대의 다양한 이해관계자집단의 견해뿐만 아니라 미래 세대의 이해와 권리를 균등히 반영하는 방향으로 이루어져야 함을 의미한다. 즉, 공존을 위해서는 동태적 관점에서 경제적 효율성과 사회적 형평성이 균형 있게 고려되어야 함을 시사한다.

2. 공존에 대한 해답: 사회경제적 고려

'환경적으로 건전하고 지속가능한 개발ESSD'은 정태적 개념이 아닌 동태적 개념[317;318]으로 사회적, 문화적, 종교적 등의 맥락과 시대의 정신에 의존한다. 따라서 '환경적으로 건전하고 지속가능한 개발'이 의미하는 바는 사회경제적 관점에서 수용이 가능한 것으로 고려되는 무엇인가에 의존하며, 이는 시간의 경과에 따라 진화할 수 있다는 것이다[319]. 즉, '환경적으로 건전하고 지속가능한 개발'의 정의는 사회의 변화, 지식과 기술역량의 증가에 따라 변한다. 이러한 과정에서 상이한 문화적 그리고 다른 가치가 관여되거나 개발단계의 상이성으로 인해 형성되는 '환경적으로 건전하고 지속가능한 개발'은 국가 또는 지역에 따라 다를 수 있다. 그렇지만, GMOs의 맥락에서 '환경적으로 건전하고 지속가능한 개발'의 모든 형태는 GMOs 그 자체에 관련된 것이 아니라 특정 시간과 장소에 있어서의 GMOs의 개발과 이용에 관련된 것이다.

공존은 사회시스템이 아무런 전제조건 없이 단순히 GMOs와 non-GMOs를 개발하고 이용하는 시스템을 있는 그대로 용인하는 것이 아니다. 만약 GMOs의 개발과 이용이 non-GMOs의 개발과 이용에 관련된 사회·경제적 측면의 가치를 손상시키는 경우 바람직한 지속가능성의 맥락에서 진정한 의미의 공존은 아니다. 게다가 GMOs와 non-GMOs가 섞임mixing이 발생하지 않는 경우에 환경적 지속가능성의 실현도 보장된다. 따라서 공존은 GMOs와 non-GMOs의 개발과 이용이 경제적, 사회적, 그리고 환경적 측면에서 그들을 개발하고 이용하는 주체들 사이에서 서로의 가치를 침해하지 않는 상황에서 그러한 두 시스템(GMOs와 non-GMOs 개발 및 이용 시스템)이 갈등 없이 함께 존재하는 상태를 말한다. 이러한 맥락에서 공존은 다른 사회구성원의 이익에 대한 침해 없이 특정 이해관계자(예를 들어, 기업, 연구자, 유통업자 등)가 자신의 이해증진을 목적으로 자발적인 선택에 의해 자유롭게 GMOs 또는 non-GMOs를 이용(예를 들어, 연구개발, 생산, 판매, 유통 등)할 수 있는 시스템의 존재를 의미한다.

서로 상이한 시스템(예를 들어 GM 작물, 전통작물(non-GM 작물) 및 유기농작물의 생산시스템)이 성공적으로 공존하기 위해서는 모든 당사자 사이의 상호존중과 책임공유가 필수적이다. 즉, 상호협력을 바탕으로 한 공존조치의 입안과 수행이 필요하다는 의미이다. 그렇지만, 바람직한 공존의 실현을 위해서는 몇몇 중요한 원칙이 준수되어야 한다. 상업화가 가장 많이 진전되어 있는 GM 작물의 예를 들어 보자[320]. 첫째, 공존조치는 정황context을 고려하여 취해져야 한다. 재배지역, 생산과 경제적 가치에 기초한 상이한 작물생산시스템의 상대적인 상업적·작물학적 중요성을 고려하여야 한다. 이러한 특성들은 다른 생산시스템으로부터 물질의 비의도적 혼입가능성과 이의 잠재적인 경제적 영향을 평가하는데 있어 중요한 고려요인이다. 둘째, 잘 확립된 표준이 준수compliance되어야 한다. 생산자와 감독자(작물 및 파생상품의 순도 등을 감독하는)는 GM 유래물질GM derived material을 포함하여 모든 원하지 않았던 물질의 비의도적 혼입과 관련하여 잘 확립된 표준을 준수할 필요가 있다. 셋째, 공존조치는 균형 있게proportionate 취해져야 한다. 이를 위해서는 무차별하고 과학적 증거원칙에 기초하여 관련된 모든 배경과 정황을 잘 평가하여야 한다. 넷째, 공존조치는 형평성equity or fairness 있게 취해져야 한다. 형평성에 근거하여 GM 작물을 재배하는 자는 근접지역의 전통작물non-GM crops 또는 유기농작물organic crops 재배자의 재배관행으로 인해 발생하는 어떠한 부정적인 경제적 손실을 보상받을 수 있는 권리를 가져야 한다. 물론, 그 반대의 경우도 마찬가지이다. 다섯 번째, 공존조치는 과학적, 법적 그리고 실행 가능한 사실practicality에 기초하여야 한다.

GMOs의 맥락에서 공존은 GMOs와 non-GMOs를 개발하고 이용하는 시스템 각각이 가지고 있는 특유의 가치를 서로 인식하고 인정하며 침해하지 않는 것으로부터 출발한다. 공존의 개념에 내포된 다양성의 인정은 최소한 양자가 지니고 있는 특유의 가치를 서로 상쇄trade-off시키지 않는다는 철학이 깔려있다. 게다가 공존은 상호협력을 필요로 한다. 상호인정과 이를 기반으로 한 협력은 곧 시너지synergy를 의미한다. 새로운 기술이 사회에 도입되는 경우 인류, 환경과 경제 사이의 시너지를 극대화고자 하는 것은 바로 지속가능성을 의미한다[319, p.29].[1] 또한 지속가능성은 인류, 환경과 경제에 대한 새로운 기술의 긍정적 효과(예를 들어, 식량안보, 건강, 복지 및 강건한 생태계 유지 등)를 강화시켜 '환경적으로 건전하고 지속가능한 개발ESSD'의 구성요소인 인류, 환경과 경제 각각에 혜택을 제공할 수 있어야 한다. 그렇기 때문에, 지속가능성은 사회, 사회구성원 그리고 경제가 장기적인 차원에서 생물다양성과 생태계를 보전하면서 현세대의 욕구를 충족시키면서 잠재력을 최대한 발산할 수 있는 방향성을 의미한다. 이는 GMOs와 non-GMOs을 개발하고 이용하는 시스템이 바람직한 방향으로 공존하기 위해서는 사회적, 환경적, 경제적 지속가능성이 충분히 고려되어야 함을 의미한다. 이는 곧 GMOs의 개발 및 이용과 관련하여 우리 사회가 안고 있는 과제인 것이다.

제12장

공존을 위한 정책의제와 과제

EU의 상황을 보면 현실적으로 공존이 쉽게 이루어질 것 같지는 않다[322, p.189]. 물론, GMOs의 개발과 이용을 고려하지 않는다면 공존을 고민할 필요가 없다. 그렇지만, GMOs가 제공하는 잠재적 기회가 지속적으로 증가되는 상황에서는 공존을 고려하지 않을 수 없는 상황이 도래할 수 있다.[1] 이 경우 사회는 바람직한 공존의 형성을 위해 노력하여야 한다. 공존은 GMOs와 non-GMOs를 개발하고 이용하는 시스템 각각이 가지고 있는 가치에 대한 상호 인식과 인정, 즉 독립적으로 가지고 있는 가치의 다양성에 대한 상호인정과 협력을 통한 시너지synergy를 의미하는 것이며, 이는 지속가능성과 맥을 같이하고 있다. 따라서 GMOs와 non-GMOs를 개발하고 이용하는 시스템이 바람직한 방향으로 공존하기 위해서는 사회적, 환경적 그리고 경제적 지속가능성에 대한 정책적 고려가 충분히 이루어져야 한다.

지속가능성은 GMOs의 개발과 이용에 대한 영향의 평가에 있어 충분한 사회·경제적 고려가 있어야 한다는 것으로 이해될 수 있다. 그렇다면, 지속가능성을 완벽히 고려할 수 있을까? 이론적으로는 가능할지 몰라도 현실적으로 그렇지 않다. 지속가능성에 대한 평가가 사회적 맥락(관계)속에서 형성되기 때문이다. 과학은 지속가능성의 평가에 있어 기본적 토대basic cornerstone를 제공한다. 그렇지만, 지속가능성의 맥락에서 가장 바람직하거나 수용이 가능한 것이 무엇인가를 최종적으로 결정하는 데는 규범norms이 핵심적인 역할을 한다. 과학적 과업과 가치는 서로 영향을 미치지만, 정책적 사안에 있어 과학은 결정적인 역할을 하지 못한다.

특히, GMOs의 사례와 같이 과학적 불확실성이 존재하는 경우 지속가능성은 인간과 자연과의 관계보다는 오히려 사회시스템 내 관계의 견지에서 평가하는 것이 더 나을 것 같다. 이는 과학의 가치를 무시하지 않고 지속가능한 개발sustainable development의 목적에 관한 규범적 특성을 강조하면서 그러한 규범적 특성과 사회시스템 구조 및 프로세스 사이의 높은 관련성을 반영하는 것이다. 불확실성과 이에 대한 논쟁이 존재하는 경우 지속가능한 개발의 지향은 '불확실성을 해석하고 관리하는 방식에 관한 문제', '불확실성에 대한 해석과 관리전략에 대한 결정의 주체에 관한 문제'와 '관리책임의 주체에 관한 문제'를 제기한다. 즉, 이는 바람직한 공존을 위한 정책의제를 형성하고 있는 것이다.

1. 사전 예방적 정책의사결정을 위한 다학제적 연구기반의 조성

사전예방원칙precautional principle의 개념적 정의[2)]에 비추어 볼 때, 사전 예방적 정책의사결정precautionary decision-making은 "GMOs의 개발과 이용으로 유발되는 유의미한 위험(또는 부정적 영향)이 없다."라는 귀무가설null hypothesis을 검정함에 있어 2종 오류type-II or β error를 최소화하는데 초점을 둔다. 즉, GMOs의 개발과 이용으로 인해 유발될 수 있는 진짜(또는 참된, true) 영향을 잘못 평가하거나 파악할 가능성을 최소화하는데 초점을 두어야 한다. 이는 불확실성을 감소시키기 위한 정책적 노력이 경주되어야 함을 시사한다. 실제 잘 확립된 지속가능성에 대한 기준(또는 지표)은 새로운 기술 및 제품의 영향을 평가할 수 있는 기본적인 틀을 제공한다. 이러한 맥락에서 GMOs의 개발과 이용에 따른 지속가능성에 대한 기준(또는 지표)과 이에 기초한 평가와 관련된 연구기반을 정책적으로 조성해야 한다.

GMOs의 개발과 이용에 대한 영향의 평가와 관련한 사회·경제적 고려의 기준은 많은 학자들에 의해 제기되어 오고 있는데 그 대표적인 기준은 다음과 같다[319;326;327]. 경제적 측면은 생산성, 비용 등의 범주와 관련되는 것으로 경제적 수익 및 혜택(생산 공정의 효율성 및 생산성 향상 등), 경제적 번영(직업 및 소득 창출 등), 환경적 기저environmental basis의 보전(특히, GM 기술기반 경제성장으로 야기되는 환경, 에너지 및 다른 자연자원, 그리고 생태계 활동에 대한 부정적 영향의 감소), 다른 경제적 측면에 있어 개선, 진보, 증진 또는 향상이 있는지의 여부가 주요 기준이 된다. 사회적 측면은 건강 및 복지, 선택권, 문화유산과 사회결집의 범주와 관련되는 것으로 삶의 질(소득, 건강, 여가 증진 등)향상, 식량 안보 및 주권의 보장, 선택권의 보장,[3] 문화유산의 보호, 그리고 부정적인 사회적 변화[4]가 유발되었는지의 여부가 주요 기준이 된다. 환경적 측면은 생태학적 한계 및 생태계 기능, 생물다양성 및 자연보호의 범주와 관련되는 것으로 자원(자연자원 및 에너지)의 보전, 환경(토양, 물, 공기, 온실가스)질의 보존, 생물다양성의 보존에 부정적인 영향을 미치는지의 여부가 주요 기준이 된다.

평가기준의 견지에서 비춰볼 때, GMOs의 개발과 이용에 대한 영향의 평가와 관련한 사회·경제적 고려는 다학제적 접근을 필요로 한다. 이는 GMOs의 개발과 이용에 대한 영향평가에 있어 불확실성을 감소시키기 위한 다학제적 관점의 연구multidisciplinary or interdisciplinary study기반을 정책적으로 조성하여 바람직한 공존 정책의 입안과 수행을 위한 기본적인 학문적 토대를 구축하여야 함을 시사한다. GM 기술과 GMOs의 개발 및 이용은 사회시스템 내에서 환경의 변화(예를 들어, 새로운 사회적 관계의 형성)를 유도한다. 이러한 환경의 변화는 구조화되어 있던 기존의 사회적 관계영역들을 변화시킬 것이다[309]. 즉, GM 기술 및 GMOs가 도입되는 경우 사회정치시스템은 그러한 기술 및 제품과 지속적으로 상호작용할 것이다.

그렇기 때문에, GMOs와 관련된 연구(평가기준, 영향평가 등)는 GM 기술 및 GMOs를 받아들이는 다양한 맥락, 즉 환경적, 사회적 그리고 경제적 맥락에서 수행되어야 한다. GM 기술, GMOs 그리고 GM 제품을 포함하고 있는 현대 생명공학기술의 바람직한 사회적 개발과 이용은 자연 환경적 측면뿐만 아니라 커다란 인문사회·경제적 의미가 존재하고[27] 매우 복잡한 사안을 구성하고 있기[328] 때문에, 바람직한 공존은 다학제적 관점의 연구기반의 조성과 이를 통한 연구의 수행으로부터 시작된다. 따라서 GMOs의 맥락에서 공존을 위해서는 불확실성 감소를 위한 다학제적 관점의 연구의 수행을 정책적으로 촉진시켜야 한다.

2. 사회적 학습을 위한 공공참여 제도의 수립과 활용

지속가능한 개발을 달성하기 위해서는 다양한 관점이 그의 이행 또는 실행 과정으로 통합될 필요가 있다. 게다가 지속가능성에 대한 지표는 달성이 가능한 목표들과 연계되어야만 한다[329]. 이는 지속가능한 개발을 위한 목표의 설정은 사회시스템 내 다양한 이해관계자집단 속에서 이루어져야 한다는 것을 의미한다. 다양한 이해관계자집단이 특정 사안에 대해 의사결정을 하는 것은 그리 쉬운 일은 아니다. 그럼에도 불구하고, 불확실성에 대한 해석과 관리전략에 대한 결정은 반드시 다양한 이해관계자집단이 참여하는 프로세스의 결과에 기초하여야 한다. 이를 위해 공공참여public participation의 수단이 활용될 수 있다. 공공참여는 위험평가 및 관리를 위한 수단을 제공함으로써 환경적, 사회적 그리고 경제적 차원에서 지속가능한 개발에 대한 이해와 파악을 촉진시킨다. 공공참여는 또한 정보에 근거한 의사결정수단을 제공함으로써 불확실성에 대한 다양한 해석과 여러 이해관계자집단에 의해 표출되는 독특한 가치에 대한 이해를 촉진시킬 수 있다[330]. 게다가 공공참여는 시민들에게 지속가능한 개발에 영향력을 행사할 수 있는 권한을 부여하고, 그들이 가지고 있는 가치에 적법성을 부여하고, 결정된 결과에 대한 적극적인 후속 활동과 몰입을 촉진한다. 이는 곧 갈등을 줄이고 신뢰를 회복하는데 기여할 수 있다.

그렇지만, 가치의 관점이 다양하고, 역사적 및 문화적 배경과 경험이 상이한 다양한 이해관계자집단은 지속가능한 개발에 관한 기준과 그의 이행방법 등에 관해 어떠한 합의가능성을 손상시키는 경향이 있다[331]. 그렇기 때문에, 대표성을 지니는 다양한 이해관계자들이 참여하여 의견을 자유롭게 개진하고 토의할 수 있는 다중이해관계자 프로세스multi-stakeholder process의 형성은 매우 중요하다[332-334]. 다중이해관계자 프로세스는 기본적으로 상이한 부문과 사회의 이해 사이의 협상에 관한 것이다.

여기서 협상이란 협력하여 탐구하고 공동체가 안고 있는 문제를 해결하려는 행위를 의미한다[335, p.38]. 즉, 지속가능성을 위한 사회적 학습social learning인 것이다. 사회적 학습은 지속가능한 사회로의 이행을 촉진하는데 필요한 지식을 생산하기 위한 사회구성원의 적극적인 역할을 의미하는 것으로[336;337], 사회적 학습의 장에서 체득하고 학습하는 상이한 방법들을 결합하는 것은 불확실성과 제한된 정보가 존재하는 상황에서 다양한 사회행위자들 사이에 협력을 유도한다[337, pp.641-642]. 이는 곧 사회적 학습의 장에서 다양한 지식의 노출을 촉진시킴으로써 사회적으로 견고한 지식socially robust knowledge을 생산하는[338]데 기여한다. 이러한 맥락에서 공공참여는 GMOs의 개발 및 이용과 관련하여 매우 중요한 역할을 수행한다.

특히, 지속가능한 개발의 다학제성을 감안할 때 지속가능한 개발의 논의와 이행은 과학, 사회 그리고 정치 사이의 체계적인 논의 및 토론을 필요로 하며, GMOs가 복잡한 사안을 구성하고 있는[328] 사실을 감안할 때 매우 특별한 다각적인 협력을 필요로 한다. 즉, 지속가능한 개발의 탐구는 다각적인 접근multiple-perspective approach을 필요로 한다[339, p.5]. 이러한 맥락에서 다중 이해관계자가 참여하는 프로세스는 GMOs의 개발 및 이용과 관련하여 지속가능한 개발의 논의와 이행을 위한 다학제적 접근을 가능하게 하는 활동이 될 수 있다. 이는 GMOs의 개발과 이용을 위해서는 사회적으로 구조화된 시스템 내에서 사회정치적 견지에서 지속가능한 개발과 관련하여 달성이 가능한 지위를 확보하기 위한 정책적 노력이 필요하다는 것을 시사한다.

다양한 이해관계자가 참여할 수 있는 이상적인 프로세스는 상이한 가치 및 지식의 인정과 존중, 차이점의 극복, 자원 및 기회에 대한 동등한 접근 등에 기초하여 효율성과 공평성을 확보하는 방향으로 창출되어야 한다. 이 경우 사회구성원들은 GMOs의 개발 및 이용과 관련된 잠재적 혜택과 위험, 즉 영향에 관한 합리적이고 이성적인 평가를 촉진시킬 것이다. 따라서 GMOs의 맥락에서 공존을 위해서는 효율성과 공평성 있는 지속가능한 개발에 관한 사회적 학습을 위한 공공참여 제도를 확립하고 이를 정책적으로 활용하여야 할 필요가 있다.

3. 피해의 예방과 복구를 위한 체제의 확립과 운용

GMOs와 non-GMOs가 공존하는 경우 서로 다른 개발 및 이용 시스템으로부터 물질의 비의도적 혼입과 이로 인한 부정적 영향을 완벽히 차단하는 것은 그리 쉬운 일이 아니다. 오염 가능성과 그로 인한 피해를 간과할 수 없다는 의미이다. 예를 들어, GMOs가 non-GMOs을 개발하고 이용하는 시스템으로 혼입되면 non-GMOs에 경제적 위험economic insecurity을 안겨주게 된다. 물론, 그 반대의 경우도 마찬가지이다.

GMOs와 non-GMOs을 개발하고 이용하는 시스템이 함께 존재하는 공존의 맥락에서 가장 핵심적인 가치는 'non-GMOs 기반의 생산 및 소비 행위를 하는 사람들의 권익을 침해하지 않으면서 GMOs를 개발하고 이용하는 것'이다. 이러한 맥락에서 GMOs 또는 non-GMOs를 개발하고 이용하는 주체들 사이에 서로의 권익에 부정적인 영향을 끼치는 것은 공존의 근간을 무너뜨리는 것이다. 그렇기 때문에, 공존을 위해서는 비의도적 혼입과 부정적 영향 및 손해를 사전에 예방하여야 하며, 만약 손해가 발생한 경우라면 그러한 손해 및 피해를 최초로 유발시킨 당사자가 경제적 위험을 감소시키거나 손해를 보상하는 정책적 시스템이 마련되어야 함을 의미한다. 즉, 오염자부담원칙polluter pays principle에 근거한 정책운용의 필요성을 제기하고 있다. 신고전학파이론에 따르면, 오염자부담원칙의 운용은 외부비용을 내부화[5])하고 사회·경제적 효율성을 증가시키는 방향으로 개발을 도모하는 것이다[341]. 기술표준을 설정하거나 오염 또는 방지활동에 대한 환경세와 부담금을 부담시키거나 또는 책임과 배상 및 보험을 통한 보상체계를 가동함으로써 오염자부담원칙을 정책적으로 운용할 수 있다[323].

국제적 차원에서 GMOs의 무역으로 인해 발생하는 피해에 대한 책임과 구제에 관한 기본적 규정과 절차는 2010년 10월 일본 나고야에서 채택된 '바이오 안전성 카르타헤나 의정서에 대한 책임과 구제에 관한 나고야 쿠알라룸푸르 추가의정서Nagoya-Kuala Lumpur Supplementary Protocol on Liability and Redress to the Cartagena Protocol on Biosafety'에 의해 제공되고 있다. 물론, 아직 발효되지 않아 그 운용측면에서 효과성이 어느 정도 있을지에 관해서는 예단할 수 없다. 그렇지만, GMOs는 연구·개발 단계에서부터 생산, 그리고 상업화 이후 최종적으로 이용하는 단계에서도 피해를 유발시킬 수 있으므로 책임과 배상에 관한 문제는 국제적 차원에서는 물론이고 국내적 차원에서도 적극적으로 접근해야 하는 문제이다. 따라서 국내적 차원에서 오염자 부담원칙을 원활히 운용할 수 있는 법적·제도적 장치 및 운용방안을 마련하는데 많은 정책적 노력을 기울여야 할 것이다.

4. 공존을 위한 국제사회와의 협력강화

지속가능성은 1차적으로 개별 국가의 맥락에서 형성된 사회·경제적 조건을 고려하는 것이지만, 더 엄밀한 의미에서 지속가능성은 전 지구적 차원의 사회·경제 조건을 고려하여야 한다는 규범적 메시지를 포괄하고 있다. 그렇기 때문에, 지속가능성은 국제적 차원의 협력을 절대적으로 필요로 한다. 국제적 차원에서의 공존문제는 세계 각국 특유 또는 다양한 지역집단 특유의 이해관계와 상황적 맥락에서 다루어지기 때문에 합의를 이루기까지 많은 제약이 따른다.

실제, 국제규범인 WTO와 CPB의 GMOs에 대한 규제정치는 그 다름의 독특한 형태로 전개되어 왔다. 게다가 세계 각국의 GMOs에 대한 각국의 규제정치 역시 사회시스템 특유의 사회문화적, 경제적 자원에서 그들 나름대로 독특하고 기나긴 역사적 맥락에서 형성되었다. 이처럼 국제규범과 각국의 GMOs 정책 패러다임 성향은 특정 상황적 맥락에서 독특한 역사적 경로historical path를 거치면서 형성된 특유의 내생적 정치-경제 요인에 의해 결정되기 때문에, 쉽게 관성을 잃지 않을 것이다. 이러한 측면에서 GMOs의 맥락에서 공존에 관한 국제적 합의는 쉽지 않을 것으로 판단된다. GMOs 시장이 존재하는지의 여부와 GMOs가 국제무역을 손상시킬 수 있는지의 여부는 국제적 차원에서 가장 많이 제기되는 문제이다[342].6) GMOs는 상업화 이후 지난 약 20년의 기간 동안 개발과 이용, 그리고 국제무역이 지속적으로 증가되어 왔다. 이러한 상황적 맥락을 두고 일부 연구자들은 GMOs와 non-GMOs 관련 시장이 모두 존재할 수 있으며 GMOs가 국제무역에 부정적인 영향을 미치고 있지 않다는 주장을 하고 있다. 이에 반해 다른 연구자들은 GMOs의 역사가 짧기 때문에, 국제적 차원에서 공존의 가능성이 있다고 단언할 수 없다는 반응을 보이고 있다. 국제적 차원의 지속가능성이 시장접근성의 견지에서 접근된다는 사실을 고려할 때, WTO와 CPB의 차원에서 공존을 위한 적극적인 국제적 협력이 이루어져야 한다.

역사의 흐름에 몸을 담아가고 있는 GMOs

인위적인 맥락에서 세상에 존재하지 않는 무엇인가를 만든다는 의미를 지니고 있는 유전자재조합기술rDNA 기술, 즉 유전자변형생물체Genetically Modified Organisms(GMOs)를 제작할 수 있는 기술이 세상에 첫선을 보인지 40여 년, 그리고 GMO가 상업화 된지 거의 20년이 지나가고 있다. GMOs 및 rDNA 기술은 이미 걷잡을 수 없는 우리 인류의 과학역사의 흐름에 깊숙이 몸을 담아가고 있는 셈이다.

다양한 산업에 걸쳐 응용되는 현대 생명공학기술의 특성과 매우 빠른 응용의 속도는 향후에도 GMOs의 산업적 이용이 더욱 활발해 질 것을 예견하고 있다. 오늘날 GMOs의 산업적 이용은 산업 및 기업의 성장을 위한 기회를 제공하고 있다. GMOs의 산업적 이용에 사회적 반대여론이 강하게 형성되어 왔고, 법과 제도적 측면에서 GMOs의 연구·개발 및 산업적 이용 등을 엄격히 규제하여 왔던 EU에서 조차 GMOs가 제공하는 다양한 혜택을 수용하려는 움직임이 일어나고 있는 상황은 향후 GMOs의 산업적 이용과 관련된 국가 간 경쟁이 치열할 수 있음을 시사하고 있다. 그렇다고 해서 rDNA 기술이 개발된 이후 현재까지 꾸준하게 제기되어 왔던 GMOs의 안전성 문제와 이에 대한 세계 시민들의 염려가 완전히 사라진 것은 아니다. 지난 40여 년 동안 GMOs와 관련된 연구·개발 및 산업적 이용에 대한 우리 인류의 과학적·기술적 역량은 상당한 속도로 진보되어 왔다. 이와 더불어 GMOs의 이용과 관련된 인체 및 환경 안전성에 대한 우리 인류의 염려와 이를 기반으로 한 다양한 측면의 논쟁은 초기의 협소한 기술적 차원의 문제에서 더 넓은 사회경제적 차원 또는 개별 국가의 차원에서 국제적 쟁점으로 확대되었다. GMOs의 이용과 관련된 인류의 과학적·기술적 진보와 함께 인류의 안전성 염려 역시 지속적으로 증폭되어 온 것이다.

지난 40여 년간 우리 인류는 GMOs의 연구·개발 및 산업적 이용을 둘러싸고 기술적 프로세스 자체, 인체 건강 및 보건, 환경, 그리고 사회·경제 측면에서 많은 찬반논쟁을 쏟아내었다. 그럼에도 불구하고, GMOs의 연구·개발 및 산업적 이용에 대한 사회적 합의는 여전히 이루어지지 않고 있다. GMOs가 사회, 경제, 환경 및 인체에 미칠 수 있는 부정적인 잠재적 영향에 대한 대응조치를 강구해야 한다는 환경론자적 입장과 GMOs 연구·개발 및 산업적 이용을 촉진시켜 인류의 발전을 추구하여야 한다는 진보주의자적 입장 간 간격은 좁혀지지 않고 있다. GMOs는 이미 걷잡을 수 없는 우리 인류의 역사의 흐름 속에 깊숙이 그 몸을 담아가고 있다. 지난 40여 년 동안 현대 생명공학기술은 실험실 수준에서 21세기 기술-경제 패러다임의 핵심으로 부상하고 있다. 그렇지만, 현대적 과학의 의미를 지닌 유전자변형기술의 진보는 기술적 프로세스 자체, 인체 건강 및 보건, 환경, 그리고 사회·경제 측면의 위험의 소지가 존재하고 있다. 즉, 국가, 경제 및 산업 성장의 동력이 됨과 동시에 다양한 측면의 위해에 대한 사회구성원의 염려를 여전히 받고 있는 것이다.

이러한 상황에서 우리 인류는 어떻게 하여야 할 것인가?

현대 생명공학기술, 그리고 GMOs의 연구·개발 및 산업적 이용이 어떠한 결과를 초래할 것인가를 섣불리 예단할 수는 없는 것이 현실이다. GMOs와 관련된 혜택과 위험의 존재는 GMOs의 연구·개발 및 산업적 이용이 필연적으로 인체 및 환경 건강의 보호와 조화되어야 한다는 의미를 지닌 지속가능성sustainability 또는 지속가능한 개발sustainable development과 연계되어 있다. GMOs가 지속가능한 방법으로 연구·개발되고 산업적으로 이용되는 경우 GMOs와 GM 제품의 시장접근성market access가 확보되고, GMOs와 GM 제품이 사회적으로 지속가능한 개발의 달성에 기여할 수 있는 교두보가 형성된다는 것이다. 환경적으로 건건하고 지속가능한 이용은 GMOs와 관련된 혜택과 비용에 대한 명확한 분석이 이루어질 때까지 우리 인류가 선택할 수 있는 최선의 방법인 것이다.

지속가능성은 3가지, 즉 사회·경제적, 그리고 환경적 측면의 균형 있는 고려를 포함하고 있으며[345], '세대 간(현재 세대와 미래 세대 사이) 형평성'을 기본 원칙[316]으로 삼고 있다. 지속가능한 개발은 사회적 맥락에서 형성되는 동태적 개념이다[316-319]. 즉, 사회적, 문화적, 종교적, 과학기술적 등의 맥락과 시대의 정신에 의존하는 성향이 있다. 그렇기 때문에, 지속가능한 개발의 지표들은 궁극적으로 사회체제 내에서 달성이 가능한 목표와 연계되어야만 한다. 그런데 사회적으로 지속가능한 개발을 위한 목표의 설정은 사회체제 내 다양한 구성원들의 견해를 고려하기 위한 다중이해관계자 프로세스multi-stakeholder process의 운영을 요구한다. GMOs의 지속가능한 이용과 개발을 위해서는 사회적, 환경적, 경제적 차원에 대한 다양한 사회구성원들의 견해를 균형 있게 고려하여 사회체제 내 구성원 간 사회적 관계 속에서 결정되어야 한다는 것을 의미한다. 문화적, 역사적 배경, 가치, 경험 등에 있어 상이하고 다양한 이해관계자들 간 견해를 균형 있게 고려한다는 것은 그리 쉽지 않다. 그럼에도 불구하고, GMOs와 관련된 지속가능한 개발은 사회체제 내에서 다양한 구성원 간 이해의 수렴을 통해 구조화된다. 이러한 관점에서 Hull and Luxmore[344], Luxmore and Hull[345], Sung and Hwang[22], Sung and Jang[346]은 GMOs를 둘러싼 다양한 이해관계자들의 찬반양론이 사회구성원들에게 수용 가능한 사회적, 정치적 그리고 경제적 차원 간 관계의 균형 있는 고려를 요구하고 있으며, 이는 곧 산업 및 기업에 GMOs를 지속가능한 방법으로 산업적으로 이용할 것을 요구하는 정치-경제 압력political and economic pressures으로 작용하고 있음을 밝히고 있다.

그렇기 때문에, 혁신 기술 및 제품의 도입에 대한 사회체제 내 다양한 이해관계자 집단의 영향에 초점을 두고 있는 지속가능한 개발에 관한 정치-경제 접근political economy approach to sustainable development는 GMOs와 같이 다양한 이해관계가 존재하고 있는 복잡한 실제적인 상황들을 분석하는데 가장 적합하다. 정치-경제 관점의 견지에서 지속가능한 개발 맥락의 GMOs의 산업적 이용은 다양한 이해관계자 집단의 이해에 전향적으로 대응하려는 노력으로 이해될 수 있다. 이러한 맥락에서 지속가능성에 관한 정치-경제 관점political economy approach to sustainability는 GMOs가 사회의 지속가능한 개발의 달성에 기여할 수 있는가를 이해하는 기본적인 이론적 배경을 제공한다. Kissinger, William and Timmer[347]에 따르면, 오늘날 개방경제시스템에서는 국제무역의 영향으로 한 지역에서의 지속가능하지 못한 산업적 생산이 세계 전체의 지속가능성에 부정적인 영향을 미칠 수 있다. 그렇기 때문에, 지속가능한 개발의 맥락에서 GMOs의 산업적 이용은 세계 시장접근으로 이해될 수 있다. 정치-경제 접근은 사회적 행위자, 즉 사회체제 내 다양한 이해관계자 집단이 그들 자신의 사회화과정을 통해 도출된 상이한 이념을 포용할 것이라는 전제로부터 출발한다. 이러한 접근은 지속가능한 개발에 관한 논쟁에서 강조되고 그 논쟁의 결과에 영향을 미치는 경제적, 사회적, 그리고 환경적 문제와 관련한 이념적 갈등을 확인하는데 초점을 둔다[348]. 정치-경제 관점에 의해 인식되고 있는 가정들은 이해관계자이론stakeholder theory와 적법성이론legitimacy theory의 견지에서 해석될 수 있다[349-352]. 이해관계자이론은 특정 활동(예를 들어, GMOs의 연구·개발 및 산업적 이용, 판매 등)을 수행하는 주체(예를 들어, 연구자, 기업, 판매자 등)가 그러한 활동의 수행에 의해 권리가 침해되거나 훼손되는 또는 혜택을 보는 개인과 집단으로 둘러싸여 있다는 관념에 기초한다. 이러한 관점에서 특정 활동의 지속성은 다양한 이해와 기대를 가지고 있는 이해관계자집단으로부터의 지지와 용인을 필요로 한다. 따라서 이해관계자이론은 특정 활동의 수행에 있어 고려될 필요가 있는 관련 이해관계자집단을 확인함으로써 GMOs를 연구·개발하고 이를 산업적으로 이용하는 주체가 반드시 순응할 필요가 있는 사회적 규범이 결정되는 방법에 대한 이론적 관점을 제공한다. 적법성이론은 개별 사회의 규범에 맞춰 특정 활동의 수행이 지속적으로 보장된다는 견해를 지지한다. 적법성은 특정 활동이 사회적으로 구조화된 체제의 규범, 가치, 신념과 정의 내에서 바람직하거나 적당하거나 또는 적절하다는 일반화된 인지 또는 가정으로 간주된다. 이러한 맥락에서 적법성은 사회적 규범, 가치 및 기대에 대한 순응으로 이해된다. 적법성을 획득하기 위해서, 특정 활동을 수행하는 주체들은 활동을 그들이 속해 있는 사회시스템의 가치에 조화시키도록 노력하여야 한다. 사회의 가치 및 사회구성원과의 조화를 위한 프로세스의 운영을 강조하고 있는 견지에서 볼 때, 지속가능한 개발에 관한 정치-경제 접근political economy approach to sustainable development은 우리 사회가 보다 환경적으로 건건하고 지속가능한 방법으로 GMOs를 이용하는데 이론적·실천적 틀을 제공할 수 있을 것이다.

주(註)

유전자변형생물체에 주목하는 이유는?

1) 이는 유전자변형 기술genetic modification technology(GM 기술) 또는 유전공학 기술genetic engineering technology(GE 기술)이라고도 말한다. 따라서 본서에서는 유전자변형 기술, 유전공학 기술, rDNA 기술, GM 기술 또는 GE 기술을 혼용한다.

2) GMOs가 지니고 있는 잠재적 혜택에 관한 내용은 제3장(GMOs의 산업적 응용과 경제적 영향)에서 기술할 것이다.

3) 사회시스템 내에서 발생하고 있는 GMOs의 유용성과 위해성에 대한 찬반양론은 제4장(GMOs와 위험사회에 대한 논쟁)에서 기술할 것이다.

4) 현대 생명공학기술을 이용하여 만든 GMOs의 지속가능한 이용, 즉 안전성을 고려한 연구·개발, 상업화, 이용 및 국가 간 이동을 보장하기 위한 생물다양성협약(convention on biological diversity)의 부속의정서로, 이에 대한 내용은 제5장(GMOs와 사회정치·경제 이슈: 역사적 배경과 경로)과 제8장(사회적 이해증진지향-사회적 합리성)에서 다룰 것이다.

5) 이 원칙은 1987년 런던에서 개최된 "북해 보호를 위한 제2차 국제회의The Second International Conference on the Protection of the North Sea"의 각료선언문에 포함됨으로써 다자간환경협약에 등장하게 되었다. 각료선언문에서는 "가장 위험한 물질의 가능한 해로운 영향으로부터 북해를 보호하기 위해서는 절대적이고 명백한 과학적 증거가 뒷받침되는 인과관계를 입증하기 전이라도 그러한 물질의 투입을 통제하기 위한 조치를 요구할 수 있는 사전차원의 예방적 접근이 필요하다"고 언급하고 있다[324]. 이러한 접근은 스톡홀름의 유엔인간환경회의에서도 드러나고 있다. 스톡홀름 선언원칙 2에서 미래세대의 이익을 위하여 신중한 계획과 관리를 통한 천연자원의 보존을 위한 필요를 인식한 것이 바로 그것이다. 리우선언원칙 15에 의하면, 각국은 자국능력에 따라 환경보호를 위한 사전예방조치를 광범하게 취할 수 있다. 만약, 심각하거나 돌이킬 수 없는 피해의 위협이 존재하는 경우 과학적 확실성의 결여lack of scientific evidence가 환경악화를 예방하기 위한 비용·효과적인 조치cost-effective measures를 지연시키는 구실로 이용될 수 없다. 환경파괴가 일정 수준을 넘어서면 자연은 환경자정능력을 상실하게 되고 환경파괴는 가속화되며 때로는 회복시킬 수 없는 상태에까지 이르게 된다. 그렇지만, 현재의 과학기술수준으로는 환경파

괴의 진행 상태를 정확히 측정하기 어려운 경우가 대부분이고, 또 확실한 과학적 증거가 나타날 때는 이미 환경파괴가 돌이킬 수 없는 상태에 다다르는 경우도 많이 있다. 따라서 확실한 과학적 증거가 존재하지 않더라도 심각한 환경파괴의 잠재적인 위협이 있을 때는 이에 적극 대처해야 한다는 것이다. 그러한 예방적 조치의 실시가 환경파괴가 발생한 이후의 사후적인 대처보다 비용측면에서 효율적이라는 점이 감안되어 있다.

제1장 기술진보의 역사: 생물학에서 유전자혁명까지

1) 바이오안전성에 관한 카르타헤나의정서(CPB) 제3조제g항.

2) CPB 제3조제i항은 재조합유전자recombinant deoxyribonucleic acid(rDNA)와 핵산을 세포 또는 세포내 소기관으로 직접 주입하는 기술을 포함한 시험관내 핵산기술In vitro nucleic acid techniques이나 분류학에 의한 과의 범위를 넘어서는 세포융합기술Fusion of cells beyond the taxonomic family 중 하나의 적용을 현대 생명공학기술의 범주에 포함시키고 있다.

3) 예를 들어, 전통적인 작물육종기술은 분리육종(자연적으로 생성된 유전적 변이체를 대상으로 선발), 교배육종(인공교배에 의하여 나타난 다양한 유전적 변이체를 대상으로 선발), 여교배육종(일대교잡종과 일대교잡종의 어버이의 한쪽을 다시 교잡), 잡종강세육종(두개 이상의 순수 계통을 육성하고 일들 사이의 일대교잡종 종자를 사용), 염색체조작육종(염색체 조작을 통해 염색체수가 다른 식물체를 육성), 돌연변이육종(인위적으로 방사선이나 화학물질을 처리하여 다양한 유전적 변이의 돌연변이체를 이용), 종·속간 교배육종(일반적으로 종속 간 교배를 통해 개발된 품종을 여교배육종을 거쳐 육종)의 방법이 있으며, 이들 중 어떤 육종방법을 이용할 것인가는 통상적으로 첫째, 육종대상이 되는 작물의 번식 및 수정방식, 둘째, 육종하려는 품종의 종류, 셋째, 유전적 변이를 일으키는 방법, 넷째, 선발방법, 다섯째, 육종하려는 특정의 유전정보, 여섯째, 육종에 사용할 수 있는 가용자원이 고려되어 결정된다[32, pp.8-9].

4) 이들은 아프리카 두꺼비Xenopus laevis에서 유전자를 분리해 대장균 속의 작은 원형 DNA 분자인 '플라스미드plasmid'에 삽입했다. 두꺼비의 유전자와 플라스미드를 제한효소(일종의 가위역할을 하는 효소로 이중사슬 DNA 분자의 특정한 염기서열을 인식하여 그 부분이나 그 주변을 절단하는 기능을 가진)로 절단한 다음 DNA 연결효소(일종의 풀과 같은 역할을 하는 효소로 새로운 화학결합을 형성하는 기능을 가진)를 이용하여 둘을 서로 이어 붙였다. 그리고 rDNA를 대장균에 삽입하여 두꺼비의 DNA가 대장균에서 단백질을 만들어 냄으로써 세균을 통해 고등동물의 단백질

을 합성시킬 수 있는 가능성을 열어 놓았다.

5) Cohen et al.[34]은 1973년에 박테리아와 양서류의 DNA를 결합함으로서 유전자변형에 성공하였으며, 이는 현대 생명공학기술 분야에서 이루어지고 있는 많은 일들의 기초가 되었다. Parail[11], 김희봉[35], 김진준[36], Fedoroff[37]와 같이 1990년대부터 '유전자혁명'이 시작되었다고 언급하고 있는 문헌도 있지만, 대부분의 연구는 rDNA 기술, 즉 유전자합성 성공(1971년), DNA 분리·정제 성공 및 rDNA 분자개발(1972년)을 지식근간으로 유전자변형에 성공한 1973년을 '유전자혁명'의 시발점으로 보고 있다. '유전자혁명'이란 용어가 Serageldin[38]에서 제시되고 있지만, 그러한 용어를 누가 사용하였는지는 확언하기 어렵다. Buttel, Kenney and Kloppenburg[39]의 '바이오혁명(biorevolution)'과 McMillan, Narin and Deeds[40], Zucker and Darby[41]의 '바이오테크 혁명biotech revolution'은 "유전자혁명"과 같은 맥락에서 이해할 수 있다.

6) 개(B.C. 10,000년), 밀, 완두콩, 올리브, 양, 염소(B.C. 8,500년), 벼, 기장, 돼지, 누에(B.C. 7,500년 이전), 사탕수수, 참깨, 가지(B.C. 7,000년), 무화과, 당나귀, 소(B.C. 6,000년), 수수, 뿔닭, 아프리카벼(B.C. 5,000년 이전), 감자(B.C. 3,500년) 등의 순으로 작물화 또는 가축화된 것으로 추정된다. 작물의 경우 총 20만 종의 야생식물 중에서 인간이 먹을 수 있는 것은 수천 종에 불과하며, 그중 다소나마 현재까지 작물화된 것은 고작 수백 종에 지나지 않는다. 그 중에서 현재 모든 농작물을 통틀어 연평균 총 생산량의 80%를 책임지고 있는 농작물은 12종(곡류-밀, 옥수수, 벼, 보리, 수수(인류가 소비하는 총 열량의 1/2가 넘음), 콩류-메주콩, 뿌리 또는 덩이줄기 작물-감자, 마니오크, 고구마, 설탕공급원-사탕수수, 사탕무, 과일-바나나)에 불과하다[36, pp.153,245].

7) 미생물의 존재는 1673년 안토이 반 레벤후크(A. van Leeuwenhoek)가 제작한 현미경(배율 270배)에 의해 처음 발견되었지만, 이 발견은 200여 년 동안 방치되어 오다가 1857년 루이스 파스퇴르(L. Pasteur)가 미생물이 젖산 및 알코올의 발효를 유발하고 있음과 부패방지를 위한 저온살균법을 제안하면서 재조명되었는데, 이는 미생물 산업을 태동시킨 역사적 시점으로 간주된다.

8) 1865년 완두를 연구하여 유전법칙에 의해 유전적 특징이 부모로부터 자손에게 전달된다는 사실을 발견했다. 여러 해 동안 수백 그루의 콩을 교배하고 그들의 형질의 분리를 기록하여 형질의 비율이 세대별로 예측 가능하다는 것을 발견했다. 이로 인해 유전학이라는 새로운 과학의 중요한 열쇠를 찾게 되었다[35, p.5].

9) X선이 결정에서 회절하는 성질을 이용하여 결정구조를 조사하는 학문 분야.

10) DNA 연결효소와 DNA 제한효소의 발견은 Arber and Linn[49], Danna and Nathans[50], Meselson and Yuan[51], Richardson[52], Smith and Nathans[53] 등의 연구결과의 결실이며, 이는 생물체의 유전자변형을 위한 기본적인 수단을 제공하였다.

11) 물론, 현대적 의미의 생명공학기술 역시 종종 미생물, 조직배양 또는 미생물 또는 세포의 산업적 응용방법의 탐구를 목적으로 하는 바이오화학, 분자 유전학, 미생물학, 유전공학, 세포융합기술, 세포배양공학 등과 공정기술이 통합되어 이용된다[45, p.71]. 즉, 현대 생명공학기술은 전통적 의미의 생명공학기술과 상호보완적 관계를 가지면서 지속적으로 발전하고 있다. 그렇기 때문에, 생명공학기술은 단일 기술이 아니라 생물학과 화학기술 주위의 다양한 학제로부터 발췌된 다양한 기술의 집단으로 산업적으로 유용한 제품 또는 공정을 제조하거나 개선하기 위하여 생체나 생체유래물질 또는 생물학적 시스템을 활용하는 기술의 집합으로 정의된다. 이러한 정의에 따라 생명공학기술을 구성하는 단일 기술들은 다양하며, 새로운 과학적 발전에 기초하여 기술의 수와 응용범위가 지속적으로 증가하고 있다.

12) 이 rDNA 기술은 1980년 12월 2일 "Process for producing biologically functional molecular chimeras"이라는 주제로 미국 특허(no. 4,237,244)를 받았다.

13) GM 기술의 이용과 응용에 대한 우려와 이를 중심으로 야기되는 다양한 논쟁은 초기의 협소한 기술적 차원의 문제에서 더 넓은 사회경제적 차원 또는 개별 국가의 차원에서 국제적 쟁점으로 발전하였는데 이와 관련된 논의 과정과 내용에 대해서는 제5장(GMOs와 사회·경제 이슈: 역사적 배경과 경로)에서 다룰 것이다.

14) Kenny[56, p.23]에 따르면 특히, Cohen et al.[34]의 유전자접합 기술은 분자생물학에 대한 기초과학지식을 산업으로 이전했던 단일의 중요한 사건이었다.

15) 성장호르몬 억제방출인자growth hormone release inhibiting factor(GIF)라고도 한다. 1973년 미국의 과학자가 양의 시상하부에서 추출했다. 성장호르몬뿐만 아니라 이자에서 분비되는 인슐린과 글루카곤, 위의 가스트린, 소장의 세크레틴 등의 분비도 억제하는 작용이 있음이 명백해짐에 따라 이자, 위, 십이지장, 소장 등에 존재한다는 것이 확인되었다. 여러 가지 호르몬의 분비를 억제하는 성질을 이용하여 성장호르몬의 분비과잉이 원인이 되는 거단증, 인슐린과 관계가 깊은 당뇨병 등의 치료제로서 주

목을 받고 있다[57].

16) PCR 기법을 개발한 공로로 Mullis는 1993년 노벨화학상을 수상하였으며, 수상 이후 Mullis는 많은 비판을 받기도 했다[65].

17) 토양에서 살아가는 미생물인 아그로박테리아는 식물세포에 침투하여 독자적으로 증식할 수 있는 DNA(플라스미드)를 가지고 있다. 이러한 성질을 가지고 있는 아그로박테리아의 DNA에 목적하는 유용한 유전자, 즉 외래 유전자를 도입하여 인위적으로 변형 또는 재조합한 DNA를 삽입시킨 후 이것을 식물체에 감염시켜 궁극적으로 식물체 내에 그 유전자가 들어가도록 하여 증식시키는 방법이다[66].

18) Diamond vs. Chakrabarty(447 U.S. 303, 1980)에서 법관 9명 중 찬성 5, 반대 4이었으며, 동 사건에서 대법관 워렌 버거(W. Burger)는 "태양 아래 인간이 만든 모든 것이 특허의 대상이다."라는 말을 남겼다.

19) TRIPs는 WTO 회원국으로 하여금 생명공학기술을 이용하여 발명한 제품 또는 공정에 대한 특허보호와 특허시스템 또는 독자시스템에 따라 식물변종을 보호할 것을 의무로 규정하고 있다.

20) 칼젠사는 1991년 8월 미국 식품의약품안전청(US FDA)에 플레이버 세이버에 대한 승인신청을 하였고, 1992년 미국 농무부US Department of Agriculture로부터 대규모 생산승인을 획득하였으며, 1994년 5월 18일 US FDA로부터 식품으로 이용하기에 안전하다는 승인을 획득하였다[69;70].

21) 잡초와 농작물은 수확량과 매우 밀접한 관련이 있다. 인간은 예로부터 효율적인 잡초관리를 통해 생산성을 향상시키려 노력해 왔으며, 그러한 노력의 결과 화학제초제가 개발되었으며 이는 잡초관리에 소요되는 인력 및 시간 등의 측면에서 비용을 줄일 수 있게 되었다. 그런데 제초제는 농작물과 잡초의 여부를 불문하고 제초제가 뿌려진 모든 생물체는 고사시킨다. 즉, 선택적 잡초제거기능을 가지고 있지 않아 제초제 살포시 각별한 주의가 필요했다. 이는 잡초관리에 있어서 효과성 및 효율성 제고의 필요성을 제기했다. 이에 따라 특정 제초제에 피해를 입지 않는 작물을 만들게 되었다. 이것이 제초제저항성 GM 작물이다[71].

22) 해충방제는 농작물의 생산성 향상을 위해 주요한 활동이다. 그중 합성화학농약을 통한 해충방제는 1950년부터 가장 많이 이용되었던 방식이다. 합성화학농약에 의존한 해충방제와 살포대상의 확대 및 살포횟수의 증가는 이윽고 농약저항성 해충의 출현과 저항성의 증진을 가속화하였다. 이에 미생물 살충제(예를 들어, Bt HD-1 균주제제)는 옥수수에 해를 주는 조명나방과 왕담배나방의 방제에 이용되었으며, 그 효과는 합성화학살충제에 비견되는 높은 해충방제효과가 있다고 인정되었으나, Bt

HD-1균주 제제의 주요 성분인 살충성 단백질은 자외선에 의해 단시간 내에 불활성화되며, 빗물에 의해 쉽게 잎 표면에서 유실되는 등의 결점으로 인해 살포최적시기의 선택이 어렵고, 살포가 고르게 되지 않아 실제 해충방제효과가 그리 크지 않은 것으로 지적되었다. 이에 rDNA 기술을 이용하여 Bt의 살충성 단백질 유전자를 옥수수의 유전자에 직접 도입하여 GMOs 자체가 해충의 식해에 대해 강한 저항성을 갖는 GM 옥수수가 제작되었다[72, pp.72-73].

23) 원형질체 융합 촉진 기술, 미세주입법, 유전자총법, 바이러스저항성 발현, 제초제항성 발현 등과 같은 다양한 기술이 1980년 이후 개발되었다.

24) 유전자의 본체로 핵산의 일종이다. 살아있는 모든 것은 디옥시리보핵산 deoxyribonucleic acid(DNA)으로 불리는 유전물질에 의해 프로그램화된 세포로 구성되어 있다. 실제로 DNA 사슬의 아주 작은 부분만이 유전자를 구성하고 있으며, 이는 곧 단백질 합성을 위한 유전암호이다. 아직까지 그 역할에 대해서 명확히 밝혀지지는 않았지만, DNA의 나머지 부분은 암호화되지 않은 서열이다. 유전물질은 한 쌍의 염색체로 구성되어 있다. 예를 들어, 가장 많은 연구가 이루어지고 있는 애기장대*Arabidopsis thaliana*는 5쌍의 염색체를 가진다. 한 생물체의 전체 염색체 세트(set)를 게놈(genome)이라 부른다. 인간게놈 프로젝트는 농업 연구 분야 모든 생물체에 광범하게 적용될 수 있는 파생기술뿐만 아니라 애기장대 및 쌀과 같은 모델 식물model plants에 관한 대규모 게놈서열분석 프로젝트의 수행에 있어 국제협력을 위한 모델을 제공해 왔다[73, p.11].

25) 혈액의 응고를 막는 인티르롬빈의 결핍hereditary antithrombin deficiency으로 인해 안티트롬빈을 충분히 생성해 내지 못해 혈전(blood clots) 발생 위험이 높은 유전병을 가진 환자는 혈전이 폐나 뇌의 가는 혈관을 막을 경우 치명적인 뇌경색이나 폐경색을 일으킬 수 있으며, 이러한 질병을 갖고 있는 여성이 임신할 경우 태반 내 혈전 생성으로 유산이나 사산의 위험도 높아질 수 있다. ATryn은 바로 이들 환자를 위해 만들어진 최초의 유전자변형 항응고제이며, EU에서는 이미 2006년에 승인을 받았으며, 미국에서는 2009년 2월 6일 식품의약품안전청에 의해 판매승인을 획득하여 현재 시중에 판매되고 있다[74-76].

26) GMOs의 구체적인 연구개발 및 상업화 동향은 미국 바이오산업협회 Biotechnology Industry Organization에서 매년 발간되는 “Guide to Biotechnology”에서 확인할 수 있다. 어떠한 용도로 이용이 허가되었는지에 관한 국별 정보 등은 The Biosafety Clearing-House(http://bch.cbd.int/)에서 확인할 수 있다.

제2장 21세기 기술-경제 패더라임의 핵심, GMOs

1) OECD[18]에 의하면, 비용, 기술수렴, 경제적 영향, 기회비용, 지식집약도 등의 측면에서 생명공학기술은 과거, 예를 들어 정보기술혁명과는 다른 혁신물결을 가능케 하는 다양한 요인을 제공하고 있다. 따라서 각 정부는 가능한 미래방향을 설정하고 이를 사회적·경제적 필요와 조화시켜 바이오경제의 편익을 성취하도록 정책의제를 조정해야 할 필요가 있다.

2) 생물의 각종 형태나 성질이 자손에게 전해지는 구조와 그것들이 각 개체에서 어떻게 나타나게 되는지를 연구하는 학문[57].

3) 생물의 디옥시리보 핵산DNA, 리보 핵산RNA과 같은 유전 정보를 밝히고자 유전체genome를 단위로 실험 구상과 정보 처리를 수행하는 학문[57].

4) 유전자 명령으로 만들어진 프로테옴(단백질체)을 대상으로 유전자의 기능, 단백질의 기능이상 및 구조변형 유무 등을 규명하고 질병 과정을 추적하는 분석기술[57].

5) Monsanto, Syngenta, DuPont, Dow AgroScineces, Bayer, BASF는 제초제내성, 해충저항성, 저장성향성 등의 생산성향상의 제1세대가 아닌 영양성분 및 기능이 강화된 제2세대 GMOs(예, 비타민 A를 강화한 쌀, 단백질 성분이 강화된 콩 등)과 유용생리활성물질이 많이 함유된 제3세대 GMOs(예, 식용백신, 단백질, 항체 및 효소 등)이 소비자와 기업에 상당한 사회적 이익과 투자수익을 제공할 것이라는 신념 아래 제2세대 및 제3세대 GMOs 개발을 진행하고 있다[79].

6) 기술혁신을 통해 새롭게 형성된 기술궤적은 과거에 존재했던 기술궤적으로 복귀하지 않는 비가역성을 가지고 있기 때문이다.

7) 대부분 산업의 제조과정에 응용되는 생명공학기술을 칭하는 개념으로 의약산업 또는 농업에서 일반적으로 응용되는 생명공학기술과 구별하기 위해 미국에서는 '제3의 물결' 유럽에서는 'White Biotechnology'로 칭하고 있다. 'Red Biotechnology(제1의 물결)'은 의학 또는 제약 및 보건 관련 생명공학기술로 바이오의약품, 유전자 치료, 줄기세포 등을 포함하며, 'Green Biotechnology(제2의 물결)'은 농업에 응용되는 생명공학기술로 유전자변형 종자 및 식물의 연구·개발 등을 말한다.

8) 기술-경제 패러다임의 형성은 사회체제 내의 수용, 즉 적법성 확보와 관련된다. 적법성의 개념은 사회구성원의 요구를 결정하는 필수적인 특징 중 하나로 간주되는 것[88]으로 사회적으로 구조화된 체제 내에서 적절하거나 바람직한 것으로 간주되는 규범, 가치, 신념과 정의를 의미한다[24, p.574].

9) GMOs의 연구개발 및 상업화 동향은 미국 바이오산업협회에서 매년 발간되는 "Guide to Biotechnology"에서 확인할 수 있다.

10) 송정화[95, 원문p.141]은 우생학eugenic보다는 긍정적인 의미를 내포하고 있는 개량breeding이란 단어를 사용한다.

11) Brookes and Barfoot[7;8], James[103]에 따르면, 이들 국가는 재배하는 GM 작물의 종류도 지속적으로 증가시키고 있다.

12) 농업부문에 유전공학 기술의 응용에 대한 지구적 반대운동이 혁신과 기술파급 속도를 늦추어 왔다. 그렇지만, 기아, 에너지, 환경 등과 같은 시급한 문제해결 요구, 생명공학기술에 대한 많은 국가의 관심 및 투자 증대, 의약부문에서와 같은 명확한 소비자 편익증대 등의 요인 등에 비추어 볼 때, 그러한 반대운동이 rDNA 기술의 이용에 제약을 가하지는 못할 것으로 전망된다[97, p.462].

13) 미 승인된 GMOs의 혼입을 절대 인정하지 않는 미승인 GMOs 혼입 무관용 정책zero-tolerance policy on unauthorized GM products(zero-tolerance policy), GMOs 수입금지moratorium, 엄격한 공존규정coexistence regulations은 대표적인 규제수단이다.

제3장 GMOs의 산업적 응용과 경제적 영향

1) 미국 특허 no. 4,237,244-Process for producing biologically functional molecular chimeras.

2) 현대 생명공학기술에 있어 혁신 군집과 기술발전의 역학은 명확한 기술궤적패턴을 보이고 있으며[11], 향후 산업구조는 정보기술을 포함하여 물질을 조작하는 활동에 의해 변화될 것이다[12;13].

3) 의약바이오라 칭함.

4) 농업바이오라 칭함.

5) 의약 부문 및 농업 부문의 응용을 제외한 그 외 모든 산업적 응용으로 '산업생명공학기술 또는 산업바이오industrial biotechnology'이라 통칭하기도 한다.

6) 1977년 하버트 보이어H. Boyer는 인간의 인슐린 유전자가 삽입된 유전자변형 대장균genetically modified E. coli에서 인슐린을 제조하는데 성공했으며[60], 이는 1982년에 미국 식품의약품안전청US FDA으로부터 상업화 목적의 생산승인을 획득하였다[63].

7) 시판되고 있는 바이오의약품에 대해서는 Bio Industry Organization(http://www.bio.org)를 참조.

8) 인체에 필요한 유용생리활성물질, 즉 락토페린, 성장호르몬, 인슐린, 혈전용해제 등의 물질을 형성하는 재조합유전자rDNA를 양, 염소, 소 등의 수정란에 주입하여 목표로 하는 유용생리활성물질이 함유된 우유를 생산하는 GM 동물을 개발하고 복제를 통해 GM 동물을 증식하여 유용생리활성물질이 함유된 우유를 대량생산함은 물론 우유의 정제를 통한 바이오의약품의 대량생산을 가능케 한다.

9) GM 작물의 개발과 상업화 현황에 대해서는 Guilford-Blake and Strickland[4, pp.65-89], Brookes and Barfoot[8]를 참조.

10) Moonvist™, Moonlite™, Moonshade™, Moondust™, Moonaqua™, Moonberry™ Moonshadow™ 등이 있으며, 모두 절화상태로 판매되고 있다(http://www.florigene.com).

11) GM 나무의 연구·개발에 대한 제세한 현황은 Harfouche et al.[115]을 참조.

12) 어류의 경우 역시 성장속도 증가(연어, 미꾸라지, 잉어 틸라피아), 질병저항성(연어, 차넬메기), 애완동물(송사리), 저온내성(연어, 금붕어), 사료비용 절감, 기능 및 영양성분 강화(연어), 유용생리활성물질생산(틸라피아, 무지개송어), 환경오염원 검출(송사리)을 목적으로 한 다양한 GM 어류가 연구·개발되고 있다.

13) 산업바이오는 농업바이오매스(부산물, GMOs 등 포함) → 효소 → 당/유지 → 촉매 → 바이오 화합물/바이오 소재/바이오 연료로 이어지는 가치사슬을 형성하고 있다[118].

14) 이러한 의미에서 바이오정유소는 오일정유소Oil-refinery를 대체하기 위한 새로운 개념으로 이해되며, 바이오정유소의 기술진보와 효율은 향후 바이오-정보-나노 융합에 의해 더욱 촉진될 것으로 전망된다[124, pp.2,14].

15) 식물, 동물, 폐기물 등을 이용하여 만든 다양한 바이오매스 유래 연료fuel derived from various biomass를 말한다.

16) 미국 세레스Ceres사가 개발하고 있는 Blade Energy Crops® Line(지팽이풀, 사탕수수), Energycane은 바이오 연료생산성 향상을 목적으로 한 대표적인 GMOs이다.

17) 시장에서 판매되고 있는 산업바이오제품은 Bio Industry Organization (http://www.bio.org)를 참조.

18) 산업 및 경제 전반에 대한 GMOs의 영향은 산업 부문에 따른 투입원천

및 산출 분석(투입산출모델), GMOs 관련 활동과 산업성장 및 경제성장 간 인과 분석(계량경제모델), GMOs 이용이 산업 및 경제에 미치는 파급 영향 분석(일반균형모델)을 통해 파악되는데, 이들 분석은 통일된 장기 데이터 및 정확한 지표가 뒷받침되어야 한다.

19) Mitchell[88], Demont and Devos[104], Demont et al.[105], Social Association [107], Wood[108], DG-AGR[131], European Feed Manufacturers Federation [132], Stein and Rodriguez-Cerezo[133] 등을 참조.

20) Anderson[133], Brookes and Barfoot[5-8], Burachik[134], Chassy ea al.[135], Falk-Zepeda et al.[137], Huang et al.[138], Moschini[139], Qaim and de Janvry[140], Quim and Zilberman[141], Trigo and Cap[142] 등을 참조.

21) Anderson[134], Huang et al.[138], Felloni et al.[143], Galhardi[144, 145], Junne[146], Miozzo et al.[13], Sercovich[147] 등을 참조.

22) GMOs는 농업 및 사료산업 뿐만 아니라 음식료산업, 의약산업, 화합물·화학제품 산업, 에너지 등의 산업에 이용되는 다양한 원료, 즉 펙틴, 토코페롤, 파이테르테롤, 지방산, 이소플라본, 콩섬유, 에폭시화유, 클루코스시럽, 덱스트린, 과당, 토코페롤, 클리세롤, 단백질 등의 원천이며, 이외에도 수십 종의 효소가 GMOs로부터 생산될 수 있는 가능성이 있다[9].

23) Guilford-Blake and Strickland[4], Hevesi and Bleiwas[148] 등을 참조.

24) 거시경제적 측면에서 공정 및 제품 혁신에 기인한 생산성 향상, 경제성장, 산업구조변화, 노동시장변화 및 무역구조변화 등과 미시경제적 측면에서 사업기회창출, 사업성장, 인수·합병, 가격 및 비용 구조 변화, 경쟁력 변화, 경쟁조건(시장구조)변화 등.

25) 제1물결red biotechnology, 제2물결green biotechnology, 제3물결white biotechnology과 동일한 의미이다.

26) 2개의 가상시나리오는 경제적 가치로 추정되지 않아 본서에서는 기술하지 않았다.

27) 이에는 바이오 연료, 현재 상상할 수 없는 새로운 응용과 화폐적 가치로 환산이 어려운 영향(예를 들어, 삶의 질 및 수명 연장에 대한 영향, 농업 및 산업 부문에 응용을 통해 실현될 환경적 영향 등)을 포함시키지 않았다. 그렇기 때문에, 이 추정치는 2030년 생명공학기술의 잠재적 영향을 다소 적게 추정하고 있다[17, p.201].

제4장 GMOs와 위험사회에 대한 논쟁

1) Ellu[150, pp.76-143]에 의하면, 과학기술은 다음의 특징을 지니고 있다. 첫째, 모든 기술은 비용을 지불하면서 발전한다. 둘째, 기술은 각각의 단계에서 문제를 해결하기 보다는 더 크고 많은 문제를 야기한다. 셋째, 기술로 인해 초래되는 해로운 결과와 이로운 결과는 같이 발생한다. 넷째, 과학기술은 사전적으로 예측할 수 없는 많은 새로운 결과를 야기한다.

2) 이미 당뇨병치료제인 인체용 유전자재조합 인슐린(GM 약품)은 1982년에 최초로 상업화 되었지만, GMOs 자체가 상업화된 것은 1990년대였다.

3) 여기서의 환경적 방출이란 개념은 인체 섭취까지 포함된 것으로 간주된다.

4) 예를 들어, 유해한 유전자를 집어넣었을 경우나 또는 결과를 예측할 수 없는 경우, 즉 특정 질병의 유발에 영향을 미치는 하나의 유전자는 유전자를 조작할 당시에는 나타나지 않았다가 몇 년이 지나서 또는 다음 세대에서야 나타나는 의도하지 않았던 부차적인(이차적, 삼차적 등) 영향 등을 끼치는 경우.

5) 예를 들어, 공여유기체에서 추출한 유전자를 수용유기체에 주입하기 위해 사용하는 유전자 전이 매개체gene transfer vector의 활동성이 무척 큰 경우 병을 유발하는 바이러스와 결합되어 악성 변종을 만들어 낼 수도 있다[54, p.217]. 이는 유전자변형이 본질적으로 위험한 과학이라고 말하는 중요한 이유 중 하나이다.

6) 게다가 자연에도 돌연변이가 있으므로 GM 기술을 이용한 유전자변형은 자연스러운 것이라는 강력한 견해를 내비추기도 한다.

7) 변형된 유전자의 인위적 삽입으로 인해 돌연변이mutagesis가 생성되는 현상은 대표적인 예이다. 그러한 유전자가 여러 가지 유전적 효과를 나타내서 유기체의 전체 특성에 영향을 주어 기존에 알려지지 않은 독성물질과 알레르기 물질, 즉 알레르겐의 생성으로 인체 건강은 물론 환경생태계 파괴로 이어지는 심각한 문제가 드러난다는 것이다.

8) 이외에도 GMOs의 섭취로 인한 필수 영향성분의 변화 유발 가능성, 알려지지 않은 다른 장기적인 영향 등에 대해서도 염려가 제기되고 있다.

9) 제초제내성 유전자도 이용하고 있다.

10) 수평적 유전자 전이horizontal gene transfer라 한다.

11) 선발마커 유전자는 식물의 게놈 내 여러 곳에서 삽입 내지 복제를 통해 움직이는 점핑유전자jumping gene일 거라는 가능성이 제기되었다.

12) 이는 유전자변형이 최종 제품(예를 들어, GMOs)이 소비되는 과정에서

외부효과를 유발하는 방향으로 제품특성(맛, 구조 및 성분 등)을 변화시킨다는 '제품관련 공정 및 생산방식product-related PPMs' 개념이다.

13) 해충저항성 옥수수를 재배하는 포장 근처의 잡초와 이를 먹고 사는 제왕나비 간 관계에 관한 연구를 수행하던 중 GM 옥수수재배지에서 날아온 해충저항성 GM 옥수수 꽃가루를 제왕나비가 먹고 생육이 저해되거나 낮은 생존율 보이는 것을 관찰하고, 낮은 생존율이 해충저항성 GM 옥수수의 독소에 기인한다고 보고하고 있다.

14) GM 감자를 먹은 쥐의 면역형성에 관여하는 기관이 심하게 손상되었음을 보고하고 있다.

15) 유전자변형 박테리아를 이용하여 일본 쇼와덴코Showa Denko사에서 개발한 트립토판이 함유된 건강보조식품을 복용한 후 백혈구 증가에 따른 혈액장애와 신경장애로 인해 미국에서 37명이 사망하고 1,500명이 불구가 되었다. 분석결과, 독소는 전체 트립토판 질량의 0.01%로 밝혀졌는데 이 독소가 트립토판 정제과정에서 불순물질의 혼입으로 발생한 것인가 아니면 유전자변형 과정의 부산물인지에 대해서는 여전히 서로 다른 과학적 견해가 제기되고 있다.

16) 물론, 이들의 연구결과에 대해서도 실험조건, 통계적 유의성 등에 있어 찬반양론이 무성하다.

17) GMOs와 관련하여 가장 일반적으로 제기되는 윤리적 문제는 인위적 변형, 종간경계의 파괴 등을 통해 자연의 순리를 어기는 것이다[182]. 또한 지적재산권의 강력한 보호 형태로 부여되고 있는 생명공학기술 및 GMOs에 대한 특허권 역시 생물체와 그러한 생물체의 창조에 관한 배타적 권리의 소유를 인정한다는 측면에서 윤리문제를 피해갈 수 없다. 게다가 그러한 배타적 소유는 다양한 법적·경제적 문제와도 직결되어 있다[183-185].

18) 전통적인 육종과학 대신 유전자변형 기술혁신에 기반한 새로운 GMOs 종자를 무기로 종자산업의 패권을 장악하고자 했던 몬산토는 자가 생산·판매하는 제초제 라운드업Roundup®에 대한 농민층의 선호를 간파하여 종자와 제초제에 대한 양면판매를 통해 수익을 창출할 계획을 세웠으며 이의 일환으로 라운드업에 저항성을 갖도록 하는 유전자가 변형된 대두soybean를 개발하였다[187]. 사실 대두를 필두로 한 제초제 저항성 작물의 도입 이후 미국 내에서 제초제의 살포가 증가하였다. 일부 농민들은 동일 경작지에서 1년 내내 대두와 옥수수 작물을 번갈아 재배함으로써 제초제 사용이 폭증하고 있었다[68, p.292].

19) 종자를 1회만 사용할 수 있고 그 종자에서 수확한 곡물의 발아를 정지시켜 종자로 이듬해에 다시 파종용으로 사용할 수 없게 하는 기술이다.

20) 이 기술은 전통적으로 인정되어온 종자생산에 관한 농민들의 권리(농부권)를 부정하고 일부기업에 실질적인 종자의 독점권을 줄뿐만 아니라, 식물의 번식력을 박탈하는 비윤리적인 측면까지 포괄하고 있다.

제5장 GMOs와 사회정치·경제 이슈: 역사적 배경과 경로

1) 폴 버그P. Berg는 이전 연구인 Jackson et al.[193]을 통해 SV40과 대장균 유전자 일부를 지니는 람다 파지가 포함된 재조합 분자를 얻을 수 있었기 때문에, 이 재조합 유전자를 대장균에 형질전환시켜 동물바이러스의 유전자가 세균에서도 발현될 수 있는지를 확인해 보려 하였다.

2) 실제, 폴 버그가 유전자 삽입실험을 성공시킨 1971년 당시 미국은 환경규제를 적극적으로 시행하려 했다. 미국 의회는 주요 정부사업에 대해 환경에 대한 영향평가를 의무화 하는 환경정책법National Environmental Policy Act을 제정하였고, 이의 집행을 위해 환경보호국Environmental Protection Agency(EPA)을 설립하였다. 1972년에는 연방수질오염방지법Federal Water Pollution Control Act of 1972이 제정되었으며, 핵안전성, 자원고갈, 종보호 등에 대한 공중의 염려가 증가하였다. 이러한 사회적 정서가 폴 버그P. Berg를 과학자들에게 유전자 재조합에 있어서의 가능한 잠재적 위험을 탐구하도록 촉구하게 만들었다[194, p.12].

3) 이를 "제1차 아실로마 회의Asilomar Conference I"라 칭한다.

4) 전체 참석자는 140여명이었다. 미국에서 90여명, 그 밖의 12개국에서 60여명이 초정되었다. 참석자 중 과학자가 129명, 법학자 3명, 과학기자 15명 정도가 참석하였다. 기자들은 회의가 끝날때까지 기사를 전송하지 않겠다는 전제로 참석하였다. 이 회의는 미국 국립 보건원과 미국국립과학재단에 의해 후원되었다.

5) 140여명의 참석자 중에서 오직 2명의 과학자, 조슈와 리더버그J. Lederberg와 제임스 왓슨J. Watson만이 이러한 자발적 규제에 반대를 하였다[198, p.14;196, p.22].

6) '사회, 정치적 행동을 위한 과학기술자'는 자본과 결탁된 규제정책을 비난했다[204, pp.311-312].

7) 동 규제체제가 입안되어 제정·공포되기까지의 과정에 대한 자세한 내용은 Stepp[206]을 참조.

8) 주요 수출국(미국, 캐나다, 아르헨티나)는 경제적 손실을 이유로 들어 EU의 모라토리엄 조치를 WTO에 제소하였으며, WTO 패널은 EU의 조치가 WTO의 규정에 조화되지 않는다는 결론을 내렸다. 이와 관련된 내용은

제9장(정책 패러다임의 충돌: 조화의 필요성)에서 다룰 것이다.

9) GMOs는 연구·개발단계 초기부터 '시장 출시 전 위험평가pre-market risk assessment'를 수행한다. 시장출시 전에 실험실 및 온실에서의 위험평가와 시험재배를 통한 위험평가를 거쳐 상업화된 GMOs와 GM 제품에 대해 사례특유관점에서 사후시장모니터링을 실시하는 것과 시장출시승인 유효기간을 설정하는 연구·개발단계의 위험평가에서 확인되지 못한 부정적 영향을 고려하기 위한 사전예방접근이라 볼 수 있다.

10) 이는 OECD Blue Book으로 더 많이 알려져 있다.

11) 여기서 사전통보합의AIA는 환경보호의 일반원칙중 하나로 유전자변형생물체 관련된 의미로는 환경방출용(종자, 미생물 농약 등) 유전자변형생물체의 국가간 이동에 앞서 수입국내에 미칠 우려가 있는 잠재적 위험(인간 건강에 미칠 위해를 고려하여 생물다양성의 보전 및 지속가능한 이용에 미칠 부정적 영향)을 사전에 평가 및 심사할 기회를 수입국에 부여하기 위해 사전에 통보하는 절차이다.

12) 제1차 당사국회의에서는 전문가 그룹회의Open-ended Ad hoc gooup of Experts on Biosafety를 구성하여 바이오안전성 확보를 위한 국제적 차원에서의 의정서 제정의 필요성을 검토하도록 결정하였으며, 제2차 당사국회의에서는 생물다양성의 보전과 지속가능한 이용에 악영향을 초래할 수 있는 현대 생명공학기술에 의한 유전자변형생물체에 대하여, 특히 국가 간 이동에 있어 안전한 이동과 취급 및 이용에 초점을 두고 바이오안전성의정서를 1998년까지 작성할 것과 그 작성을 위한 실무그룹회의의 결성을 결정하였다.

13) 바이오안전성의정서 제정을 위한 협상과정에 대한 자세한 내용은 Bail et al.[214]를 참조.

14) 전통적인 제품 즉, non-GMOs에 상응하는 GMOs의 선택된 특성들만 비교하는 것으로 GMOs가 소비자에게 중요한 특징(예를 들어, 성분, 맛 그리고 구조)면에서 전통적인 제품과 동등하다면 새로운 안전성 또는 영양에 관한 문제는 없다는 것이다[215]. 즉, 인류가 유전자변형에 의해 새롭게 만들어진 식품(예를 들어, 인류가 먹어본 경험이 없는 것으로 GM 식품food derived from GMOs에 한정되지는 않음)의 안전성을 기존의 식품(먹어본 경험에 의해 안전하다고 판단된 것)을 기준으로 비교함으로써 평가하는 방식을 의미한다. 실질적 동등성 원칙은 OECD에 의해서 1993년 처음 도입되었으며, 1995년 WHO는 GMOs에 관한 안전성평가의사결정을 위한 기초로서 동 원칙의 적용을 지지했다[216].

제6장 사회정치·경제적 압력과 정책 패러다임의 선택

1) 정치와 경제, 국가와 시장은 뚜렷이 구분되는 현상이면서도 긴밀한 상호 작용 관계에 있어 서로 떼어 놓고서는 인간행동과 사회를 적절히 이해하기 어렵다. 정치-경제 관점은 이러한 명제위에 출발하고 있다[234, p.9].

2) 기술응용차원은 응용분야, 일반응용 및 특유응용의 세부차원에서 고려될 수 있다. 그중 응용분야는 GM 기술이 적용되는 분야-식품, 농업, 의약 등-를 의미하고, 일반응용은 단지 유전자변형을 위해 목적유전자가 어디(예를 들어, 동물, 식물 등)에서 추출되었느냐 하는 것과 관련되며, 특유응용은 제품의 기능이나 품질의 향상을 위한 기술의 적용을 의미한다[99;241].

제7장 경제적 이해증진지향: 과학적 합리성

1) 사회시스템 내의 모든 경제적 그리고 사회적 선호를 인지하지 못하는 경우 진정한 최선의 규제정책은 수립될 수 없다. 이러한 정책문제를 교정하기 위해 공공선택 이론과 사회선택 이론은 특정 대상에 대한 사회적 목적으로부터 시장효율성에 관한 경제적 목적을 분리시킴으로써 규제개발 과정을 탈정치화시키는 경제적 관점을 채택하고 있다[251, pp.15-16].

2) GMOs와 관련된 위험사회에 관한 논란은 본서의 제2장에 자세히 기술되어 있다.

3) TBT 협정 제1조제1항, 제2조제2항; SPS 협정 제2조제2항, 제2조제3항; GATT(1994) 제1조, 제3조, 제20조.

4) GATT(1994) 제1조.

5) GATT(1994) 제3조.

6) GATT(1994) 제11조.

7) GATT(1994) 제20조. '환경'이란 단어가 명시적으로 나타나 있지는 않다. 그렇지만, 일반적인 환경보호의 의미[256]와 소비자 이해를 보호하기 위한 환경보호의 의미[257]도 함유하고 있는 것으로 해석된다. 이러한 측면에서 GATT(1994) 제20조는 GMOs에 대한 무역조치와 관련될 수 있다. 그러나 예외조항에 기초하여 조치를 취함에 있어 다음과 같은 제한이 있다. 첫째, 그러한 동일한 조건이 지배하는 국가 간에 자의적이거나 부당한 차별수단으로 작용하지 않으며(GATT(1994) 제20조전문), 둘째, 국제무역에 위장된 제한을 형성하는 방법으로 적용되어서는 안 되며(GATT(1994) 제20조전문), 셋째, 인간, 동물 및 식물의 생명 또는 건강을 보호하기 위해 필요한 것이어야 하며(GATT(1994) 제20조제b항), GATT(1994) 규정에

위배되지 않는 국내법 및 규제의 준수를 확보하기 위해 필요한 것이어야 하며(GATT(1994) 제20조d항), 넷째, 국내의 생산 또는 소비에 대한 제한은 효과적인 경우에 한하여 유한천연자원의 보전을 위한 것이어야 한다(GATT(1994) 제20조제g항).

8) 'SPS 협정'은 특정 제품의 국제무역에 직접적 또는 간접적으로 영향을 미칠 수 있으며, 특히 해충, 질병 또는 오염물질로부터 파생되는 위해로부터 회원국의 영역내의 동물 또는 식물의 생명 또는 건강을 보호하기 위한 정책목적에 적용되는 모든 조치를 규율한다(SPS 협정 제1조제1항, 부속서A(1)).

9) SPS 협정 제2조제2항.

10) SPS 협정 제3조제3항.

11) SPS 협정 제5조제7항.

12) 차별적 또는 위장된 무역제한을 초래해서는 아니 된다는 조건하에서 그러한 무역조치가 가능하다. 즉, 각 회원국은 상이한 상황에서 적절한 것으로 판단되는 수준에서의 구별이 국제무역에 대한 차별적 또는 위장된 제한을 초래하는 것을 피해야 하며(SPS 협정 제2조제3항 및 제5조제5항), 기술적 및 경제적 타당성을 고려하여 합리적으로 이용가능하고 적정한 보호수준을 달성하면서 무역에 대한 제한이 현저히 다른 조치가 있는 경우에는 그러한 조치를 사용해서는 안 된다(SPS 협정 제5조제6항). 아울러, 제품관련 PPMs에만 적용되며, SPS 협정 부속서1에 명기된 조치이외의 환경보호조치, 소비자보호를 위한 조치는 동 협정에 적용되지 않는다. 그렇기 때문에, 보호수준 또는 위험수준의 결정에 있어 자의적이거나 정당화될 수 없는 환경기준을 지닌 국가는 문제가 될 수 있다.

13) SPS 협정 제5조제7항.

14) TBT 협정 제1제제2항, 부속서 제1조제1항.

15) TBT 협정 제1조제3항.

16) TBT 협정 전문, 제2조제1항, 제2조제2항, 제2조제3항, 제5조제1항.

17) TBT 협정 부속서1.

18) TBT 협정 제2조제2항.

19) 1990년 8월 28일 미국 정부는 멕시코, 베네수엘라, 비누아투로부터의 참치 및 참치제품의 수입을 금지시켰으며 "돌고래보호 소비자 정보법 Dolphin Protection Consumer Information Act"에 의거 참치에 "돌고래 안전 Dolphin-Safe" 표시부착을 요구했다. 이에 멕시코는 미국의 조치가 GATT

(1994) 규정에 위배된다고 GATT에 제소(Tuna-Dolphin Ⅰ)했다. 이와 관련하여 GATT 패널은 그러한 표시부착이 수입제품 뿐만 아니라 국내제품 즉, 참치를 잡은 국적에 관계없이 태평양동부적도지역에서 잡은 모든 참치에 적용되므로 최혜국대우 및 내국민대우원칙에 위반되지 않는다고 판시하였다[256;264].

20) SPS 협정 제2조제3항, 제3조제3항, 제5조제3항 및 부속서1(4), TBT 협정 제2조제2항.

제8장 사회적 이해증진지향: 사회적 합리성

1) 스위스는 사회정치적 맥락에서의 현대 생명공학기술과 관련된 논쟁과 이를 통한 법 및 제도적 장치의 마련과 관련하여 시사점을 제공하는 대표적인 사례이다. 스위스 사례에 대한 구체적인 내용은 Buchmann[281]에 자세히 기술되어 있다.

2) CPB 제7조, 제8조, 제9조, 제10조 및 제12조 하에서의 환경방출용 GMOs에 대한 사전통보합의절차, 제11조 하에서의 식용·사료용·가공용 GMOs의 수입결정절차, 제15조 하의 위해성평가, 제18조 하에서의 취급관리는 그 대표적인 특정무역의무조치를 포함하고 있는 규정이다.

3) 이 의정서에 따라 수행되는 위해성 평가는 부속서 Ⅲ에 따라 또는 공인된 위해성 평가 기술을 참작하여 과학적으로 건전한 방식으로 수행된다. 그러한 위해성 평가는 유전자변형생물체가 인체건강에 미치는 위해도 감안하여 생물다양성의 보전 및 지속가능한 이용에 미칠 수 있는 부정적 영향을 식별하고 계측하기 위하여 최소한 제8조에 따라 제공된 정보와 그 밖의 이용 가능한 과학적 증거에 근거한다.........(CPB 제15조).

4) CPB상에서 사전예방원칙의 적용은 GMOs의 환경방출에 의한 인체 및 환경에 대한 위험발생가능성과 크기에 관한 과학적 합의의 부재를 의미한다[282]. 의도적 환경방출용과 식용·사료용·가공용 GMOs에 모두 적용되는 사전예방원칙은 바이오안전성의정서 전문, 제1조, 제10조제6항, 제11조제8항에 규정되어 있다.

5) CPB 부속서Ⅲ 제4항.

6) 수출국 또는 수출업자는 결정의 기초가 된 위해성 평가의 결과에 영향을 줄 만한 상황변화가 발생하였을 경우, 추가적인 과학적 또는 기술적인 관련정보가 이용가능하게 된 경우 제10조(결정절차)에 따라 결정한 사항을 재검토하도록 요구할 수 있다(CPB 제12조제2항). 이는 WTO SPS 협정 제5조제7항과 가장 대비되는 규정이다.

7) "각국은 자국능력에 따라 환경보호를 위한 사전예방조치를 광범위하게 취할 수 있다. 만약, 심각하거나 돌이킬 수 없는 피해의 위협이 존재하는 경우 과학적 확실성의 결여가 환경악화를 예방하기 위한 비용·효과적인 조치를 지연시키는 구실로 이용될 수 없다."

8) CPB 제18조제1항.

9) CPB 제18조제2(a, b, c)항.

10) 당사국은 이 의정서의 목적과 부합되는 국내법령에 따라 식용·사료용·가공용으로 직접 사용될 목적인 유전자변형생물체의 수입에 관한 결정을 내릴 수 있다(CPB 제11조제4항)

11) CPB 제26조.

12) CPB 제16조.

13) CPB 제23조제2항.

14) CPB 제23조제1항.

15) EU에서의 GMOs 및 GM 제품에 대한 규제는 EC 조약(EC Treaty) 제2조, 제28조, 제37조, 제95조, 제153조, 제166조, 제174조, 제175조, 제176조, 제251조에 기초하여 제정된 규정regulations과 지침directives에 의한다[287].

16) '사전예방원칙'은 발생될 위험을 사전에 방지하고자 하는 EU의 환경정책철학으로 EC조약 제130조제2항에 근거한다[267, p.912].

제9장 정책 패러다임의 충돌: 조화의 필요성

1) 공식적으로는 'European Communities-Measures affecting the Approval and Marketing of Biotech Product' 사건이라 함. 본장에 기술된 WTO 사건의 내용은 성봉석[290;291], 김만길[292]에 기초하고 있다.

2) 유엔공업개발기구UNIDO의 행위준칙은 생물체 또는 그들로부터 유래한 제품의 환경방출과 관련된 실행기준을 통제하는 일반원칙을 약술하고 특히, 적절한 하부구조가 존재하지 않는 경우에 적절한 국제체계의 설립을 장려하고 지원하는 것으로 목표로 하고 있다. 유엔환경계획UNEP의 지침은 CBD 당사국회의가 바이오안전성의정서 채택까지 위해성 관리를 촉지하기 위해 유용한 잠정장치로 인정한 것으로 바이오안전성을 평가하고 예측 가능한 위험을 관리하고 모니터링과 연구 및 정보교환과 같은 프로세스를 촉진하는 조치를 확인하기 위한 기술관련 사항을 제공하는 것을 목표로 하고 있다[33, pp.21-22].

3) CPB 제1조.

4) CPB 전문.

5) 조약법에 관한 비엔나 협약 제30조제3항, 제59조제1(b)항, 제59조제2항.

6) CPB 제2조제4항.

7) 동 분쟁에서는 특히, Council Directive 90/220/EEC 및 Directive 2001/18/EC, Regulation(EC) No 258/97을 지칭하고 있다.

8) EU는 SPS 협정에 명시적으로 열거된 것만 SPS 조치로 인정된다고 주장했다. 이러한 맥락에서 SPS 협정 부속서 A(1)에 명시적으로 열거된 조치(=SPS 조치)에 대해서는 SPS 협정이 적용되며, 그렇지 않은 조치(=non SPS 조치)에 대해서는 TBT 협정 제1조제5항(…이 협정의 규정은 위생 및 식물위생 조치의 적용에 관한 협정의 부속서 A에 정의되어 있는 위생 및 검역조치에는 적용되지 아니한다….)에 따라 TBT 협정이 적용되어야 한다는 논리이다.

9) 이 정의의 목적상, '동물'은 어류 및 야생동물군을 포함하며, '식물'은 산림의 수목 및 야생식물군을 포함하며, '해충'은 잡초를 포함하며, '오염물질'은 농약과 수의약품과 잔류물 및 외부 물질을 포함한다. 1. 위생 또는 검역 조치-아래 목적으로 적용되는 모든 조치 a. 병해충, 질병매개체 또는 질병원인체의 유입, 정착 또는 전파로 인하여 발생하는 위험으로부터 회원국 영토 내의 동물 또는 식물의 생명 또는 건강의 보호, b. 식품, 음료 또는 사료 내의 첨가제, 오염물질, 독소 또는 질병원인체로 인하여 발생하는 위험으로부터 회원국 영토 내의 인간 또는 동물의 생명 또는 건강의 보호, c. 동물, 식물 또는 동·식물제품으로 만든 생산품에 의하여 전달되는 질병이나 해충의 유입, 정착 또는 전파로 인하여 발생하는 위험으로부터 회원국 영토 내의 인간의 생명 또는 건강의 보호, d. 해충의 유입, 정착 또는 전파로 인한 회원국 영토 내의 다른 피해의 방지 또는 제한. 위생 또는 검역 조치는 모든 관련 법률, 법령, 규정, 요건 및 절차를 포함하며, 특히 최종제품 기준, 가공 및 생산방법, 시험, 조사, 증명 및 승인절차, 동물 또는 식물의 수송 또는 수송 중 생존에 필요한 물질과 관련된 적절한 요건을 포함한 검역처리, 관련 통계방법, 표준추출 절차 및 위험평가 방법에 관한 규정, 식품안전과 직접적으로 관련되는 포장 및 상표부착을 포함한다(SPS 협정 부속서 A 정의(Re. 4)).

10) SPS 협정 부속서 A(1a, 1b, 1c, 1d).

11) SPS 협정 부속서 A(1, para. 2.).

12) 이 협정은 국제무역에 직접적 또는 간접적으로 영향을 미칠 수 있는 모

든 위생 및 식물위생 조치에 적용된다. 동 조치는 이 협정의 규정에 따라 개발 및 적용된다......(SPS 협정 제1조제1항).

13) SPS 협정 부속서 A(1)는 '해충', '질병, 질병매개체 또는 질병원인체' 또는 동물, 식물 또는 동물 또는 식물로 만든 생산품에 의해 전달되는 '해충', '질병, 질병매개체 또는 질병원인체'의 유입, 정착 또는 전파와 '식품, 음료 또는 사료', '첨가물', '오염물질', '독소'로 인해 발생하거나 발생할 수 있는 위험으로부터 회원국 영토 내의 '동물 또는 식물의 생명 또는 건강보호'와 '다른 피해의 방지 또는 제한'을 목적으로 하고 있다.

14) 관련된 자세한 내용은 WTO[174, paras.7.243-7.340]에 기술되어 있다.

15) 이 정의의 목적상 '동물'은 어류 및 야생동물군을 포함하며, '식물'은 산림의 수목 및 야생식물군을 포함하며, '해충'은 잡초를 포함하며, '오염물질'은 농약과 수의약품의 잔류물 및 외부 물질을 포함한다…….

제10장 기회와 도전, 그리고 사회

1) 이에 대한 보다 구체적인 예와 내용은 Bauer[301]에 자세히 기술되어 있다.

2) GMOs가 21세기 기술-경제 패러다임의 핵심으로써 다양한 산업적 응용을 통해 유발할 수 있는 경제적 영향에 관한 내용은 본서의 제2장(바이오경제시대의 GMOs: 21세기 기술-경제 패러다임의 핵심)과 제3장(GMOs의 산업적 응용과 경제적 영향)에 기술되어 있다.

3) 이와 관련된 내용은 Social Association[107], Wood[108], Cardy-Brown Co Ltd.[306] 등에 자세히 기술되어 있다.

4) 이러한 맥락에서 GMOs의 (위험)평가, 즉 과학적 과업과 사회정치적 가치는 서로에 영향을 미치고 있다.

제11장 공존을 위한 조건: 사회·경제적 고려

1) 물론, 지속가능성은 논의되는 대상 및 사안에 따라 바람직한 것이 될 수도 있고 바람직하지 않은 것이 될 수도 있다[321]. 여기서 지속가능성은 전자의 예를 의미한다.

제12장 공존을 위한 정책의제와 과제

1) 이 경우 아마도 세계 모든 국가는 GMOs와 관련된 공존을 고려하여야만 할 것이다.

2) 사전예방원칙에 관한 역사, 정의, 구성 원소, 정책적 의미 등에 관한 내용은 Royal Society of Canada[216], Morris[324], Tickner[325]에 자세히 기술되어 있다.

3) GMOs 및 non-GMO에 대한 표시제를 통한 선택의 자유(소비자 측면), 연구개발의 자유(연구·개발자 측면), 대체재에 대한 접근성(산업 및 기업 측면)이 있는지 등.

4) GM 기술 및 GMOs 개발 이용에 따른 사회구조의 부정적 변화위험, 갈등 유발위험이 없는지, 세대 간 형평성(장기적인 위험의 부담이 없는지)이 확보되는지 등.

5) 초기 오염자부담의 의무범위는 오염을 방지하기 위한 활동 혹은 환경오염을 제거하기 위한 비용의 부담으로 이해되었다. 그렇지만, 점차 오염유발자가 발생시키는 손해에 대한 배상성격의 지불로 확대되었으며, 오늘날은 환경목적의 조세와 부과금 등의 환경오염에 관련된 모든 비용의 지출을 포함하는 것으로 수용되고 있다[340].

6) 실제, 지구적 차원의 지속가능성은 자연자원의 지속가능한 이용에 관한 규정과 자원, 제품, 서비스 및 폐기물 등의 지속가능한 수입과 수출의 견지에서 접근된다[343].

참고문헌

[1] 박진희 (옮김). 나노바이오테크놀로지-나노생명공학기술로 여는 새로운 시장, 새로운 기회. 서울: 생각의 나무; 2004.

[2] Van der Walt WJ. Identifying increased production yield opportunities by monitoring biotechnology developments. Presentation delivered at the 7th annual Agriculture Management Conference, VW Conference Centre, Midrand, South Africa. 25-26 October 2000.

[3] Kitch L, Koch M, Niang LS. Crop biotechnology: a working paper for administrators and policy makers in sub-Saharan Africa. Rome: FAO; 2002.

[4] Guilford-Blake R, Strickland D, editors. Guide to biotechnology, Biotechnology Industry Organization. Washington, DC.: Blue House Publishing; 2008.

[5] Brookes G, Barfoot P. GM crops: Global socio-economic and environment impacts 1996-2006. Dorchester, UK: PG Economics Ltd.; 2008.

[6] Brookes G, Barfoot P. Global impact of biotech crops: Socio-economic and environmental effect, 1996-2006. AgBioForum 2008;11(1):21-38.

[7] Brookes, G, Barfoot P. GM crops: Global socio-economic and environmental impacts 1996-2008. Dorchester, UK: PG Economics Ltd.; 2010.

[8] Brookes G, Barfoot P. GM crops: Global socio-economic and environmental impacts 1996-2010. Dorchester, UK: PG Economics Ltd.; 2012.

[9] Brookes G, Craddock N, Kniel B. The global GM market: an analysis of labelling requirements, market dynamics and cost implications. Agricultural Biotechnology Europe; 2005.

[10] Freeman C. Technological revolutions: Historical analogies. In: Fransman M, Junne G, Roobeek A, editors. The Biotechnology Revolution? Cambridge MA: BLACKWELL; 1994, pp.7-24.

[11] Parail G. Mapping technological trajectories of the Green Revolution and the Gene Revolution from modernization to globalization. Research Policy 2002;32(6):971-990.

[12] Dewick P, Green K, Miozzo M. Technological change, industry structure and the environment. Futures 2004;36(3):267-293.

[13] Miozzo M, Dewick P, Green K. Globalisation and the environment: the long-term effects of technology on the international division of labor and energy demand. Futures 2005;37(6):521-546.

[14] Ahlqvist T. From information society to biosociety? On societal waves,

developing key technologies, and new professions. Technological Forecasting and Social Change 2005;72(5):501-519.
[15] Ernst & Young. Beyond borders: The global biotechnology report. London: Ernst & Young; 2005.
[16] Simon F, Kotler P. Building global biobrands: Taking biotechnology to market. New York: Free Press; 2003.
[17] OECD. The bioeconomy to 2030: Designing a policy agenda-Main findings and policy conclusions. Paris: OECD; 2009.
[18] OECD. The bioeconomy to 2030: Designing a policy agenda. Paris: OECD; 2006.
[19] OECD. Biotechnology for sustainable growth and development. Paris: OECD; 2004.
[20] 바이오과학기술산업연구회. 현대의 생명공학과 생물산업-현대의 바이오기술과 바이오산업. Daegu, Korea: 아카데미서적; 1997.
[21] 장호민·성봉석·김기철 (옮김). 「빈곤과 가난, 그리고 생명공학기술」. 내선: 한국생명공학연구원; 2005.
[22] Sung B, Hwang K. Firms' intentions to use genetically modified organisms industrially: The influence of sociopoliciatl-economic froces and managerial interpretations in the Korean context. Technological Forecasting and Social Change 2013;80:1387-1394.
[23] Porter M. The competitive advantage of nations. New York: The Free press; 1990.
[24] Suchman MC. Managing legitimacy: Strategic institutional approaches. Academy of Management Review 1995;20(3):571-610.
[25] Spriggs J, Isaac GE. Food safety and international Competitiveness: The case of beef. Wallingford, UK: CAB International; 2001.
[26] Cocklin C, Dibden J, Gibbs D. Competitiveness versus 'clean and green'? The regulation and governance of GMOs in Australia and the UK. Geoforum 2008;39(1):161-173.
[27] Mehta MD, Gair JJ. Social, political, legal and ethical areas of inquiry in biotechnology and genetic engineering. Technology in Society 2001; 23(2): 241-264.
[28] Haniotis T. Regulationg agri-food production in the US and the EU. AgBioForum 2000;3(2&3):84-86.
[29] Paarlberg RL. The politic of precaution: Genetically modified crops in developing countries. Baltimore: The Johns Hopkins University Press; 2001.
[30] Skoigstad G, Moore E. Regulating genetic engineering in the United States

and the European Union: Policy development and policy resilience. Policy and Society 2004;23(4):32-56.
[31] Pew Initiative on food and biotechnology(PIFB). U.S. vs. EU: An examination of the trade issues surrounding genetically modified food. Washington, DC.: PIFB; 2005.
[32] 박효근. 전통 작물육종과 유전자변형 기술. Biosafety 2010;11(1):5-21
[33] Mackenzie R, Burhenne-Guilmin F, La Viña AGM, Werksman JD, Kinderlerer J, Kummer K, Tapper R. An explanatory guide to the Cartagena Protocol on Biosafety. The World Conservation Union(IUCN), IUCN Environmental Policy and Law Paper No. 46. Switzerland: IUCN; 2003.
[34] Cohen SC, Chang ACY, Boyer HW, Helling RB. Construction of biologically functional bacterial plasmids in vitro. Proceedings National Academy of Science USA 1973;70:3240-3244.
[35] 김희봉 (옮김). 미래를 향한 바이오 테크놀러지-생명공학의 이해. 서울: 대웅미디어; 2003.
[36] 김진준 (옮김). 총, 균, 쇄-무기, 병균, 금속이 어떻게 문명의 불평등을 낳았는가. 서울: 문학사상사; 1998.
[37] Fedoroff NV. The past, present and future of crop genetic modification. New Biotechnology 2010;27(5):461-4655.
[38] Serageldin I. Biotechnology and food security in the 21st century. Science 1999;285(16 July):387-389.
[39] Buttel FH, Kenney M, Kloppenburg JR. From green revolution to biorevolution: some obserations on the changing technological balses of economic transformation in the Third World. Economic Development and Cultural Change 1985;34(1):31-55.
[40] McMillan GS, Narin F, Deeds DL. An analysis of the critical role of public science in innovation: the case of biotechnology. Research Policy 2000;29:1-8.
[41] Zucker LG, Darby MR. Present at the biotechnological revolution: transformation of technological identity for a large incumbent pharmaceutical firm. Research Policy 1997;26(4-5):429-446.
[42] Oliver RW. The coming biotech age: The business of biotech and how to profit from it. NY, USA: McGraw-Hill; 2000.
[43] OECD. Working party national experts on science and technology indicators-A framework for biotechnology statistics. Directorate for Science, Technology and Industry, DSTI/EAS/STP/NESTI(2005)8/FINAL, Paris: OECD; 2005.

[44] Massey A, editor. The editors' and reporters' guide to biotechnology. Washington, DC.: Blue House Publishing; 2007.

[45] Roobeek AJM. Biotechnology: A core technology in a new techno-economic paradigm. In: Fransman M, Junne G, Roobeek A, editors. The Biotechnology Revolution? Cambridge MA: BLACKWELL; 1994, pp.62-84.

[46] Sharp M. The new biotechnology, european government in search of a strategy. Sussex Europena Papers no. 15, Industrial Adjustment and Policy: Ⅵ, SPRU, University of Sussex; 1985.

[47] Georgescu V, Marita V. Nanobiotechnologie als wirtschaftskraft. Frankfurt am Main: Campus Verlag GmbH; 2002.

[48] Watson JD, Crick FHC. Molecular structure of nucleic acids: A structure for Deoxyribose Nucleic Acid. Nature 1953;25(171):737-738.

[49] Arber W, Linn S. DNA modification and restriction. Annual Review of Biotechnology 1969;38:467-500.

[50] Danna K, Nathans D. Specific cleavage of simian virus 40 DNA by restriction endonuclease of Hemophilus influenzae. Proceedings of the National Academy of Sciences 1971;68(12):2913-2917.

[51] Meselson M, Yuan R. DNA restriction enzyme from E. coli. Nature 1968;217(5134):1110-1114.

[52] Richardson WB. Enzymatic breakage and joining of deoxyribonucleic acid, I. Repair of single-strand breaks in DNA by an enzyme system from Escherichia coli infected with T4 bacteriophage. Proceedings of the National Academy of Sciences 1967;57(4):1021-1028.

[53] Smith HO, Nathans D. Letter: A suggested nomenclature for bacterial host modification and restriction systems and their enzymes. Journal of Molecular Biology 1973;81(3):419-423.

[54] 강주현 (옮김). 히든커넥션. 서울: 휘슬러; 2003.

[55] Jaenisch R, Mintz B. Simian virus 50 DNA sequences in DNA of healthy adult mice derived from preimplantation blastocysts injected with viral DNA. Proceedings of the National Academy of Sciences of the United States of America 1974;71(4):1250-1254.

[56] Kenny M. Biotechnology: The university-industriasl complex. New Haven: Yale University Press; 1986.

[57] 네이버 백과사전, http://www.naver.com

[58] Sanger F, Air GM, Barrell BG, Brown NL, Coulson AR, Fiddes CA, Hutchison CA, Slocombe PM, Smith M. Nucleotide sequence of bacteriophage phi X174 DNA. Nature 1977;265(5596):687-695.

[59] Maxam AM, Gilbert W. A new method for sequencing DNA. Proceedings of the National Academy of Sciences of the United States of America 1977;74(2):560-564.
[60] Genetech. First successful laboratory production of human insulin announced. News Release. South San Francisco: Genetech; 6 September, 1978.
[61] Orsenigo L. The emergence of biotechnology-Institutions and markets in industrial innovation. New York: St. Martin's Press; 1989.
[62] Office of Technology Assessment. Biotechnology in a global economy. OTA-BA-494, US Government Printing Office, Washington, DC.: OTA; 1991.
[63] Johnson IS. Human insulin from recombinant DNA technology. Science 1983;219(4585):632-637.
[64] Mullis KB. The unusual origin of the polymerase chain reaction. Scientific American 1993;262:56-65.
[65] Johnson G. Bright Scientists, Dim Notions. New York: The New York Times; 28 October, 2007.
[66] 한국식품의약품안전처, http://www.mfds.go.kr
[67] Conway G. Crop biotechnology: Benefit, risks and ownership. Speech by President of the Rockefeller Foundation delivered at the OECD Edinburgh Conference on the Scientific and Health Aspects of Genetically Modified Foods(available under news archive at http://www.rockfound.org); 2000.
[68] 정혜경. GMO: 논란을 넘은 성장의 역사, 1994-2000. 담론 201 2005;8(2):283-316.
[69] Stone B. The Flavr Savr Arrives. USA: Food and Drug Administration; 18 May, 1994.
[70] US Department of Agriculture. Two views of the Flavr Savr. NBIAP New Report. Washington, DC.: USDA; July, 1994.
[71] International Service for the Acquisition of Agri-biotech application, http://www.isaaa.org
[72] 박선희 (옮김). 유전자재조합식품-새로운 먹거리의 과학. 서울: 도서출판 한림원; 2002.
[73] FAO. The State of Food and Agriculture. Rome: FAO; 2004.
[74] Heavey S. U.S. approves first drug DNA-altered animals. Reuters; 7 February, 2009.
[75] Jordan L. Don't have a cow, but FDA could approve goat-made medicine. Scientific American; 9 January, 2009.
[76] Larkin C. GTC drug is first genetically engineered animal. Bloomberg; 6

February, 2009.
[77] Sager B. Scenarios on the future of biotechnology. Technological Forecasting and Social Change 2001;68(2):109-129.
[78] El-Gewely MR. Biotechnology domain. Biotechnology Annual Review 1995;1:5-68.
[79] Shoemaker R, Johnson DD, Golan E. Consumers and the future of biotech foods in the US. USDA: Economic Research Service, Amber Waves 2003;1(5):30-36.
[80] Antonelli C. The economics of innovation, new technologies and structural change. London: Routledge; 2003.
[81] Lee JJ, Bae ZT, Choi TK. Technology development process: a model for developing country with a global perspective. R&D Management 1988; 18(3):235-250.
[82] Utterback J, Abernathy W. A dynamic model of process ad product innovation. Omega 1974;3(6):639-656.
[83] Nelson RR., Winter SG. In search of a useful theory of innovation. Research Policy 1987;6(1):36-76.
[84] Dosi G. Technological paradigms and technological trajectories. Research Policy 1982;11(3):147-163.
[85] Dosi G. Sources, procedures and microeconomic effects of innovation. Journal of Economic Literature 1988;26:1120-1171.
[86] Schumpeter JA. The theory of economic development: An inquiry into profits, capital, interest, and the business cycle. Cambridge MA: Harvard University Press; 1961.
[87] OECD. Biotechnology economic and wider impacts. Paris: OECD; 2001.
[88] Mitchell P. Europe's anti-GM stance to presage animal feed shortage. Nature Biotechnology 2007;25(10):1065-1066.
[89] Bruce DM. A social contract for biotechnology: Shared visions for risky technologies? Journal of Agricultural and Environmental Ethics 2002;15(3):279-289.
[90] 안재경. Post-genome 시대의 기능성 소재 개발. 한국생물산업협회, 바이오인더스트리 2001;28:44-45.
[91] Juma C, Konde V. The new bioeconomy: Industrial and environmental biotechnology in developing countries. UNCTAD/DITC/TED12. Geneva: United Nation Conference on Trade and Development; 2002.
[92] Lau PCK, Jaworski JF. Industrial sustainability through biotechnology. ASM News 2003;69(3):111-112.

[93] 서문기. 신기술혁신과 장기파동이론-사회학적 접근. 한국사회학 2003; 37(6) :33-53.
[94] Rifkin J. The biotech century, New York: Jeremy P. tarcher; 1998.
[95] 송정화 (옮김). 부자의 유전자 가난한 자의 유전자. 서울: 한국경제신문 한경BP; 2003.
[96] Isaac GE. Agricultural biotechnology and transatlantic trade: Regulatory barriers to GM crops. UK: CABI Publishing; 2002.
[97] Herring RJ. Opposition to transgenic technologies: Ideology, interests and collective action frames. Nature Reviews Genetics 2008;9(6):458-463.
[98] Gaskell G, Allansdottir A, Allum N, Corchero C, Fischler C, Hampel J, Jackson J, Kronberger N, Mejlgaard N, Revuelta G, Schreiner C, Stares S, Torgersen H, Wagner W. Europeans and biotechnology in 2005: Patterns and trends. A report to the European Commission's Directorate-General for Research. Brussels: EU Commission; 2005.
[99] Frewer LJ, Howard C, Shepherd R. Public concerns in the United Kingdom about general and specific applications of genetic engineering: risk, benefit, and ethics. Science, Technology, and Human Values 1997;22(1):98-124.
[100] Hamstra AM. Consumer acceptance of food biotechnology: the relationship between product evaluation and acceptance, Research Report 137. The Hague: SWOKA, Institute for Consumer Research; 1993.
[101] Saba A, Moles A, Frewer LJ. Public concerns about general and specific applications of genetic engineering: a comparative study between the UK and Italy. Nutrition and Food Science 1998;98(1):19-29.
[102] Verdurme A, Gellynck X, Viaene J, Verbeke W. Differences in Public Acceptance between Generic and Premium Branded GM Food Products: an Analytical Model. In: Santaniello V, Evenson RE, Zilberman E, editors. Market Development for Genetically Modified Foods, New York: CABI Publishing; 2002, pp.39-48.
[103] James C. Global status of commercialized biotech/GM crops: 2010. Ithaca, N.Y.: The International Service for the Acquisition of Agri-biotech Applications; 2010.
[104] Demont M, Devos Y. Regulating coexistence of GM and non-GM crops without jeopardizing economic incentives. Trends in Biotechnology 2008;26(7):353-358.
[105] Demont M, Dillen K, Mathijs E, Tollens E. GM crops in Europe: how much value and for whom? Eurochoice 2008;6(3):46-53.

[106] Kershen DL. Trade and commerce in improved crops and food: an essay on food security. New Biotechnology 2010;27(5):623-627.

[107] Social Association. Silent invasion: the hidden use of GM crops in livestock feed, Bristol, UK.; 2007.

[108] Wood R. GM policy is hitting feed, report warns. The Herald; 16 October, 2008.

[109] Drobník J. Time to relax GMO regulation in Europe. Plant Cell, Tissue and Organ Culture 2008;94(3):235-238.

[110] Commission of the European Communities. Commission Staff Working Document on the mid term review of the Strategy on Life Science and Biotechnology, Communication from the commission to the European Parliament, the Council, the Economic and Social Committee and the Committee of the Regions, COM(2007); April, 2007.

[111] 한국생명공학연구원. 바이오안전성백서. 서울: 아이월; 2004.

[112] Bredahl ME, Kalaitzandonakes N. Biotechnology: can we trade it?" The Estey Centre Journal of International Law and Trade Policy 2001;2 (1):75-92.

[113] 한국생명공학연구원. 바이오안전성백서. 서울: 도서출판 무한; 2009.

[114] Katsumoto Y, Fukuchi-Mizutani M, Fukuil Y, Bruglier F, Holton TA, Kran M, Nakamural N, Yonekura-Sakakibara K, Togami J, Pigeaire A, Tao G-Q, Nehra NS, Lu C-Y, Dyson BK, Tsuda S, Ashikari T, Kusumi T, Mason JG, Tanaka Y. Engineering of the rose flavonoid biosynthetic pathway successfully generated blue-hued flowers accumulating delphinidin. Plant and Cell Physiology 2007;48(11):1589-1600.

[115] Harfouche A, Meilan R, Altman A. Tree genetic engineering and applications to sustainable forestry and biomass production. Trends in Biotechnology 2011;29(1):9-17.

[116] Muir WM. The threats and benefits of GM fish. EMBO reports 2004; 5(7):654-659.

[117] Urbanik J. Locating the transgenic landscape: animal biotechnology and politics of place in Massachusetts. Geoforum 2007;38(6):1205-1218.

[118] Unlimited DSM. Industrial (white) biotechnology: An effective route to increase EU innovation and sustainable growth. Position document on industrial biotechnology in Europe and the Netherlands; 2007.

[119] Biotechnology Industry Organization, http://www.bio.org

[120] OECD. The application of biotechnology to industrial sustainability – a primer. Paris: OECD; 2011.

[121] Gavrilescu M, Chisti Y. Biotechnology - A sustainable alternative for chemical industry. Biotechnology Advances 2005;23(7-8):471-499.

[122] Rogers PL, Jeon YJ, Svenson CJ. Application of biotechnology to industrial sustainability. Process Safety and Environmental Protection 2005;83(B6):499-503.

[123] Wohlgemuth R. The locks and keys to industrial biotechnology. New Biotechnology 2009;25(4):204-212.

[124] 이상엽·장유신. 바이오리파이너리 기술의 현재와 향후 전망. Bio 스페셜 Zine 2010;15:1-15.

[125] 박성훈. 바이오리파이너리: 생물자원을 이용한 연료, 화학원료 및 고분자의 생산. News & Information for Chemical Engineers 2008;26(1):48-56.

[126] 신병철. 유전자변형생물체(LMO)와 산업바이오. Biosafety 2009;10(1):16-27.

[127] Van Beilen JB. Transgenic plant factories for the production of biopolymers and platform chemicals. Biofpr 2008;2(3):215-228.

[128] 송효준. 화학산업 혁신 이끄는 산업바이오테크놀로지. LG주간경제 2005;815:26-30.

[129] Birch K. The neoliberal underpinnings of the bioeconomy: The ideological discourses and practices of economic competitiveness. Genomics, Society and Policy 2006;2(3):1-15.

[130] Hulse JH. Biotechnologies: past history, present state and future prospects. Trends in Food Science 2004;15(1):3-18.

[131] DG-AGRI. Food and feed chain dossier: market situation, economic implications options for consideration. 15 July, 2009.

[132] European Feed Manufacturers Federation. EU 0-tolerance policy for not yet EU approved GM events will lead to further significant feed price rises: FEFAC calls for urgent action by EU Farm Council to prevent export of the EU livestock industry. Letter from EFMF to President of the EU Farm Council; 8 July, 2009.

[133] Stein A. Rodriguez-Cerezo E. The global pipeline of new GM crops: Implications of asynchronous approval for international trade. In JRC/IPTS Report EUR 23486, 2009.

[134] Anderson K. Economic impacts of policies affecting crop biotechnology and trade. New Biotechnology 2010;27(5):558-564.

[135] Burachik M. Experience from use of GMOs in Argentinian agriculture, economy and environment. New Biotechnology 2010;27(5):588-592.

[136] Chassy BM, Parrott WA, Roush R. Crop biotechnology and the future of food: a scientific assessment. CAST Commentary QTA 2005-2, 2005.
[137] Falk-Zepeda JB, Traxler G, Nelson RG. Rent: creation and distribution from biotechnology innovations: the case of Bt cotton and herbicied-tolerant soybeans in 1997. Agribusiness 2000;16(1):1-23.
[138] Huang J, Hu R, van Meijl H, van Tongeren F. Biotechnology boosts to crop productivity in China: trade and welfare implications. Journal of Development Economics 2004;75(1):27-54.
[139] Moschini GC. Biotechnology and the development of food markets: Retrospect and prospects. European Review of Agricultural Economics 2008;35(3):331-355.
[140] Qaim M, de Janvry A. Genetically modified crops, corporate pricing strategies, and farmers' adoption: the case fo Bt cotton in Argentina. America Journal of Agriculture 2003;85(4):814-828.
[141] Quim M, Zilberman D. Yield effects of genetically modified crops in developing countries. Science 2003;299:900-902.
[142] Trigo EJ. Cap EJ. Ten years of genetically modified crops in Argentine agriculture. Argentine Council for Information and Development of Biotechnology (ArgenBio, http://www.argenbio.org); 2006.
[143] Fellon F, Gilbert J, Wahl TI, Wandschneider P. Trade policy, biotechnology and grain self-sufficiency in China. Agricultural Economics 2003;28(3):173-186.
[144] Galhardi RMAA. The impact of biotechnology on North-South trade : Implications for employment in Latin America. Futures 1995;27(6):641-656.
[145] Galhardi RMAA. Trade implications of biotechnology in developing countries: A quantitative assessment. Technology in Society 1995;18(1):17-40.
[146] Junne G. The impact ot biotechnology on international trade. In: Fransman M, Junne G, Roobeek A, editors. The biotechnology uevolution? Cambridge MA: BLACKWELL; 1994, pp. 354-367.
[147] Sercovich F. Industrial biotechnology policy: guidelines for seme-industrial countries. In: Fransman M, Junne G, Roobeek A, etitors. The biotechnology uevolution? Cambridge MA: BLACKWELL; 1994, pp. 484-500.
[148] Hevesi GA, Bleiwas KB. The economic impact of the biotechnology and pharmaceutical industries in New York. Report 11-2005, Office of the

State Comptroller; 2005.
[149] 이영호 (옮김). 노동의 종말. 서울: 믿음사; 2003.
[150] Ellu J. The technological bluff. Michigan: William B. Publication; 1990.
[151] 이윤희·한미영. 과학기술의 사회적 수용-유전자변형생물체(LMO) 사례를 중심으로. 담론 201 2010;13(1):35-64.
[152] Pilnick A. Genetics and society. Buckingham, UK: Open University Press; 2002.
[153] Bergelson J, Purrington CB. Promiscuity in transgenic plants. Nature 1998;395(6607):25-26.
[154] Curieux-Belfond OL, Vandelac L, Caron J, Séralini G-É. Factors to consider before production and commercialization of aquatic genetically modified organisms: the case of transgenic salmon. Environmental Science and Policy 2009;12(2):170-189.
[155] Berkowitz DB. The food safety of transgenic animals: implications from traditional breeding. Journal of Animal Science 199371(Suppl. 3):43-46.
[156] 김봉태·황기형. 유전자변형 수산식품의 위해성 논란과 대응 방향. 해양수산 현안분석 2003-07, 서울: 한국해양수산개발원; 2003.
[157] Malarkey T. Human health concerns with GM crops. Mutation Research Research/Reviews in Mutation Research 2003;544(2-3):217-221.
[158] Uzogara SG. The impact of genetically modification of human foods in the 21st century: a reveiw. Biotechnology Advances 2000;18(3):179-206.
[159] Kay E, Vogel TM, Bertolla F, Nalin R, Simonet P. In situ transfer of antibiotic resistance genes from transgenic(transplastomic) tobacco plants to bacteria. Applied and Envionmental Microbilogy 2002;66(7):3345-3351.
[160] Alessandra P, Aurora R, Pascal S, Daniele D, Vogel TM. Visual evidence of horizontal gene transfer between plants and bacteria in the phytosphere of transplastomic tobacco. Applied and Environmental Microbilogy 2009;75(10):3314-3322.
[161] Wal JM. Evaluation of the safety of foods derived from genetically modified organisms. Revnue Franç d'Allergologie et d'Immunologie Clinique 1997;37(3):326-333.
[162] Nordlee JD, Tayler SL, Townsend JA, Thomas LA, Bush RK. Identification of a Brazil nut allergen in transgenic soybeans. New England Journal of Medicine 1996;334(11):726-728.
[163] Stanley W, Ewen S, Pusztai A. Effects of Diets Containing Genetically Modified Potatoes expressing Galanthus nivalis lectin on rat small intestine. The Lancet 1999;354(9187):1314-1315.

[164] Losey JE, Rayor LS, Carter ME. Transgenic pollen harms monarch larvae. Nature 1999;399:214.

[165] Ewen SWB, Pusztai A. Effect of diets containing genetically modified potatoes expressing Galanthus Nivalis lectin on rat small intestine. Lancet 1999;354(9187):1353-1354.

[166] Mayeno AN, Gleich GJ. Eosinophilia-myalgia syndrome and tryptophan production: A cautionary tale. TIBTECH 1994;12:346-352.

[167] European Federation of Biotechnology(EFB). The Tryptophan incident. EFB Task Group on Public Perceptions of Biotechnology; July, 2000.

[168] Vecchio L, Cristerna B, Malatesta M, Martin TE., Biggiogera M. Ultrastructural analysis of testes from mice fed on genetically modified soybean. European Journal of Histochemistry 2004;48(4):449-454.

[169] De Vendômois SP, Roullier F, Cellier D, Séralini GE. A comparison of the effects of three GM corn varieties on mammalian health. International Journal of Biological Science 2009;5(7):706-726.

[170] Séralini GE, Cellier D, de Vendomois JS. New analysis of a rat feeding study with a genetically modified maize reveals signs of hepatorenal toxity. Archives of environmental contamination and toxicology 2007;52 (4):596-602.

[171] Benbrook C. Why many farmers and consumers are lukewarm about GMOs and what might change their minds. Orlando, FL, USA: Formulations Forum 2000; 2000.

[172] Andow DA, Zwahlen C. Assessing environmental risks of transgenic plants. Ecology Letters 2006;9(2):196-214.

[173] Ellstrand NC, Schierenbeck KA. Hybridization as a stimulus for the evolution of invasiveness in plants? Proceedings of the National Academy of Sciences 2000;97(13):7043-7050.

[174] WTO. Report of the Panel, European Communities-Measures Affecting the Approval and Marketing of Biotech Products. 29 September, 2003.

[175] Dutton A, Klein H, Romeis J, Bigler F. Prey-mediated effects of Bacillus thuringiensis spray on the predator Chrysoperla carnea in maize. Biological Control 2003;26(2):209-215.

[176] Hilbeck AM, Baumgartner M, Fried PM, Bigler F. Effects of transgenic Bacillus thuringiensis corn-fed prey on mortality and development time of immature Chrysoperla carnea. Environmental Toxicology 1999;27(2): 480-487.

[177] Pimentel DS, Raven PH. Bt corn pollen impacts on nontarget lepidoptera:

Assssment of effects in nature. Proceedings of the National Academy of Sciences 2000;97(15):8189-8199.

[178] Saxena D, Flores S, Stotzky G. Insecticidal toxin in root exudates from Bt corn. Nature 1999;402(6761):480.

[179] Saxena D, Flores S, Stotzky G. Bt toxin is released in root exudates from 12 transgenic corn hybrids representing three transformation events. Soil Biology and Biochemistry 2002;34(1):133-137.

[180] 류지한 (옮김). 누가 세계를 약탈하는가. 서울: 도서출판 울력; 2003, pp. 25-28

[181] USB, USSEC, ASA. The benefits of biotechnology. Position paper, The United Soybean Board, US Soybean Export Council, American Soybean Association.

[182] International Policy Council on Agriculture, Food and Trade. Plant biotechnology and global food production: Trade implications. IPC Position Paper No. 7. 1998.

[183] Kesan JP, editor. Agricultural biotechnology and intellectual property: Seeds of change. Portland, OR: CABI Publishing; 2007.

[184] Baumgartner C. Exclusion by inclusion? On difficulties with regard to an effective ethical assessment of patenting in the field of agricultural bio-technology. Journal of Agricultural and Environmental Ethics 2006;19(6):521-539.

[185] Sechley KA, Schroeder H. Intellectual property protection of plant biotechnology inventions. Trends in Biotechnology 2002;20(11):456-461.

[186] 구영모·황상익. 생명복제 연구 및 활용에 따른 몇 가지 윤리적 문제들. 의료·윤리·교육 2000;3(2):1-10.

[187] The Guardian. Monsanto strategies. 17 September, 1997.

[188] Waltz E. Under wraps. Nature Biotechnology 2009;27(10):880-882.

[189] Spetsidis MN, Schmel G. A consumer-based approach towards new product development through biotechnology in the agro-food sector. In: Santaniello V, Evenson RE, Zilberman D, etitors. Market development for genetically modified toods. New York: CABI Publishing; 2002, pp. 63-79.

[190] Singer M, Soll D. Guidelines for DNA hybrid molecules. Science 1973;181:1114.

[191] Lewis AM, Jr. Levin MJ, Wiese WH, Crumpacker CS, Henry PH. A nondefective (competent) adenovirus-SV40 hybrid isolated from the AD.2-SV40 hybrid population. Proceedings National Aof Science USA 1969;63(4):1128-1135.

[192] Krimsky S. Genetic alchemy: The social history of the recombinant DNA controvers. Cambridge: The MIT Press; 1982.
[193] Jackson DA, Symons RH, Berg P. Biochemical method for inserting new genetic information into DNA of Simian Virus 40: Circular molecules containing lambda phage genes and the galactose operon of Escherichia coli. Proceedings National Academy of Science USA 1972;69:2904-2909.
[194] Whiteside KH. Precautionary politics. Cambridge: Cambridge: The MIT Press; 2006.
[195] Berg P, Baltimore D, Boyer HW, Cohen NS, Davis RW, Hogness DS, Nathans D, Roblin R, Watson JD, Weissman D, Zinder ND. Potential biohazards of recombinant DNA Molecules. Science 1974;185:303.
[196] Rodgers JC. Asilomar revisited. MOSAIC 1981;January/February:19-25.
[197] Berg P, Boltimore D, Brenner S, Roblin RO, Singer MF. Summary statement of the Asilomar Conference on recomninant DNA molecules. Proceedings National Academy of Science USA 1975;72:1981-1984.
[198] Meyer H. GMO-free regions manual: case studies form around the world. Germany: IFOAM; 2007.
[199] Barnum SR. Biotechnology: An Introduction. Scarborough: Wadsworth Publishing Company; 1998.
[200] Berg P, Boltimore D, Brenner S, Roblin RO, Singer MF. Asilomar conference on recombinant DNA-molecules. Science 1975;188:991-994.
[201] Devos Y, Maeseele P, Reheul D, van Speybroeck L, De Waele D. Ethics in the societal debate on genetically modified organisms: A (re)quest for sense and sensibility. Journal of Agricultural and Environmental Ethics 2008;21(1):29-61.
[202] Kinderlerer J. The regulatory system in the EU and further afield. Journal of Commercial Biotechnology 2004;10(1):248-257.
[203] Gottweis H. Governing molecules: The discursive politics of genetic engineering in Europe and the United States. Cambridge, MA: MIT Press; 1998.
[204] Krimsky S. From Asilomar to industrial biotechnology: Risks, reductionism and regulation. Science as Culture 2005;14(4):309-323.
[205] Office of Science and Technology Policy. Coordinated Framework for Regulation of Biotechnology; Announcement of Policy and Notice for Public Comment. 51 Fed. Reg. 23302. 1986.
[206] Stepp DL. The History of FDA Regulation of Biotechnology in the Twentieth Century. Food and Drug Law 1995;Winter:57-66.

[207] Abels G. The long and winding road from Asilomar to Brussels: science, politics and the public in biotechnology regulation. Science as Culture 2005;14(4):339-353.

[208] Levidow L, Carr S. GM crops on trial: Technological development as a real-world experiment. Futures 2007;39(4):408-431.

[209] Ansell C, Vogel D. The contested governance of European food safety regulation. In: Ansell C, Vogel D, etitors. What's the beef - the contested governance of European food safety regulation. Cambridge MA: The MIT Press; 2006, pp.3-32.

[210] Bernauer T, Caduff L. European food safety: Multilevel governance, re-nationalization, or centralization? Zurich: Center for Comparative and International Studies(ETH Zurich and University of Zurich); 2004.

[211] OECD. Recombinant DNA safety considerations. Paris: OECD; 1986.

[212] Zedan H. The road to the biosafety protocol. In: Bail C, Falkner R, Marquard H, etitors. The Cartagena protocol on biosafety. London: Earthscan Publications Ltd.; 2002, pp. 21-33.

[213] Falkner R. Negotiating the biosafety protocol: the international process. In: Bail C, Falkner R, Marquard H, editors. The Cartagena protocol on biosafety. London: Earthscan Publications Ltd., pp.3-22.

[214] Bail C, Falkner R, Marquard H, etitors. The Cartagena Protocol on Biosafety - Reconciling Trade in Biotechnology with Environment and Development. London: Earthscan Publications Ltd.; 2002.

[215] Stilwell M, van Dyke B. An Activist's Handbook on Genetically Modifede Organisms and the WTO. Geneva: The Center for International Environmental Law; 1999.

[216] The Royal Society of Canada. An Expert Panel Report on the Future of Food Biotechnology prepared by The Royal Society of Canada at the request of Health Canada. Canada: Canadian Food Inspection Agency and Environment Canada; 2001.

[217] Beckwith J. Gene expression in bacteria and some concerns about the misuse of science. Biotechnological Reviews 1970;34:222-227.

[218] Beckwith J. Making genes, making waves: A social activist in science. Cambridge, MA: Harvard University Press; 2002.

[219] Gladwell M. The tipping point. New York: Little Brown and Company; 2000.

[220] Tiberghien Y. The battle for the global governance of genetically modified organisms. Les Etudes du CERI no.124. Centre d'études et de

recherches intemationales Sciences Po; 2006.

[221] 김태수. 과학기술정책에 관한 새로운 민주적 참여모델의 모색: 프랑스의 유전자조작 농산물(GMO) 관련 정책결정과정에서의 비정부행위자의 역할. EU 연구 2011;28:127-131.

[222] Ramjoué C. A review of regulatory issues raised by genetically modified organisms. Perspective in Agriculture, Veterinary Science, Nutrition and Natural Resources 2008;96:1-10.

[223] 전영평·박기묵·최병선·최장원. 유전자변형작물의 진흥과 규제에 관한 정책유형 분류와 적용: 해외 GM작물 재배국을 중심으로. 행정논총 2007;42(5):191-219.

[224] Kirchhoff S. A simple model of voluntary vs mandatory labeling of GMOs. Working Paper 7/01, Istituto Di Economia Agro-Alimentare; 2001.

[225] Hood C. Regulation deregulation, and reregulation. In: Hood C, editor. Explaining Economic Policy Reversal. Buckingham: Open University Press; 1994, pp.19-36.

[226] Posner RA. Theories of economic regulation. The Bell Journal of Economics and Management Science 1974;5(2):335-358.

[227] Stigler GJ. The theory of economic regulation. The Bell Journal of Economics and Management Science 1971;2(1):3-21.

[228] Graff GD, Hochman G, Zilberman D. The political economy of agricultural biotechnology policies. AgBioForum 2009;12(1):34-46.

[229] Becker GS. A theory of competition among pressure groups for political influence. Quarterly Journal of Economics 1983;98(3):371-400.

[230] Grossman GM, Helpman E. Special interest politics. Boston, M.A.: MIT Press; 2001.

[231] Peltzman S. Toward a more general theory of regulation. Journal of Law and Economics 1976;19(2):211-240.

[232] Zusman P. The incorporation and measurement of social power in economic models. International Economic Review 1976;17:447-462.

[233] 김성준. 규제연구의 정치경제학적 접근방법: 흡연에 대한 규제정책 사례를 중심으로. 규제연구 2002;11(2):5-28.

[234] 안청시·정진영, 엮음. 현대 정치경제학의 연구대상과 주요 이론들 - 현대 정치경제학의 주요 이론가들. 서울: 아카넷; 2003, pp.9-43.

[235] 최병선. 정부규제론: 규제와 규제완화의 정치경제. 서울: 법문사; 2000.

[236] Charles D. Lords of the harvest: Biotech, big money, and the future of food. Cambridge, MA: Perseus Publishing; 2001.

[237] Lambrecht B. Dinner at the new gene cafe: How genetic engineering is

changing what we eat, how we live, and the global politics of food. New York: Thomas Dunne Books; 2001.
[238] Bailey E. Public regulation: New perspectives on institutions and policies. Cambridge, MA: MIT Press; 1985.
[239] Krimsky S. Ethical issues involvint the production, planting and distribution of genetically modified crops. In: Baliey B, Lappe M, editors. Engineering the farm, Boulder, CO: Island Press; 2002, pp.11-28.
[240] Streiffer R, Hedemann T. The political import of intrinsic objection to genetically engineered food. Journal of Agricultural and Environmental Ethics 2005;18(2):191-210.
[241] Frewer LJ, Shepherd R. Ethical concerns and risk perceptions associated with different applications of genetic engineering: Interrelationship with the perceived need for regulation of the technology. Agriculture and Human Values 1995;12:48-57.
[242] INRA. Eurobarometer 52.1-the Europeans and Modern Biotechnology. Brussels: European Coordination Office; 2000.
[243] Arundel A. Biotechnology Indicators and Public Policy. STI Working Papers 2003/5, Paris: OECD; 2003.
[244] Brammer M, Dixon F, Ambrose B. Monsanto & Genetic Engineering Risks for Investers. New York: Innovest Strategic Value Advisors Inc.; 2003.
[245] Foste M, Berry P, Hogan J. Market Access Issues for GM Products: Implication for Australia. ABARE eReport prepared for the Department of Agriculture, Fisheries and Forestry, Australia, Canberra: ABARE; 2003.
[246] Ingersent KA, Rayner AJ. Agricultural policy in Western Europe and the United States. Northampton, MA: Edward Elgar Publishing; 2001.
[247] Potter C. Against the grain: Agri-environmental reform in the United States and the European Union. New York: CAB International; 1998.
[248] Richardson JB. EU agricultural policies and implications for agrobiotechnology. AgBioForum 2000;3(2-3):77-83.
[249] Zilberman D, Yarkin C, Heiman A. Knowledge management and the economics of agricultural biotechnology. In: Santaniello V, Evenson RE, Zilberman D, Carson GA, etitors. Agriculture and intellectual property rights: Economic, institutional and implementation issues in biotechnology, Wallingford, UK: CAB International; 2000, pp.139-154.
[250] Bratton WW, McCahery J, Picciotto S, Scott C. Introduction: regulatory competition and institutional evolution. In: Bratton W, McCahery J,

Picciotto S, Scott C, etitors. International regulatory competiton and coordination: Perspectives on economic regulation in Europe and the United States. New York: Clarendon Press; 1996, pp.1-55.
[251] Issac GE. Agricultural biotechnology and transatlantic trade-regulatory barriers to GM crops. Wallingford, UK: CAB International; 2002.
[252] Woolock S. Competition among rules in the single European market. In: McCahery J, Bratton WW, Picciotto S, Scott C, etitors. International regulatory competition and coordination: Perspectives on economic regulation in Europe and the United States, New York: Clarendon Press; 1996, pp.289-321.
[253] Daly H, Cobb J. For the common good, redirecting the economy toward community, the environment and a sustainable future. Boston, Massachusetts: Boston Press; 1994.
[254] Van den Daele W, Puhler A, Sukopp H. Transgenic herbicide resistant crops: A participatory technology assessment. Summary report for the federal ministry for research and technoogy, Wissenschaftszentrum Berlin fur Sozialforschung, Berlin; 1997.
[255] Majewski CM. Food Safety Strategies in the Changing Global Environment, Report of the 1996-1997. Brussels: Government Study Fellowship of the European Commission; 1997.
[256] Andersson T, Folke C, Nyström S. Trading with the environment. London: Earthscan; 1995.
[257] WTO. Understanding the WTO Agreement on Sanitary and Phytosanitary Measures. Geneva: WTO; 1998.
[258] Sheldon IM. The current status and perspective on regulation of LMOs in the US and the European Union. Paper presented at The second KRIBB seminar on The Biosafety of Living Modified Organisms-Current Status and Perspective: Trade and Regulation of Living Modified Organisms, Korea Research Institute of Bioscience and Biotechnology, Seoul, Korea. 11 May, 2001. pp. 61-100.
[259] Zarrilli S. International trade in genetically modified organisms and multilateral negotiations: a new dilemma for developing countries. United Nations Conference on Trade and Development, UNCTAD/DITC/TNCD/1. 2000.
[260] Nielsen C, Anderson K. LMOs, trade policy, and welfare in rich and poor countries. CIES Policy Dissussion Paper 0021, Adelaide, Australia: Centre for International Economics Studies, University of Adelaide; 2000.

[261] WTO. European Communities - Measures affecting asbestos and asbestos-containing products. WT/DS135/AB/R, Geneva: WTO; 2001.
[262] 외교통상부. WTO 및 주요 국가의 라벨링 관련 법제도 분석과 향후 한국의 대응방안에 관한 연구. 서울: 한국; 2002.
[263] Appleton AE. Enviornmental labelling programmes: International trade law implication. International Law and Policy Series, Kluwer Law International; 1997.
[264] Ekins P. Business, trade and the environment: An agenda for stability in world trade. Business Strategy and the Environment 1998;7(5):271-284.
[265] Howse R., Meltzer J. The significance of the protocol for WTO dispute settlement. In: Bail C, Falkner R, Marquard H, etitors. The Cartagena Protocol on Biosafety-Reconciling Trade in Biotechnology with Environment and Development? London: Earthscan Publications Ltd.; 2002, pp.482-496.
[266] Herdegen M. Regulation of biotechnology and biosafety in the EU: Current status and perspectives. Paper Presented at the Third KRIBB Seminar on the Biosafety of Liveing Modified Organisms, Korea Research Institute of Bioscience and Biotechnology, Seoul, Korea. 11 May, 2001. pp. 2-18.
[267] Montpetit É, Rouillard C. Culture and the democratization of risk management: The widening biotechnology gap between canada and france. Administration and Society 2008;39(8):907-930.
[268] NRC. Genetically Modified Pest-Protected Plants: Science and Regulation. Washington, DC.:National Research Council; 2000.
[269] Kraus M. Innovation, industrial development and the regulation of biotechnology. In: Hardy R. Segelken J (eds.). Agricultural Biotechnology, Novel Products and New Partnerships. NABC Report 8, New York: NABC; 1998, pp. 121-126.
[270] Woolcock S. European and North American approaches to regulation: Continued divergence? In: van Scherpenberg J, Thiel E, etitors. Toward rival regionalism? US and EU regional regulatory regime building, Baden-Baden: Nomos Verlagsgessellschaft; 1998, pp.257-276.
[271] Beck U. Risk society: Towards a new modernity. London: Sage Press; 1992.
[272] Giddens A. Risk, trust, reflexivity. In: Beck U., Giddens A., Lash S (eds.). Reflexive modernization. Politics, tradition, and esthetics in the modern social order, Stanford: Stanford University Press; 1994, pp.184-185.
[273] Grove-White R, Macnaghten P, Mayer S, Wynne B. Uncertain world:

Genetically modified organisms, food and the public attitudes in Britain. Lancaster, UK: Centre for the Study of Environmental Change, Lancaster University; 1997.

[274] Beck U. From industrial society to the risk society: Questions of survival, social structure and ecological enlightenment. Theory, Culture and Society 1992;9:97-123.

[275] Giddens A. Modernity and Self-Identity: Self and Society in the Late Modern Age. Stanford, CA: Stanford University Press; 1991.

[276] Kasperson R, Stallen P. Commmnicating risks to the public. Dordrechet: Kluwer; 1991.

[277] Bradbury JA. The policy implications of differing concepts of risk. Science, Technology, and Human Values 1989;14(4):380-399.

[278] Gampson WA, Modigliani A. Media discourse and the public opinion on nuclear power: A constructivist approach. The American Journal of Sociology 1989;95(1):1-37.

[279] Johnson BB. Covello VT. The social and cultural construction of risk. Dordrecht: Reidel; 1987.

[280] Wynne B. Redefining the issues of risk and public acceptance-the social viability of technology. Futures 1983;15:13-32.

[281] Buchmann M. The impact of resistance to biotechnology in Switzerland: a sociological view of the recent referendum. In: Bauer M, etitor. Resistance to new technology: Neclear power, information technology and biotechnology. Cambridge, UK: Cambridge University Press; 1995, pp.207-224.

[282] Mackenzie R, Sands P. Prospects for international environmental law. In: Bail C, Falkner R, Marquard H, editors. The Cartagena Protocol on Biosafety-Reconciling Trade in Biotechnology with Environment and Development? London: Earthscan Publication Ltd.; 2002, pp.457-466.

[283] Myhr AI, Traavik T. The precautionary principle: scientific uncertainty and omitted research in the context of GMO use and release. Journal of Agricultural and Environmental Ethics 2002;15:73-86.

[284] Caswell JA. An evaluation of risk analysis as applied to agricultural biotechnology(with a case study of GMO labelling). Paper Presented at the NE-167 1999 Conference Transitions in Agbiotech: Economics of Strategy and Policy, Washington, DC., 24-25 June, 1999.

[285] Glowka L. The role of law in realizing the potential and avoiding the risks of modern biotechnology: selected issues of relevance to food and

agriculture. Background Study Paper No. 19, Commission on Genetic Resources for Food and Agriculture, FAO. 2002.

[286] Khwaja RH. Socio-economic considerations. In: Bail C, Falkner R, Marquard H, editors. The Cartagena Protocol on Biosafety - Reconciling Trade in Biotechnology with Environment and Development? London: Earthscan Publication Ltd.; 2002, pp.361-365.

[287] Sheridan B. EU biotechnology law & practice-regulating genetically modified & novel food products. Isle of Wight, UK: Palladian Law Publishing; 2001.

[288] Kalaitzandonakes N. Why does biotech regulation differ so much between the EU and the US. AgBioForum 2000;3(2&3):75-76.

[289] 성봉석. GMOs에 대한 미국과 EU의 정책비교 연구. 국제문제연구 2009;9(3):219-257.

[290] 성봉석. Biotech 제품의 무역 분쟁에 관한 WTO 패널결정 분석. 무역학회지 2007;32(1):283-305.

[291] 성봉석. GMOs에 대한 SPS 협정의 적용성에 관한 소고. 국제지역연구 2009;18(3):37-62.

[292] 김만길. GMOs 패널판정이 MEAs와 WTW협정간의 관계에 미치는 영향. 무역학회지 2007;32(1):361-382.

[293] WTO. Report of the Committee on Trade and Environment. WT/CTE/1. para.171.; WTO.(1996). Section Ⅶ of the Report of the General Council to the 1996 Ministerial Conference. WT/MIN(96)/2, Geneva: WTO; 1996.

[294] Vogel D. The regulation of GMOs in European and the United States: a case-study of contemporary European regulatory politics. New York: Council on Foreign Relations; 2001.

[295] WTO. European Communities-Measures Affecting the Approval and Marketing of Biotech Products-Request for Consultations by the United States, WT/DS291/1, Geneva: WTO; 2003.

[296] WTO. European Communities-Measures Affecting the Approval and Marketing of Biotech Products-Request for Consultations by Canada, WT/DS292/1, Geneva: WTO; 2003.

[297] WTO. European Communities-Measures Affecting the Approval and Marketing of Biotech Products-Request for Consultations by Argentina, WT/DS293/1, Geneva: WTO; 2003.

[298] Gaisford JD. Agricultural Biotechnology and the FTAA: Issues and Opportunities. The Estey Centre Journal of International Law and Trade Policy 2002;3(2):328-345.

[299] Bernasconi-Osterwalder N, Oliva MJ. EC-BIOTECH: Overview and Analysis of the Panel's Interim Report. Washington, DC.: CIEL(The Center for International Environmental Law); 2006.

[300] Perdikis N. A Conflict of Legitimate Concerns or Pandering to Vested Interests? Conflicting Attitudes Towards the Regulation of Trade Genetically Modifieds Goods-The EU and the US. The Estey Centre Journal of International Law and Trade Policy 2000;1(1):51-65.

[301] Bauer M, editor. Resistance to new technology: nuclear power, information technology and biotechnology. Cambridge: Cambridge University Press; 1995.

[302] Singh A, Hallihosur S, Rangan L. Changing landscape in biotechnology patenting. World Patent Information 2009;31:219-225.

[303] Falkner R, Gupta A. The limits of regulatory convergence: Globalization and GMO politics in the South. Int Environ Agreements 2009;9:113-133.

[304] European Commission. A decade of EU-funded GMO research (2001-2010). Luxembourg, Belgium: Publications Office of the European Union; 2010.

[305] Fagerström T, Dixelius C, Magnusson Ulf, Sundström JF. Stop worrying; start growing Risk research on GM crops is a dead parrot: It is time to start reaping the benefits of GM. EMBO reports 2012;13:493-497.

[306] Cardy-Brown Co Ltd. Impacts of EU unauthorised GM's on the feed & livestock sectors. Submission to the European Sherpa Group, East Sussex. UK; 2008.

[307] European Commission. Commission Staff Working Document on the mid term review of the Strategy on Life Science and Biotechnology, Communication from the commission to the European Parliament, the Council, the Economic and Social Committee and the Committee of the Regions, COM(2007) 175 final. April 2007.

[308] Siune K, Markus E. Challenging Futures of Science in Society - Emerging trends and cutting-edge issues. Report of the MASIS Expert Group setup by the European Commission, Brussel: European Commission; 2009.

[309] Pavone V, Goven J, Guarino R. From risk assessment to in-context trajectory evaluation-GMOs and their social implications. Environmental Sciences Europe 2011;23(3):1-13.

[310] Abate FR. The Oxford Dictionary. 1997.

[311] Rupesinghe K. Coexistence and transformation in Asia: Some reflections. In: Rupesinghe K, editor. Culture and Idenity: Ethnic Coexistence in the

Asian Context, Washington, DC.: The Sasakawa Peace Foundation; 1999, pp.3-37.

[312] Kriesberg L. Coexistence and the reconciliation of communal conflicts. In: Weiner E, editor. The Handbook of Interethnic Coexistence, New York: The Abraham Fund; 2000, pp.182-198.

[313] The Coexistence Initiative. Organizational brochure.

[314] Khaminwa AN. Coexistence. Beyond Intractability, editors. Guy Burgess and Heidi Burgess. University of Colorado, Boulder: Conflict Information Consortium; July 2003.

[315] Coexistence International. Democracy, Conflict, and Coexistence in West Africa. Workshop Meeting Report. October 8-10, 2008. Accra, Ghana. 2003.

[316] United Nations. Rio Declaration on Environment and Development. The United Nations Conference on Environment and Development, Rio de Janeiro, 3-14 June 1992.

[317] Brooks H. Sustainability and technology." Science and Sustainability: Selected Papers on IIASA's 25th Anniversary, pp.29-60, Vienna, IIASA. 1992.

[318] Froger G, Zyla E. Towards a decision-making framework to address sustainable development issues. In: Faucheux S, O'connor M, Van Der Straaten J, editors. Sustainable Development: Concepts, Rationalities and Strategies, Dordrecht: Kluwer Academic Publishers; 1998, pp.277-298.

[319] COGEM. Socio-economic aspects of GMOs: Building blocks for an EU sustainability assessment of genetically modified crops. COGEM Report CGM/090929-01. 2009.

[320] Brookes G. Co-existence of GM and non-GM crops: Current experience and key principles. Dorchester, UK: PG Economics Ltd.; 2004.

[321] Tisdell C. Agricultural sustainability and the introduction of genetically modified organisms(GMOs). Working Paper No. 154., The University of Queensland. 2009.

[322] Levidow L, Boschert K. Coexistence or contradiction? GM crops versus alternative agricultures in Europe. Geoforum 2008;39:174-190.

[323] Karlsson M. Science and norms in policies for sustainable development: Assessing and managing risks of chemical substances and genetically modified organisms in the European Union. Regulatory Toxicology and Pharmacology 2006;44:49-56.

[324] Morris J, editor. Rethinking Risk and the Precautionary Principle, Woburn, MA: Butterworth-Heinemann; 2000.

[325] Tickner JA, editor. Precaution, Environmental Science and Preventive Public Policy. Washington, DC.: Island Press; 2003.

[326] Anita G, Marianne M, Andreas H, Helmut G. Socio-economic aspects in the assessment of GMOs – Options for action. REP-0354, Vienna: Environment Agency Austria; 2011.

[327] Spök A. Assessing socio-economic impacts of GMOs: Issues to consider for policy development. Project No 100522, BMLFUW-LE.1.3.2/0050-Ⅱ/1/2009, Austria: IFZ - Inter-University Research Centre for Technology, Work and Culture. 2010.

[328] Blowers A, Leroy P. Environment and society – Shaping the future. In: Blower A, Glasbergen P, editors. Environmental Policy in an International Context, London: Arnold; 1996, pp.255-283.

[329] Gallopín G. A systems approach to sustainability and sustainable development. United Nations. 2003.

[330] Karlsson M. Ethics of sustainable development-A study of Swedish regulations for genetically modified organisms. Journal of Agricultural and Environmental Ethics 2003;16:51-56.

[331] Peterson TR. Sustainable development comes of age. In: Peterson TR. Sharing the Earth: The Rhetoric of Sustainable Development, Columbia, South Carolina: University of South Carolina Press; 1997, pp.6-33.

[332] Hage M, Leroy P, Petersen AC. Stakeholder participation in environmental knowledge production. Futures 2010;42:254-264.

[333] García-López GA, Arizpe N. Participatory processes in the soy conflicts in Paraguay and Argentina. Ecological Economics 2010;70:196-206.

[334] Vergragt PJ, Brown HS. Genetic engineering in agriculture: New approaches for risk management through sustainability reporting. Technological Forecasting and Social Change 2008;75:783-798.

[335] Matz D, Ferenz M. Consensus-building processes in society and genetically modified organisms: the concept and practice of multistakeholder processes. In: Omamo SW, von Grebmer K, editors. Biotechnology, Agriculture, and Food Security in Southern Africa, Washington, DC.: The International Food Policy Research Institute; 2005, pp.38-70.

[336] Kasemir B, Jager J, Jaeger CC, Gardner MT, editors. Public Participation in Sustainability Science: A Handbook, Cambridge: Cambridge University Press; 2003.

[337] Kates RW, Clark WC, Corell R, Hall JM, Jaeger CC, Lowe I, McCarthy

JJ, Schellnhuber HJ, Bolin B, Dickson NM, Faucheux S, Gallop GC, Grubler A, Huntley B, Jager J, Jodha NS, Kasperson RE, Mabogunje A. Matson P, Mooney H, Moore B, O'Riordan T, Svedin U. Environment and development – Sustainability science. Science 2001;292:641-642.

[338] Jasanoff S. Technologies of humility: Citizen participation in governing science. Minerva 2003;41:223-244.

[339] UNESCO. Exploring sustainable development: a multiple-perspective approach. ED/PSD/ESD/2012/P1/1. 2012.

[340] 강상인·한화진·정영근·최대승. 환경·무역 연계논의 동향과 대응방안 Ⅳ-오염자부담원칙과 국제무역의 연계 논의. KEI/2001, 기본과제 연구보고서, 한국환경정책·평가연구원. 2001.

[341] Pigou AW. The Economics of Welfare. London: Macmillan and Co.; 1920.

[342] Timpo SE. Co-existence of GM and GM crops: Implications for Africa. Socio-Economics Policy Brief No. 3, Burkina Faso: African Union-NEPAD African Biosafety Network of Expertise. 2012.

[343] Redclift MR. Sustainable development: Economics and the environment. In: Redclift MR, Sage C, editors. Strategies for sustainable development: Local agendas for the Southern Hemisphere, New York: J. Wiley and Sons; 1994, pp. 17-34.

[344] Hull CE, Luxmore SR. Influence the acceptance on innovation: A tale of two perspectives on genetically-modified organisms. International Journal of Business Strategy 2007;7:12-17.

[345] Luxmore SR, Hull CE. Externalities and the six facets model of technology management: Genetically modified organisms in agribusiness. International Journal of Innovation Technology Management 2010;7:19-36.

[346] Sung B, Jang H. How external political-economic forces affect firms' attitudes towards the industrial use of genetically modified organisms: An analysis in the South Korean context. AgBioForum 2008;11:114-122.

[347] Kissinger M, William ER, Timmer V. Interregional sustainability: Governance and policy in an ecologically interdependent world. Environmental Science & Policy 2011;14:965-976.

[348] Davidson K. A typology to categorize the ideologies for actor in the sustainable development debate. Sustainable Development 2014;22:1-14.

[349] Gray R, Kouhy R, Lavers S. Coportate social and environmental reporting: A review of the literature and a longitutinal study of UK disclosure. Accounting, Auditing & Accountability Journal 1995;8:47-77.

[350] Deegan C. Introduction: the legitimizing effect of social and environmental disclosures－A theoretical foundation. Accounting, Auditing & Accountability Journal 2002;15:281-311.

[351] Van der Laan S. The role of theory in explaining motivation for corporate social disclosures: Voluntary disclosures vs 'solicited' disclosures. Australian Accounting Business Finance Journal 2009;3:13-25.

[352] Harrison JA, Rouse P, De Villiers CJ. Accountability and performance measurement: A stakeholder p;erspective. JCC:The Business and Economics Research Journal 2012;5:243-258.

찾아보기

■ ㅇ ■

■ ㅈ ■

▌저자약력

성봉석은 국제경제 및 국제경영 측면에서 환경적으로 건전하고 지속가능한 개발에 관한 이슈와 국제무역과 환경 간 연계 문제에 관한 광범위한 연구를 진행해 왔다. 특히, 사회·정치·경제의 견지에서 지속가능성 확보를 위한 기저로 인식되고 있는 바이오 및 재생에너지 산업에서 환경적으로 건전하고 지속가능한 성장의 달성을 위한 산업적 이용과 시장접근성, 그리고 산업의 성장과 경쟁력을 다루고 있는 학문적 성과들은 국제사회에서 많은 학자들의 관심을 받고 있다.

성봉석은 충남대학교에서 무역학 박사를 취득했다. 2002년부터 2009년까지 약 10년 간 한국생명공학연구원에 재직하면서 유전자변형생물체의 연구·개발, 이용, 국가 간 이동 등과 관련된 기술적·사회적·경제적·환경적 차원의 이슈 및 재생에너지 산업과 관련된 연구 및 국책사업을 수행한 경험이 풍부하다. 현재는 우송대학교에 재직하면서 활발한 연구 활동과 함께 국제경제학, 국제경제법 등을 강의하고 있다.

바이오경제시대의 사회적 도전과 과제

초 판 1쇄 인쇄 —— 2015년 4월 25일
초 판 1쇄 발행 —— 2015년 4월 30일
지은이 —— 성 봉 석
펴낸이 —— 전 두 표
펴낸곳 —— 도서출판 두남
서울시 강동구 성내로6길 34-16 두남빌딩
신 고 : 제25100-1988-9호
TEL : 02) 478-2065, 2066, 2067, 2311
FAX : 02) 478-2068
E-mail : dunam1@unitel.co.kr
http://www.dunam.co.kr

정가 17,000원

ISBN 978-89-6414-603-3 93320